本书获山东省社会科学规划研究项目青年项目（批
"山东省技术创新效率的空间差异、影响因素及其

吕岩威 著

中国区域
绿色创新效率
研究

Research
on China's Regional
Green Innovation
Efficiency

中国财经出版传媒集团

经济科学出版社
Economic Science Press

降。在实施创新驱动发展战略阶段，中国绿色创新全要素生产率增速较改革初期有所提升，这主要源于绿色创新效率与技术进步的共同推动作用。

（2）中国区域绿色创新效率存在较大的空间差异性，表现为从东部向中、西部地区递减的阶梯形分布特征，且其空间分布呈现出显著的正向空间相关性。中国区域绿色创新效率存在明显的"高高—高效型"和"低低—低效型"各自集聚的空间结构特征和低流动性特征，时空跃迁类型表现出高度的空间稳定性，时空演变具有较强的路径依赖特征。中国各地区绿色创新效率不仅存在显著的绝对 β 空间收敛趋势，而且也存在着显著的条件 β 空间收敛趋势。在全国层面，金融支持、基础设施投资对绿色创新效率收敛具有显著的负向影响，而外商直接投资对绿色创新效率收敛具有显著的正向作用。

（3）创新系统间接主体与直接主体之间的协同关系（政府资助、金融支持）对各地区绿色创新效率均产生负向影响，且随着分位点的增加抑制性越来越强；而直接主体之间的协同关系（产学研合作）则促进了各地区绿色创新效率提升，且随着分位点的增加促进作用越来越大。绿色创新效率对创新系统主体间协同关系各变量的冲击在响应强度、响应速度和累计效应方面存在较大的区域差异，但在各地区均表现为逐渐收敛的趋势。剔除自身影响后，全国总体、中部和西部地区的政府资助、东部地区的产学研合作相较于其他协同关系变量对绿色创新效率影响的贡献度更大。

（4）在不同的环境规制强度下，环境规制对绿色创新效率的影响效果是不同的，二者之间呈现 U 形关系，说明环境规制对绿色创新效率的影响存在单一门槛效应，只有跨过环境规制强度的"拐点"，强化环境规制才会提升绿色创新效率。环境规制通过外商直接投资、对外直接投资、产业结构三条传导路径对绿色创新效率产生间接影响，且通过外商直接投资、对外直接投资渠道产生的负向影响效果较大，通过产业结构升级渠道产生的正向影响效果较小。环境规制对邻地绿色创新效率的影响效应明显有别于本地效应，表现为先促进后抑制的倒 U 形关系。

（5）数字金融缓解了创新型企业的融资约束，降低了传统的信息不对称，有助于本地绿色创新效率提升，但数字金融发展所产生的

前 言

当前，中国经济正由高速增长向高质量发展转变，经历着质量变革、效率变革和动力变革，如何在稳中求进中推动经济高质量发展是一项十分艰巨的任务。为此，党的十八大提出创新驱动发展战略，把创新作为引领发展的第一动力，要求中国经济发展模式尽快实现从要素驱动、投资驱动向创新驱动转型，并加大对技术创新的投入和支持力度。在此背景下，如何充分挖掘中国各地区技术创新潜力、提升绿色创新效率、推动创新驱动经济高质量发展进入快车道，已经成为一个需要认真研究的紧迫课题。

本书从绿色发展的视角出发研究中国区域绿色创新效率的问题。选取中国30个省级行政区的面板数据为样本，围绕"指标构建及模型选择—效率测算及时空对比—影响因素及机制分析—研究结论及政策建议"的主线展开研究，以实证的方式考察了科技体制改革不同阶段中国区域绿色创新全要素生产率及其分解值的动态变迁；中国区域绿色创新效率的时空跃迁类型、路径及收敛趋势；协同创新、环境规制、数字金融、研发资本要素市场扭曲对中国区域绿色创新效率的影响等内容。本书的主要研究发现有：

（1）中国绿色创新全要素生产率年均增长1.68%，技术进步速度提升是绿色创新全要素生产率增长的主要原因，而绿色创新效率的提高主要源于规模效率的增长。在科研机构转制改革和构建国家创新体系阶段，中国绿色创新全要素生产率增速有所下降，这主要是由技术进步速度减缓导致的，而绿色创新效率增速却得到一定提升。在建设创新型国家阶段，中国绿色创新全要素生产率增速较改革初期大幅提升，这主要源于技术进步的推动作用，而绿色创新效率增速却有所下

"虹吸效应"，抑制了周边地区绿色创新效率提升。数字金融通过促进金融发展、刺激消费需求和提升人力资本三条传导渠道显著促进绿色创新效率提升。其中，通过促进金融发展传导渠道对绿色创新效率产生的促进作用较大，通过刺激消费需求和提升人力资本传导渠道对绿色创新效率产生的促进作用相对有限，这说明促进金融发展是数字金融影响绿色创新效率的重要渠道，但也不能忽视刺激消费需求和提升人力资本产生的中介效应。

（6）研发资本要素市场扭曲对绿色创新效率产生了显著的负向影响，说明信贷歧视、利率管制和政府干预等所导致的研发资本要素市场扭曲阻碍了研发资本在区域间的合理流动与有效配置，对绿色创新效率产生不可低估的抑制作用。研发资本要素市场扭曲对绿色创新效率的抑制作用存在研发资本配置异质性和阶段异质性，与研发资本配置过度相比，研发资本配置不足对绿色创新效率的抑制作用更大，而利率市场化改革降低了研发资本要素市场扭曲对绿色创新效率的抑制作用。中国各地区研发资本要素市场扭曲导致的绿色创新效率损失存在较大区域差异，考察期内损失比例呈现出东部＜中部＜东北＜西部的特征。

本书是在山东省社会科学规划研究项目青年项目（批准号：18DJJJ10）"山东省技术创新效率的空间差异、影响因素及其传导机制研究"的资助下完成的。项目以笔者为课题负责人，提出研究选题、研究提纲、研究思路、研究内容和技术路线等，并制订了具体的实施方案。楼贤骏、刘洋、谢雁翔、王玲力、杨菲、张帅、张树艳等同学参与了其中部分内容的研究，在研究过程中对所需掌握的知识进行了充分学习与交流，并在文献整理、数据搜集和实证分析等方面做出了贡献。在本书撰写过程中，笔者本着严谨的态度，力求做到研究的科学性和客观性。尽管笔者已尽了个人最大努力，但囿于水平有限，书中肯定还有不够成熟的地方和需要深入研究的问题，恳请读者提出宝贵意见。

本书的部分章节内容已刊登或即将刊登在《数量经济技术经济研究》《改革》《中国科技论坛》《科技进步与对策》《金融论坛》，以及 *Sustainable Development* 等核心期刊，这些期刊的编辑和审稿专家为完善论文提出了许多宝贵意见，保证了本书的出版质量。本书的撰写参阅了大量国内外学者的研究成果，在此表示感谢，尽管书中各章均已列出了参考资料及出处，但恐仍有疏忽，敬请谅解。本书是笔者在上海交通大学访学期间修改完成的，在此向合作导师耿涌教授表示感谢。本书的出版还得到了经济科学出版社的大力支持和帮助，在此一并致谢。

特别感谢我的妻子和女儿，科研写作占用了我大量的时间和精力，感谢妻子对我工作的支持和对家庭的付出，感谢女儿成长道路上给我带来的欢乐与惊喜。

吕岩威

2021 年 12 月 31 日于上海

CONTENTS 目录

第一章　绪论／1

第一节　研究背景与研究意义／1
第二节　相关概念的界定／4
第三节　文献综述／7
第四节　研究内容、方法与技术路线／20
第五节　主要的创新点／23

第二章　科技体制改革不同阶段的中国区域绿色创新全要素生产率／25

第一节　问题的提出／25
第二节　中国科技体制改革的历程／29
第三节　模型、变量与数据／33
第四节　中国绿色创新全要素生产率增长及区域差异／39
第五节　科技体制改革对绿色创新全要素生产率的影响效果
　　　　及区域差异／44
第六节　本章小结／50

第三章　中国区域绿色创新效率时空跃迁及收敛趋势／52

第一节　问题的提出／52
第二节　模型、变量与数据／55
第三节　中国区域绿色创新效率测度及时空跃迁特征／62
第四节　中国区域绿色创新效率的收敛趋势／70
第五节　稳健性检验／78
第六节　本章小结／82

第四章　协同创新与中国区域绿色创新效率／84

第一节　问题的提出／84

第二节 模型、变量与数据／88

第三节 协同创新对绿色创新效率的静态影响／92

第四节 协同创新对绿色创新效率的动态影响／96

第五节 本章小结／102

第五章 环境规制与中国区域绿色创新效率／104

第一节 问题的提出／104

第二节 作用机理与研究假设／107

第三节 模型、变量与数据／109

第四节 环境规制对绿色创新效率的直接影响／115

第五节 环境规制对绿色创新效率的传导机制／118

第六节 环境规制对绿色创新效率的空间效应／123

第七节 稳健性检验／127

第八节 本章小结／130

第六章 数字金融与中国区域绿色创新效率／133

第一节 问题的提出／133

第二节 模型、变量与数据／136

第三节 数字金融对绿色创新效率的直接影响／141

第四节 数字金融对绿色创新效率的传导机制／147

第五节 本章小结／151

第七章 研发资本要素市场扭曲与中国区域绿色创新效率／154

第一节 问题的提出／154

第二节 模型、变量与数据／158

第三节 研发资本要素市场扭曲对绿色创新效率的影响／161

第四节 研发资本要素市场扭曲的绿色创新效率损失／170

第五节 本章小结／178

第八章 研究结论、政策建议与研究展望／180

参考文献／184

第一章

绪　　论

第一节　研究背景与研究意义

一、研究背景

近年来，我国经济正由高速增长向高质量发展转变，传统粗放型经济增长模式已难以适应新的时代发展需求。在这一背景下，党的十八大提出创新驱动发展战略，要求我国经济发展模式尽快实现从要素驱动、投资驱动向创新驱动转型。党的十九大强调要坚定实施创新驱动发展战略，并提出创新是引领发展的第一动力。"十三五""十四五"期间是我国经济发展模式实现从要素驱动向创新驱动转型的关键阶段。转型的成败决定着我们能否突破自身发展瓶颈、应对内外部环境挑战、塑造新的竞争优势。创新驱动经济内生增长的内涵是经济发展更多地依靠科技进步、劳动者素质提高和管理创新驱动，即以创新的知识和技术改造物质资本、提高劳动者素质和进行管理创新，进而产生比资本、劳动要素投入对经济增长更为强大的推动力。可见，创新驱动是经济发展的新动能和新引擎，以知识、技术、企业组织制度和商业模式等无形要素对现有的资本、劳动力、物质资源等有形要素进行重新组合，可以提升用于创新驱动经济增长的要素投入与创新驱动产出效果之间的比例、边际或弹性大小，即提升创新效率。

在国家政策的引导和支持下，我国技术创新投入持续增加，创新产出也随之大幅提升。《中国科技统计年鉴》数据显示，我国科研与试验发展（research and development，R&D）经费支出从 1998 年的 551.1 亿元，增加到 2019 年的 22143.58 亿元，年均增长 19.23%，总数仅次于美国，已位居世界第二。R&D 人员全时当量从 1998 年的 75.52 万人年增加到 2019 年的 480.08 万人年，年均增长 9.21%，其绝对规模已位居世界第一。然而，在如此巨大的科技资源投入背后，中国技术创新的质量和效率却尤为低下，对经济增长的贡献十分有限，这就导致了经济增长的内生动力不足，经济增长的质量不高。科技成果转化率低下是我国技术创新能力不强的主要原因之一，2019 年我国在《科学引文索引》（Science Citation Index，SCI）论文发文数量已高达 529856 篇，仅次于美国的 693730 篇，连续 11 年排在世界第 2 位，但大量的科研成果却不能转化为应用技术。国家发展和改革委员会原副主任张晓强在中国经济年会（2013~2014 年）上指出我国科技成果转化率仅为 10% 左右，远低于发达国家（40%）的水平，清华大学技术创新研究中心发布的《国家创新蓝皮书：中国创新发展报告（2014）》认为：“中国的创新能力与美、日最大的差距在于技术创新效率，不论是三方专利数还是每千人 R&D 人员专利数，中国都远远落后于美国和日本。”① 由此可见，技术创新投入和产出的大规模提升，并没有真正带来我国技术创新能力的突破。目前除高铁等少数行业已经实现核心技术突破并推动核心竞争力迅速提升，整体技术水平跃居世界前列外，我国整体的技术创新水平依然处于量变阶段，并未实现核心技术、关键技术的突破，在技术上受制于人的局面尚没有根本性转变（曾宪奎，2017）。技术创新粗放化的发展模式，不仅导致了我国技术创新效率低下，也在较大程度上影响了我国自主技术创新能力的提升，进而对我国经济转型产生负面影响，成为我国当前亟待解决的重大问题。

另外，传统的技术创新在促进经济快速增长的同时，也使得人类赖以生存的生态环境遭到破坏，导致经济发展与生态环境之间不协调（张江雪和朱磊，2012）。推动绿色创新已成为世界各国实现可持续发展的有效途径和共同要求，更是引领各国经济发展的新增长点。据美国耶鲁大学和哥伦比亚大学联合发布的《2018 年全球环境绩效指数（EPI）报告》，中国的环境绩效在世界 180 个经济体中排名第 120 位，这一排名反映出经济快速增长给环境所带来的压力。尤其是在空气质量问题方面，中国更是因 PM2.5 综合评测等多方面原因，排在倒数第四名。党的十八大以来，中共中央把生态文明建设摆在全局工作的突出地位，坚持节约资源和保护环境的基本国策，绿色和创新成为驱动传统工业转型发展的两个最关键因子（吴超等，2018）。党的十九大报告提出，建设生态文明是中华民族永续发展的千年大计，必须树立和践行绿水青山就是金山银山的理念，坚定不移贯彻“创新、协调、绿色、开放、共享”五大新发展理念，推进绿色发展，构建市场导向的绿色技术创新体系。可见，绿色创新被寄予借助新知识、新技术实现降低环境污染的期望，同时企业也能够从中得到相应的经济效益，实现经济与环

---

① 陈劲. 中国创新发展报告（2014）［M］. 北京：社会科学文献出版社，2014.

境的协调发展（张钢和张小军，2013）。推进绿色创新，其核心是提高创新资源的利用效率，减少经济增长对环境的破坏，关键在于各地区绿色创新能力的提高和绿色创新效率的改善（沈能和周晶晶，2018），也就是说既要尽可能地提升创新要素投入对产出效果的比率，又要最大限度地减少污染物排放。因此，各地区在推进绿色创新的进程中，除了应加大对节能减排、环境保护等绿色技术研发的投入外，绿色创新的效率问题同样不容忽视。那么对于中国而言，绿色创新效率究竟如何，区域差异怎样？制约和驱动因素有哪些，这些因素是怎样发生作用的？如何提升区域绿色创新效率，进而推动创新驱动发展战略？对这些问题的探讨至关重要且有待进一步研究。

二、研究意义

创新要素的快速流动和资源高效配置加速了技术融合及产业变革，技术创新成为引领区域经济发展的主要动力、最具活力的经济增长点和国际竞争的焦点。如何挖掘中国各区域技术创新潜力、提升绿色创新效率、推动创新驱动发展战略进入快车道？这是一个需要认真研究的紧迫课题。

本书从经济学角度研究中国区域绿色创新效率的有关问题，具有重要的理论意义和现实价值。

首先，国家正在全面实施创新驱动发展战略，加快形成以创新为主要引领和支撑的经济体系和发展模式，在这一发展过程中必然会遇到许多新情况和新问题，亟须以能够解决中国实际问题的创新理论回答好这些发展过程中的问题，进而为国家和地方政府推进创新工作提供理论依据。

其次，本书融合了创新经济学、空间经济学、发展经济学、（空间）计量经济学以及资源与环境经济学等多个学科门类的理论、知识与研究方法，对于促进多学科的交叉融合、学科的综合化发展具有一定的理论意义。

再次，区域间技术创新能力的差异很大程度上决定了区域间经济增长的差异（池仁勇等，2004），如若能从绿色创新效率区域差异角度分析中国区域间经济差距的成因，进而找出缩小区域间经济差距的有效途径和举措，无疑将对促进区域经济协调发展、实现各地区共同富裕具有重要的作用。

最后，本书探讨了中国区域绿色创新效率及其影响因素的有关问题，并依据研究结论提出有针对性的政策建议，可以为解决中国现阶段各地区"技术创新焦虑"下的区域创新同质化竞争、低水平重复建设和绿色创新效率低下等问题提供突围良策。

第二节　相关概念的界定

一、创新

熊彼特（Schumpeter）于 1912 年在《经济发展理论》一书中首次提出"创新"的概念，他指出创新是把一种从来没有过的关于生产要素的"新组合"引入生产体系，以现有的知识和物质，在特定的环境中，改进或创造新的事物（包括但不限于各种方法、元素、路径、环境等），并能获得一定有益效果的行为。其主要观点包含以下 6 个方面：一是创新是生产过程中内生的；二是创新是一种"革命性"变化；三是创新同时意味着毁灭；四是创新必须能够创造出新的价值；五是创新是经济发展的本质规定；六是创新的主体是企业家。随着科技进步和社会变革，创新的含义随后逐趋丰富，学界对于创新的研究也日趋深入，不同国家不同时期的学者均对创新这一概念进行了界定，具有代表性的观点如表 1 - 1 所示。

表 1 - 1　　　　　　　　关于创新概念的代表性观点

作者（年份）	观点
麦克劳林（Maclaurin, 1950）	发明以新产品、新工艺的形式在市场上首次出现
索罗（Solo, 1951）	新思想来源和以后阶段的实现发展是创新的两个条件
迈尔斯和马奎斯（Myers and Marquis, 1969）	创新从新思想和新概念开始，通过不断解决各种问题，使得有经济价值和社会价值的新项目得到成功应用
弗里曼和苏特（Freeman and Soete, 1982）	新产品、新过程、新系统、新服务的第一次商业性转化，创新成果需要有市场潜力并将会占有一定比例的市场份额
傅家骥（1992）	企业家抓住市场的潜在盈利机会，重新组织生产条件和要素，不断研制推出新产品、新工艺和新技术，以获得市场认同的一个综合性过程
许庆瑞（2000）	从新思想的形成到得以利用并生产出满足消费者需要的产品的整个过程

资料来源：笔者根据相关资料整理所得。

综合上述观点，创新的内涵可以概括为以下几个方面：

（1）企业是创新最主要的实施主体。政府的主要职责是为企业搭建一个好的舞台，高等院校和科研机构更侧重于基础科学的研究，而企业处在生产技术前沿，更倾向于技术开发、科技成果应用等，并且企业对市场需求的敏感性较高，企业通过快速调动内部资源，可以及时对市场需求做出反应从而获利。

（2）市场需求是创新的源泉和动力。创新商品和服务是企业创造价值的根本途径，企业必须密切关注市场需求，源源不断地通过新技术研发、新产品开发、新市场开拓，确保企业处于领先竞争对手的优势地位，才能掌握市场竞争的主动权、主导权、话语权，创新最终的目标是占据市场并实现市场价值。

（3）创新是一个动态的过程。这一动态过程涉及新设想、新发明的产生；制订创新计划和可行性论证；将新设想、新发明转化成新技术；开展试验、新技术定型与标准化；新技术的市场化应用等环节，一个环节的成功与否直接影响下一个环节的实施状况，各个环节紧密相连、相互依存、缺一不可。

（4）创新并不都以技术研发为基础。按技术来源可将创新划分为自主创新、模仿创新和改进创新。自主创新创造前所未有的技术知识，并将技术知识转化为新产品、新工艺和新服务。模仿创新在引进先进技术基础上，对技术进行消化、吸收和再创新。改进创新通过改进或重组已有技术提升技术水平。

二、区域创新

区域创新是在"创新"概念基础上加以区域条件的约束，如上文所述，从微观层面而言，创新强调的是一个企业将新技术成果商业化的动态过程，但就区域层面而言，则并不关注单个企业的创新活动，而是考察在一定区域范围内所有创新主体进行创新的经济活动，这也是本书对"区域创新"这一概念的界定。本书之所以对"创新"增加"区域"属性，也是因为本书研究的主题主要集中在区域层面，并不涉及单个企业内部进行创新的具体运作过程，虽然这项研究也是十分重要和有意义的，但其偏离了本书研究的主题，故暂不予以考察。

从要素构成来看，区域创新主要包括区域创新主体、区域创新条件和区域创新环境三个要素。（1）区域创新主体：企业、高等院校、科研机构、政府和金融中介。企业、高等院校、科研机构是创新的直接主体，政府和金融中介作为间接主体参与创新（白俊红和蒋伏心，2015）。（2）区域创新条件：物质、资金、人才和载体。物质包括实验基础设施与仪器设备等，是创新的必要条件，资金和人才是创新的要素保障，载体表现为创新成果传播和经济效益实现的平台。（3）区域创新环境：创新主体在创新过程中受到外界各种因素的影响，主要为政策安排、市场环境和战略规划等方面。本书将从不同侧面对上述有关要素构成进行探讨。

就区域范围而言，本书设定为中国30个省级行政区域（数据所限，本书研究不含我国的西藏、香港、澳门、台湾地区）为研究对象。如此设定是因为：第一，中国区域经济活动是以行政区划为单位组织生产的。虽然近年来随着数字经济的快速发展、区域互联互通和区域协同发展，资金、人才和资源等要素跨区域流动日益频繁，区域行政壁垒有所松动，但以行政区划为单位组织生产的这一特征没有发生根本改变。第二，基于数据可得性的考虑。由于中国省级行政区域的统计资料相对比较完备，各统计年鉴的数据具有权威性，这为本书研究的顺利开展奠定了数据基础。但若将研究对象设定为市、县或更低层次的行政区域，一方面有关数据统计口径不同，会给统计工作带来困难；另一方面有关数据也无法完全从公开渠道获取。第三，本书的研究视角为全国层面的区域，而不是某一特定地区，比如京津冀、长江三角洲、珠江三角洲和黄河流域等，这是由本书的研究主题决定的，本书旨在分析全国层面的区域绿色创新效率，如果将研究对象限定在某一特定地区，显然不符合本书的研究旨趣。当然，针对某一特定地区进行深入细致的研究，无论是对地区自身发展还是为其他地区提供借鉴，都是具有重要意义的。

三、区域创新效率

相对于"创新"概念，经济学中"效率"的概念提出时间相对较晚。1951年，著名学者考夫曼（Kaufman）率先提出"效率"的概念，指出在产出或投入保持既定水平下，如果技术已经无法实现产出增加或者投入减少，则将这种状态下的投入产出向量定义为技术有效[①]。随后，法雷尔（Farrell，1957）首次给出企业效率定义，即给定一组投入要素使企业生产出尽可能多的产出要素。可见，效率反映了投入与产出的比率，体现了成本最小化和收益最大化原则。

随着研究的不断深入，创新效率的概念也随之产生。创新效率最早由阿弗里亚特（Afriat，1972）提出，是指在创新投入一定的条件下，创新产出与最大产出之间的差距，两者之间的差距越大，则创新效率水平越低。除此之外，创新效率也可以由研发投入活动过程中的要素投入指标与产出指标间的转化效率来量化，以此反映研发过程中投入对产出的贡献大小。

随着创新理论的发展，创新效率的研究范围从企业逐渐扩大为行业、区域、国家层面。弗里奇和斯拉夫切夫（Fritsch and Slavtchev，2007）给出了区域创新效率的定义：既定数量的创新投入要素生产得到最大可能的创新产出要素。因此，区域创新效率表现为从区域整体角度的创新投入要素和创新产出要素之间的投入产出比率关系，是用于衡量区域创新活动有效性的指标。

---

① 郑涵茜. 区域绿色创新效率及其影响因素研究［D］. 武汉：中南财经政法大学，2019.

四、区域绿色创新效率

与创新效率的内涵相比，绿色创新效率的内涵更加强调可持续发展理念。韩晶（2012）认为绿色创新效率是创新效率的绿色化程度，是对综合考虑环境污染和能源消耗后的创新发展质量的测度，是创新质量的绿色指数。殷群和程月（2016）认为绿色创新效率是综合考虑创新资源投入与产出过程中环境代价的创新效率。肖仁桥和丁娟（2017）认为绿色创新效率是在考虑环境污染的前提下，组织进行创新活动的产出与投入之比，它反映了单位创新投入对创新产出的贡献程度。易明和程晓曼（2018）认为绿色创新效率是一定区域或产业在一定时期内，在综合考虑生态和资源环境要素前提下，生产和技术创新过程中各种投入要素的有效利用程度。肖黎明和张仙鹏（2019）认为绿色创新效率是在绿色发展要义下尽可能利用较少的创新投入获得更多的创新产出。

可见，绿色创新效率是综合"绿色"和"创新效率"的内涵的复合型概念。借鉴上述已有研究，本书将区域绿色创新效率定义为：在综合考虑生态破坏、污染排放等考虑环境负产出的前提下，一个地区在创新和生产过程中各种创新投入要素与创新产出要素之间的投入产出比率关系。"绿色"概念的添加，扩充了环境因素对于创新效率的意义，也就是说，考虑了"绿色"因素的创新活动的有效性表现为给定特定的创新投入要素所能带来的最小环境代价和最大创新产出。在区域绿色创新效率的实际测算中，由于创新投入与创新产出均包含多个要素，难以精确测算出绿色创新效率的绝对值，因此，本书测度的区域绿色创新效率是某一个地区与其他（处在生产前沿面）地区之间的相对效率。

第三节 文 献 综 述

一、有关区域绿色创新效率测度的研究

自库克（Cooke，1992）提出区域创新系统以来，越来越多的学者关注于区域创新活动的效率问题。近年来，在绿色、低碳的背景下，学者们逐渐将环境因素纳入研究框架，探讨环境约束下的区域绿色创新效率。区域绿色创新效率测度的方法可分为参数法和非参数法两类。所谓参数法即通过设立生产函数形式和随机误差分布形式估计创新投入参数及测算创新效率。这类方法以随机前沿分析（stochastic frontier approach，SFA）为代表，由艾格纳等（Aigner et al.，1977）、

米乌森和布罗克（Meeusen and Broeck，1977）、巴蒂斯和科拉（Battese and Corra，1977）提出。参数法通过估计生产函数测度效率，有坚实的经济理论基础，得到广泛应用，但该方法无法处理多产出的效率问题，学者们运用相对较少。非参数法以查恩斯等（Charnes et al.，1978）提出的数据包络分析（data encelopment analysis，DEA）为代表，采用线性规划技术，在处理多投入多产出的效率度量上具有优势。因此，目前对区域绿色创新效率的测度主要以非参数法为主，尤其是集中在以处理多投入多产出变量见长的 DEA 方法及其各类拓展模型上。钟等（Chung et al.，1997）提出的环境技术和方向性距离函数，把污染物作为对环境的负产出纳入效率的分析框架，为合理评价环境约束下的区域绿色创新效率提供了方法论支撑。拉马纳坦（Ramanathan，2005）在研究了中东和北非 17 个国家的能源消耗和二氧化碳排放量的基础上，运用数据包络 - 曼奎斯特指数分析法（data envelopment analysis - malmquist，DEA - Malmquist）分析了各国在 1992～1996 年绿色创新效率变化的模式。研究发现，与 1992 年相比，1996 年 17 个国家中有 5 个在实现更高的产出和较低的投入方面取得了进展。拉诺伊等（Lanoie et al.，2011）在研究环境政策、环境创新与厂商绩效之间的关系时，通过参数法设置工具变量，重点测度了 7 个经济合作与发展组织（Organisation for Economic Co-operation and Development，OECD）国家 4200 个厂商的绿色创新效率，并进行强弱等级的划分。研究发现，绿色创新效率更高的厂商存在竞争优势。吉塞蒂和享宁斯（Ghisetti and Hennings，2014）考虑了能源消耗、环境污染等环境因素，通过设置参数的形式对德国公司绿色创新效率进行测度。研究发现，绿色创新效率的提升导致每单位产出能源或材料使用的减少，从而对公司的竞争力产生积极影响。刘（Liu，2015）运用 DEA - Malmquist 指数评估了 2005～2010 年中国国家、地区和省级层面的绿色创新效率。研究发现，国家层面的绿色创新效率稳步提高，区域间差异较大，东部地区最好，西部地区最差，技术进步是促进各省份绿色创新效率提升的主要因素，而技术效率下降是阻碍各省绿色创新效率的主要障碍。成和尹（Cheng and Yin，2016）通过多投入多产出变动规模报酬效率测度模型（banker charnes cooper model，BCC - DEA）测量了 2008～2013 年中国不同地区的绿色创新效率。研究发现，在考察期内中国绿色创新效率总体上保持了不断增长的态势，区域间绿色创新效率存在显著差异，效率大小呈现出从东部、中部、西部至东北地区由强到弱的梯度分布特征。孙等（Sun et al.，2017）采用熵权优劣解距离法（technique for order preference by similarity to an ideal solution，TOPSIS）评估了中国战略性新兴产业绿色技术创新的生态经济效率，并构建了包含积极因素和制约因素的评价指标体系。研究发现，仍有部分战略性新兴产业绿色技术创新的生态经济效率很低，亟待进一步加强绿色技术创新，以适应战略性新兴产业的发展需求。林等（Lin et al.，2018）运用数据包络

视窗分析模型 (data envelopment analysis-windows, DEA – Windows) 对 2006 ~ 2014 年中国 28 个制造业的绿色创新效率进行评价，将评价结果与传统 DEA 模型计算的结果进行比较，并进行收敛性分析。研究发现，中国制造业的绿色创新效率整体很低，产业间差异很大，且存在 28 个制造业内绿色创新效率的趋同趋势，这意味着它们之间存在基于赶超效应的逐渐收敛过程。罗等 (Luo et al., 2019) 基于 2004 ~ 2015 年中国战略性新兴产业 21 个细分产业的面板数据，运用曼奎斯特指数 (Malmquist) 和数据包络分析法对战略性新兴产业绿色技术创新效率进行评价。研究发现，战略性新兴产业绿色技术创新效率的变化趋势是增加的，主要是由于技术进步和技术效率的提升。技术效率的提升是纯技术效率提升 (0.1%) 和规模效率提升 (0.2%) 共同作用的结果。杜等 (Du et al., 2019) 从两阶段创新价值链的角度，通过将单位国内生产总值 (GDP) 工业碳排放量和三废污染物引入绿色技术创新效率研究框架，建立新型工业企业绿色创新效率评价指标体系，并使用两阶段网络 DEA 来衡量区域企业绿色技术创新的效率，探索工业企业绿色技术研发和绿色技术成果转化效率的区域差异。龙等 (Long et al., 2020) 基于兼容径向和非径向特点的混合距离函数 (epsilon-based measure, EBM) 度量全局曼奎斯特 – 卢恩伯格指数 (global malmquist-luenberger, GML) 以评估 2004 ~ 2014 年中国 30 个省份的绿色创新效率及其收敛性。研究发现，东部地区的绿色创新效率在中国四个地区中最高，东北地区在中国四个地区中的收敛性最高。张等 (Zhang et al., 2020) 采用非径向、非导向的基于松弛测度的方向性距离函数 (slack-based measured directional distance function, SBM – DDF)，对西安市 2003 ~ 2016 年的绿色创新效率进行了测度。研究发现，西安仅在 2006 年、2009 年绿色创新效率在前沿面上，而其他年份效率低下。陈等 (Chen et al., 2020) 采用三阶段网络松弛变量度量法 (slacks-based measure, SBM) 对中国 29 个省份的工业企业的绿色创新效率进行了动态评估和分析。研究发现，中国工业企业绿色创新总体效率呈上升趋势，且在技术发展、成果转化和工业化阶段呈波动性上升。在中国三大区域中，东部地区的工业企业具有最高的绿色创新效率，而西部和中部地区的工业企业具有较低的效率。徐等 (Xu et al., 2020) 采用超效率松弛变量度量法 (super slacks-based measure, Super – SBM)，研究了 2003 ~ 2015 年长江三角洲经济带的绿色创新效率及其时空变化特征。研究发现，长江三角洲经济带的绿色创新效率在时间上呈 U 形变化，在空间上呈极不平衡发展。彭等 (Peng et al., 2021) 基于非期望 SBM 和 Malmquist 指数模型综合计算河北省不同区域和时间节点科技型中小企业的技术创新效率，结合 Malmquist 指数模型对河北省科技型中小企业不同年份的效率变化进行分析。研究发现，河北省科技型中小企业绿色科技创新效率总体水平较低，各城市区域差异明显，但主要趋势是上升。苗等 (Miao et al., 2021) 构建包含能源和非期望产出的两阶段 SBM – DEA 模型来衡量绿色创新效率。研究发现，各地区成果转化、技术开发、绿色创新效率均呈现波动增长趋势，东部地区绿色创新效率始终处于领先地位。

国内学者张江雪和朱磊（2012）将资源生产率和环境负荷视作产出，运用四阶段 DEA 模型测算了中国各省份工业企业绿色技术创新效率。研究发现，环境因素有利于各省份工业企业绿色技术创新效率的提高，剔除环境因素影响后全国平均绿色技术创新效率有所提高，纯绿色技术创新效率上升，而规模效率下降。东部地区的平均纯绿色技术创新效率最高，而中西部地区平均纯绿色技术创新效率偏低，并且低于平均规模效率；经济越发达的省份越容易出现规模报酬递减现象，而经济欠发达的省份则呈现规模报酬递增现象。韩晶等（2012）从绿色增长的视角出发，运用包含空间计量的四阶段 DEA 模型对中国各省份的绿色创新效率进行实证研究。研究发现，传统 DEA 方法测算的区域绿色创新效率值被明显低估，经过四阶段 DEA 调整后，规模报酬递增的省份居多；中国绿色创新效率的区域差异明显，东部地区绿色创新效率明显高于中西部地区，但规模报酬递增的区域数量远远少于中西部地区；中国区域绿色创新效率呈较明显的空间集聚状态，绿色创新效率"高—高"的区域主要集中在东部，绿色创新效率"低—低"的区域主要集中在中西部。冯志军（2013）运用 DEA – SBM 方法建立了工业企业绿色创新效率测度新模型，分析比较了中国 30 个省级区域及八大经济区规模以上工业企业的绿色创新效率，并将其与传统的基于规模报酬不变的效率测度模型（charnes cooper rhodes data envelope analyse，DEA – CCR）得到的不考虑工业企业技术创新所产生的能源效益和环境效益，只考虑经济效益的传统创新效率进行对比。研究发现，基于 DEA – SBM 模型的绿色创新效率测度结果更符合实际，经济相对发达的沿海地区绿色创新效率更高。任耀等（2014）运用非参数的 DEA – RAM 模型构建了体现绿色发展与创新驱动理念的绿色创新效率模型，该模型是包含绿色效率、创新效率及经济效率的联系效率模型，并运用此模型测算了山西省工业绿色创新效率，进而对其无效率部分进行了分解。研究发现，能源投入的无效率对山西省工业绿色创新效率的无效率贡献率最大。肖仁桥等（2014）构建关联型网络 DEA 模型测算环境约束下工业企业技术创新的整体与分阶段效率，并探索各省份和 4 大地区的效率差异。研究发现，考察期内全国整体绿色创新效率有所提升，但仍有较大的发展潜力；科技研发阶段纯技术效率不高和科技成果转化阶段纯技术效率、规模效率均偏低是整体绿色创新效率偏低的主要原因；各省份及 4 大地区间效率差异明显，东部地区最高，而其他地区均低于全国平均水平。孔晓妮和邓峰（2015）分别以废气排放总量、废水排放总量、工业用水量、能源消耗总量为非期望产出建立了中国各省份的绿色创新效率测度模型，测算了中国 30 个省份的绿色创新效率。研究发现，位于绿色创新效率前沿面的主要是东部发达地区，进而运用空间计量的方法进一步研究了影响中国绿色创新效率提高的环境因素，提出了提高绿色创新效率的路径。张逸昕和林秀梅（2015）运用非参数的投入和产出要素自由调整的测度方法（range adjusted measure data envelope analyse，DEA – RAM）和 Malmquist 指数法，从内部协同适配的视角，从静态、动态两个方面，分析比较中国 30 个省份区域的绿色创新效率水平。研究发现，省份绿色创新效率与系统协调度之间具有某种程度的一致性；中国三大区域绿色创新水平呈现自东向西"梯度递减"的趋势，东部地区在两类排名上均具有比较优势，落后省份有望在薄弱环节加速赶超。殷群和程月（2016）在引入能耗和环境因素等指标的情况下，运用带有非期望产出的 SBM 模型测量2009～2013 年我国各区域的绿色创新效率。研究发现，中国各地区的绿色创新效率值呈上升趋势，但是区域差异性明显，东部、中部、西部地区的绿色创新效率值依次递减，应当采取差异政策促进区域绿色创新效率持续提升，低效率地区尤其需要突破环境污染和管理效率低下两大问题，需要在更高平台上提升创新效率。罗良文和梁圣蓉（2016）构建了中国区域工业企业绿色技术创新效率评价体系，分别计算出两阶段创新价值链下工业企业绿色创新效率，并通过 DEA 法测算各区域工业企业整体绿色创新效率并进行因素分解。研究发现，在绿色技术开发阶段，考虑环境因素比不考虑环境因素的效率要低，中、西部地区面临的环境问题更加严峻，三大区域绿色技术开发效率差距悬殊；在绿色技术成果转化阶段，绿色创新效率仍存在较大提升空间，东、中和西部地区绿色技术创新效率从高到低依次排列；中国工业企业绿色创新效率整体偏低，而纯技术效率是导致效率低的主要原因。肖仁桥和丁娟（2017）基于价值链视角，运用超效率 DEA 模型测度 2005～2014 年中国 30 个省份工业企业绿色创新的整体及分阶段效率，并采用空间面板模型检验其空间溢出效应。研究发现，企业绿色创新的整体及分阶段效率均不高，区域差异明显；在地理距离权重矩阵下，整体及分阶段效率存在显著的正向溢出效应，而基于社会经济距离的外溢效应并不显著，且科技研发阶段的外溢效应强于成果转化阶段。吴超等（2018）构建了涵盖创新效率与绿色效率的 DEA – RAM 联合效率模型，对中国 16 个重污染行业绿色创新效率进行评价。研究发现，当前中国重污染行业处于"创新却不绿色"的转型阶段，创新活动运行良好，但行业环境污染负外部性依然明显，绿色技术的创新与应用有待进一步加强；重污染行业各行业绿色效率普遍低于创新效率，行业政策绿色创新效率受到绿色效率的拖累，改善绿色效率成为提升绿色与创新效率协同效应的关键。滕堂伟等（2019）运用 Super – SBM 和 GML 指数构建城市尺度绿色创新效率测度模型，来刻画长三角城市群绿色创新效率的空间分异及空间关联效应。研究发现，长三角城市群绿色创新效率整体呈上升趋势，驱动力主要来自技术效率；各城市绿色创新效率的差异趋于缩小，长三角城市群绿色创新效率正在趋向协同化；绿色创新效率与经济发展水平间的组合呈现出高—高、高—低、低—高、低—低4种类型。李健和马晓芳（2019）以京津冀13个城市为主要研究对象，基于2008～2017年13个城市的面板数据，运用考虑非期望产出的SBM模型测度绿色创新效率。研究发现，京津冀城市绿色创新效率总体呈波动上升态势，效率水平的高低与京津冀地区创新、环境政策紧密相关，同时，绿色创新效率具有空间集聚特征。吴旭晓（2019）运用非期望至强有效前沿最小距离模型（minimum distance model to strong efficient frontier，MinDS）和灰色系统动态方程对我国内地7大区域30个省份2012～2017年绿色创新效率时空演进轨迹及其形成机理进行探究。研究发现，我国绿色创新效率整体偏低，还存在较大提升空间，省域之间绿色创新效率不均衡的特征比较明显；我国7大区域绿色创新效率演化发展轨迹存在较强的异质性，华东、西南和华南地区交替领先，西北地区一直垫底。乔美华（2019）基于2007～2016年省域面板数据，采用改进的非角度、非径向Super－SBM产出导向模型评估环境约束下中国工业企业绿色创新效率；构建门槛模型并实证分析对外贸易对其产生的影响。研究发现，八大经济区域工业企业绿色创新效率地域差异显著；以区域经济为门槛变量，对外贸易对工业企业绿色创新效率具有双重门槛效应。肖黎明和张仙鹏（2019）从强可持续理念出发，基于改进的SFA模型对中国2004～2015年30个省份的绿色创新效率及生态福利绩效值进行测度，结合耦合协调度模型对两系统的耦合协调度进行分析，同时考虑其空间特征及演变规律。研究发现中国生态福利绩效值在空间上已形成由北京—浙江—广东—陕西构成的四角极点支撑，并不断向沿线地区辐射；观察期内两系统的耦合度均值整体处于较高强度耦合阶段，从空间格局上看，地区间的耦合协调度差距显著。吴传清和申雨琦（2019）根据2005～2015年省级面板数据，采用考虑非期望产出的Super－SBM模型测度全国装备制造业绿色创新效率。研究发现，全国装备制造业绿色创新效率总体呈先升后降趋势，但地区差异明显；装备制造业集聚对绿色创新效率的影响呈显著的N形关系，具有双重门槛效应；东部、东北地区装备制造业集聚对绿色创新效率呈递增的正向非线性影响，中部地区装备制造业集聚对绿色创新效率的影响呈先降后升态势，西部地区装备制造业集聚对绿色创新效率的影响呈倒N形关系。许学国和周燕妃（2020）采用三阶段Malmquist指数法，对中国八大综合经济区的绿色创新效率进行测度。研究发现，绿色创新效率总体呈"下降—上升—下降—上升"波动趋势，绿色创新效率主要由技术进步决定，技术效率起抑制作用，而技术效率低下是由规模效率下降所致。黄杰和金华丽（2021）基于中国2000～2019年30个省份的面板数据，运用窗口DEA模型测度中国省际绿色创新效率，利用Dagum基尼系数、Kernel密度估计和Markov链分析方法对中国绿色创新效率的演进趋势进行实证考察。研究发现，中国绿色创新效率呈现显著的区域差异和两极差异。田贵贤等（2021）利用基于非期望的松弛变量度量法（slacks-based measure-undesirable，SBM – Undesirable）测度 2005～2017 年中国 286 个地级市的绿色创新效率，揭示其空间演化特征及影响因素。研究发现，城市绿色创新效率整体偏低，呈规模效率＞纯技术效率＞综合技术效率的特征，且表现为全国波动上升、东部跃迁、中部塌陷、东北停滞的态势。孙燕铭和谌思邈（2021）通过构建包含非期望产出的超效率 SBM – DEA 模型，对 2010～2017 年长三角区域核心城市的绿色技术创新效率进行测度，并研究其时空演化格局和驱动因素。研究发现，在时序演变上，长三角区域的绿色技术创新效率呈现 W 形变化特征。在空间演变上，长三角东南部地区的绿色技术创新效率相对稳定，而中部、西南部变动明显，整体呈现连片集聚发展特征。

二、有关区域绿色创新效率影响因素的研究

国内外学者们构建了各种模型测度不同区域的绿色创新效率及其空间差异，那么，是什么因素决定了区域绿色创新效率差异呢？对于区域绿色创新效率影响因素的分析也是相关研究的重点。综合现有研究成果，区域绿色创新效率是受众多因素决定的，但大致可以概括为以下几个方面：区域产业特征因素（如区域的产业结构、行业集中度、对外开放度和企业规模等）、区域人力资本因素（如区域人力资本、劳动者素质或受教育年限）、区域投入结构因素（各种要素投入及比例）和制度因素（如科技体制改革、研发资源配置改革、环境管制和政府补贴）等。

高等（Gao et al.，2018）基于中国 2003～2015 年的省级面板数据探讨反向技术溢出效应与绿色创新效率之间的关系以及制度环境对这种关系的影响。研究发现，逆向技术溢出效应能够有效提高绿色创新效率。制度环境对反向技术溢出效应与绿色创新效率关系的影响存在一个阈值。当制度发展水平超过阈值时，就会产生加速效应。此外，法律制度是提高绿色创新效率的关键。胡和刘（Hu and Liu，2019）考察了 2007～2016 年中国省份环境政策（环境管制和政府补贴）及其相互作用对绿色创新效率的影响。研究发现，两种政策工具的耦合对中国绿色技术创新效率的影响显著为负；监管政策对中部地区的绿色创新效率提升有显著的激励作用，但对东部地区的绿色创新效率有抑制作用；研发补贴仅在中部地区起到提升绿色创新效率的关键作用。李等（Li et al.，2019）运用面板 Tobit 回归模型分析了 2009～2016 年中国"一带一路"沿线 16 个省份高技术产业绿色技术创新效率的影响因素。研究发现，政府的直接财政支持对高技术产业中绿色创新效率的改善没有影响，政府对环境污染的监管可以显著提高绿色创新效率，研发强度对绿色创新效率有显著的负面影响，高技术产业中更高水平的研发人员有助

于提升绿色创新效率，增加高技术产业的进出口贸易量可以提升绿色创新效率。申等（Shin et al.，2019）从创新投入和产出角度出发，利用韩国388家制造业企业的数据分析了减少能源消耗对创新效率的影响。研究发现，能源消耗对创新效率具有负向影响。李（Li，2019）基于DEA模型和模糊评价对区域技术创新和绿色经济效率进行研究，利用SBM模型测算30家省级工业企业的绿色创新效率，并对其影响因素进行分析。研究发现，研发和产业结构对提高绿色创新效率起到积极作用。王等（Wang et al.，2020）运用社会网络分析和空间计量模型探讨了城市中心度对绿色创新效率的影响。研究发现，城市中心度与绿色创新效率呈倒U形关系，城市中心度对周边城市绿色创新效率的影响曲线也呈倒U形。流动人口数量是城市中心度促进绿色创新效率效应的中介变量，城市中心度高的城市吸引了大量来自中心度低的城市的移民来提高绿色创新效率，但城市中心度低的城市的绿色创新效率会因为人才的缺乏而下降。黄和王（Huang and Wang，2020）以2005~2016年中国长江经济带108个城市为研究对象，从创新要素流动的视角，研究了高铁对绿色创新效率的影响效应。研究发现，高铁对绿色创新效率具有动态影响，表现为"先增加后减少"的倒U形曲线。高铁绿色创新增长效应具有空间邻近性，表现为距离高铁站越远，绿色创新效率增长效应越低。陈等（Chen et al.，2020）运用空间计量模型分析影响高新技术产业创新效率的因素。研究发现，政府支持能有效提升技术开发效率，但不能促进技术转化效率或整体创新效率；研发投入强度有助于加速技术开发效率和整体创新效率，但在提高技术转化效率方面并不突出；产业集聚对三种效率均有影响，对技术发展效率的影响最大，对技术转化效率的影响最小；外向型经济对技术发展和整体创新效率有正向影响，但不利于技术转化效率；现代服务业的发达程度不影响技术开发效率。龙等（Long et al.，2020）基于Super - SBM - DEA模型测度2008~2017年长江经济带11个省份的绿色创新效率，分析其空间演化和影响因素。研究发现，经济发展、政府支持、产业结构升级是直接提升长江经济带城市绿色技术创新能力的主导力量。曾等（Zeng et al.，2021）采用系统广义矩估计、调节效应和门槛回归等方法，研究了产业协同集聚、市场化对绿色创新效率的影响。研究发现，制造业和生产性服务业的协同集聚对我国绿色创新具有阻滞作用，市场化是通过调节效应纠正产业协同集聚对绿色创新效率负面影响的重要因素。徐和周（Xu and Zhou，2021）采用三阶段Malmquist指数对中国八大经济综合区的绿色创新效率进行评价，并根据不同地区技术效率低下的不同原因，利用纯技术效率和规模效率矩阵将八个综合经济区划分为四类。研究发现，加快发展技术市场、优化产业结构，有利于提高绿色创新效率。胡等（Hu et al.，2021）采用贸易增加值数据库的行业分类标准，对2006~2015年的中国制造业进行整合。在指标测算的基础上，构建相应的面板数据模型，研究环境规制背景下全球价值链地位对绿色技术创新效率的影响。研究发现，全球价值链嵌入地位的上升明显促进了绿色创新效率，并且存在以污染强度和要素密度为特征的产业异质性，同时环境监管对全球价值链地位和绿色创新效率之间的关系存在正向调节作用和双重门槛效应。王等（Wang et al.，2021）以 2012～2018 年长沙—株洲—湘潭城市群为研究对象，运用面板 Tobit 模型研究了绿色创新效率的影响因素。研究发现，网络化创新过程、经济发展对绿色创新效率具有积极影响，城市教育资源的低效率和产业结构优势不明显对绿色创新效率具有负面影响。政府支持和基础设施水平并未对绿色创新效率产生影响。曾等（Zeng et al.，2021）运用 SBM – GML 指数测算 2011～2017 年中国长三角地区 26 个城市的绿色创新效率，并使用空间计量方法对其相关决定因素的协整关系进行了研究。研究发现，科技和教育支出是直接决定一个城市绿色创新效率的正向因素。人均 GDP 是绿色创新效率协整的正向决定因素；而外商直接投资、科技支出比例、教育占地方财政预算比例是长三角城市绿色创新效率协整的负向决定因素。罗和张（Luo and Zhang，2021）采用 ML 指数对绿色创新效率进行测度。研究发现，绿色创新效率增长率差异较大，教育水平和技术市场成熟度与区域绿色创新效率呈显著正相关关系。以研发机构的研究能力作为门槛变量，发现双重门槛效应呈倒 N 形。黄等（Huang et al.，2021）基于 1997～2018 年中国省级面板数据，将市场化、地方政府竞争和技术创新效率纳入同一实证框架使用空间面板计量模型进行研究。研究发现，地方政府的竞争不仅对绿色创新效率具有直接抑制作用，还通过阻碍市场化发展间接影响绿色创新效率提升。刘等（Liu et al.，2021）使用双差分模型评估了碳交易政策对碳交易试点地区绿色创新效率的影响。研究发现，碳交易政策的实施对促进试点地区绿色创新效率具有显著的持续作用。碳交易政策通过提升技术创新效应，使绿色创新潜力得以实现，同时通过能源替代和结构升级效应进一步提高绿色创新效率，三种效应的协同作用有助于进一步提升区域绿色创新效率。蔡和叶（Cai and Ye，2021）将空间计量经济学模型应用于中国 285 个地级市的面板数据，在充分考虑区域和创新类型差异的基础上，研究了命令控制型以及市场型环境规制手段对绿色创新的动态影响。研究发现，命令控制型环境规制抑制当前绿色创新的提升。此外，虽然市场型环境规制对当期绿色创新没有显著影响，但滞后期显著促进绿色创新，支持了波特假说。杨和王（Yang and Wang，2021）采用 DEA 方法测算中国 2007～2019 年 30 个省份工业企业的绿色创新效率，并分析了环境规制对绿色创新效率的影响。研究发现，全国和东部地区环境规制与绿色创新效率之间存在显著的 U 形关系。中西部地区环境规制对绿色创新效率没有显著影响。范等（Fan et al.，2021）考虑到环境规制手段的异质性，基于 2004～2016 年中国 235 个城市的绿色创新效率，构建基于地理权重矩阵的空间计量模型，以验证环境规制对区域绿色创新效率的影响机制。研究发现，环境规制与城市绿色创新效率存在正 U 形关系，增加教育资源投入、优化产业结构、提高经济发展水平将强化这一正向影响。李等（Li et al.，2021）在理论分析的基础上从中国地级市的空间相关性角度探讨了环境规制对绿色创新效率的影响，并从企业间财务能力和地区间财政分权的角度对空间效应进行进一步分析。研究发现，环境规制对绿色创新效率具有显著的空间溢出效应，在本地和邻地均呈现 U 形变化，较短的官员任期和较低的企业利润率会削弱环境规制对绿色创新效率的影响。

国内学者韩晶（2012）应用托比特（Tobit）回归分析法对影响中国绿色创新效率的因素进行分析。研究发现，外资进入、结构调整对绿色创新效率提升产生了积极的推动作用，而环境规制与技术市场对创新效率提升并没有产生显著的积极效应。曹霞和于娟（2015）选用 2005～2011 年中国 30 个省份地区的面板数据对中国各区域创新效率及影响因素进行实证分析。研究发现，环境规制强度与创新效率呈 U 形关系，区域开放程度、技术市场成熟度和政府资助这三个因素对绿色创新效度均具有积极的推动作用。孙宏芃（2016）使用 SFA 的方法测算中国各地区的绿色技术创新效率，并考察制度环境、要素市场扭曲、资源投入比重、政府行为等因素对绿色技术创新效率的影响。研究发现，制度环境的优化、地区居民文化素质水平的提升对绿色技术创新效率具有积极影响；要素市场扭曲、政府对创新活动的资助、创新要素的资本化、劳务费所占比重等因素则不利于绿色创新技术进步，企业自有资金比重的升高对绿色创新技术进步的影响也不明显。余淑均等（2017）利用 2001～2014 年长江经济带 38 个城市的数据，以绿色创新效率为基础，研究了环境规制对绿色创新效率的影响。研究发现，总体上看，环境规制可以在一定程度上促进长江经济带绿色创新效率的提升，但不同环境规制模式对区域绿色创新效率的影响存在差异：费用型环境规制倾向于短期影响，在一定程度上抑制了区域绿色创新效率的提升，而投资型环境规制则在一个更长期的过程中促进了区域绿色创新效率的提升。肖黎明等（2017）运用随机前沿模型超越对数产出距离函数对中国 30 个省份的绿色技术创新效率及技术创新效率进行了测度，关注对外开放程度、环境规制强度和政府支持力度对绿色技术创新效率的影响。研究发现，对外开放程度、环境规制强度、政府支持力度与绿色技术创新效率之间分别呈现出正线性、U 形和倒 U 形关系。曾冰（2018）以 Super－SBM 方法评价我国省际绿色创新效率变化，进而采用空间计量模型探析其影响因素及空间溢出效应。研究发现，人均 GDP、正式与非正式环境规制、市场化均能显著促进绿色创新效率提升，其中人均 GDP 与正式环境规制具有显著的负向空间溢出效应，市场化具有显著的正向空间溢出效应，FDI 既未提升绿色创新效率，也未带来明显的空间溢出效应。田淑英和郑飞鸿（2019）构建结构向量误差修正模型（vector error correction model，SVEC）研究中央政府、地方政府及企业三大主体的环保 R&D 投入对绿色技术创新效率的影响。研究发现，中央环保 R&D 投入对绿色技术创新效率提升的短期效应显著，地方环保 R&D 投入对于绿色技术创新效率提升的长期效应显著，企业环保 R&D 投入始终是推动绿色技术创新效率提升的重要力量。李文鸿和曹万林（2020）采用固定参比的 Malmquist 指数模型对区域绿色创新效率进行测度，并探讨了外商直接投资（foreign direct investment，FDI）、环境规制与区域绿色创新效率之间的关系。研究发现，环境规制对绿色创新效率有显著的正向影响，FDI、产业结构及 FDI 和环境规制的交互作用对绿色创新效率有显著的正向影响。邓峰和陈春香（2020）基于环境规制视角探讨 R&D 投入强度对中国绿色创新效率的非线性关系及其在时间和空间上的差异性。研究发现，R&D 投入强度对中国绿色创新效率的促进作用受限于环境规制水平，两者存在双重门槛，随着环境规制力度的加强，R&D 投入强度对绿色创新效率的促进效果逐渐弱化，同时环境规制在时空分布上具有明显的差异性。黄小勇和李怡（2020）通过选取 2008~2017 年中国 37 个大中城市面板数据，运用固定效应模型，实证检验产城融合对城市绿色创新效率的影响效果。研究发现，城市产城融合水平会对城市绿色创新效率产生显著的正向关系，城市产城融合水平的提高显著推动了城市绿色创新效率的提升，而且与非一线城市相比较，产城融合水平对一线城市绿色创新效率的影响更加显著。王巧等（2020）利用中国 285 个地级市 2003~2016 年的面板数据，通过构建双向固定效应模型实现双重差分的目的，识别国家高新区建立影响区域绿色发展的作用机制，并评估高新区驱动城市绿色创新效率提升的净效应。研究发现，国家高新区显著提高了城市绿色创新效率。高新区促进城市绿色创新效率提升存在创新驱动机制和结构驱动机制，而未通过集聚驱动机制。刘军等（2020）运用考虑非期望产出的 SBM 模型测算 2009~2016 年中国各地区的绿色创新效率，实证检验产业协同集聚对区域绿色创新的影响及区域差异。研究发现，产业协同集聚显著促进了区域绿色创新的提升。冉启英和杨小东（2020）基于中国 2006~2017 年省级面板数据，运用动态空间杜宾模型实证检验了国际技术溢出对"本地—邻地"绿色技术创新效率的直接效应与溢出效应，并探讨制度环境在其中的非线性调节作用。研究发现，国际技术溢出存在显著的空间交互性效应，整体上国际技术溢出对绿色技术创新效率呈显著促进作用。FDI 和对外贸易均促进了本区域绿色技术创新效率，跨区域溢出效应还促进了其他区域的效率，而 OFDI 的区域溢出效应不显著。国际技术溢出会受到制度质量调节作用，且随着制度质量跨越不同的门槛值，国际技术溢出对绿色技术创新效率的正向促进作用越明显。游达明和欧阳乐茜（2020）运用空间计量模型，分析财政分权条件下不同环境规制对企业绿色创新效率影响。研究发现，工业企业绿色创新效率具有明显的正向空间集聚效应，财政分权对工业企业绿色创新效率存在显著的抑制作用，不同环境规制工具存在明显差异，财政分权和环境规制的交互效应在"行政命令型"环境规制中尤为显著。不同地区的环境规制以及与财政分权的交互效应具有显著的区域异质性。吕承超等（2020）构建动态面板数据模型实证检验绿色创新效率的影响因素。研究发现，科研经费、金融发展规模、第二产业比重和第三产业比重抑制了中国绿色创新效率的提高，而科研人员数量、金融发展效率和人均 GDP 则对中国绿色创新效率起到了促进作用。吴遵杰和巫南杰（2021）采用考虑非期望产出的超效率 SBM 模型对城市绿色创新效率进行测算，并运用空间杜宾模型和面板门槛模型实证检验工业集聚对城市绿色创新效率的影响。研究发现，工业集聚对绿色创新效率的影响呈倒 U 形，存在环境规制、工业企业规模和政府支持力度的门槛效应。陈兵和王伟龙（2021）利用 2004～2018 年的城市面板数据，基于动态空间杜宾模型研究互联网发展、产业集聚结构对绿色创新效率的影响。研究发现，绿色创新效率存在显著的"路径依赖"和空间溢出特征，专业化集聚显著抑制了绿色创新效率提升，而互联网发展和多样化集聚显著促进了绿色创新效率提升。同时互联网发展与专业化、多样化集聚交互作用均显著促进绿色创新效率的增长。朱东旦等（2021）基于中国制造业各行业的面板数据，采用考虑非期望产出的超效率方向距离函数（super directional distance funtion, Super - DDF）测算中国制造业的绿色创新效率，采用系统广义矩估计（systematic generalized moment estimation, SYS - GMM）方法实证检验环境规制和产业集聚对绿色创新效率的影响。研究发现，环境规制和产业集聚的加强显著促进制造业绿色创新效率的提升，但二者的交互项却具有负向影响，且存在规制强度与外商投资异质性。赵路等（2021）运用两阶段超效率网络 SBM - DEA 模型测算绿色技术创新效率，并分析命令控制型、市场激励型与自主参与型三种不同类型的环境规制对绿色技术创新效率的外溢效应。研究发现，命令控制型环境规制对绿色技术创新效率的直接效应为正，间接效应和总效应为负；市场激励型环境规制和自主参与型环境规制对绿色技术创新效率的直接效应、间接效应和总效应均为正。范斐等（2021）运用考虑非期望产出的 SBM 模型，测度长江经济带沿线 102 个城市 2004～2018 年绿色创新效率，构建中介模型分析外商直接投资在环境规制对沿线城市绿色创新效率影响下的中介效应，并基于门槛回归模型考察环境规制在不同 FDI 发展水平下对城市绿色创新效率的影响机制。研究发现，长江经济带沿线城市的绿色创新效率存在空间非均衡性；加强环境规制对沿线城市绿色创新效率具有显著促进作用，FDI 在其中具有部分中介作用；环境规制对长江经济带沿线城市绿色创新效率的影响基于 FDI 存在双门槛效应，呈现 N 形非线性关系。张东和王豪杰（2021）使用两阶段网络 SBM 模型对 2008～2017 年中国区域工业绿色创新效率进行测度。研究发现，金融集聚与两阶段工业绿色创新效率均表现出较强的空间正相关性，金融集聚促进研发效率提升,但对技术成果转化阶段效率提升不明显,金融集聚的空间溢出效应仅存在于技术成果转化阶段。

三、文献述评

通过对研究文献梳理可以看出,已有关于绿色创新效率的研究取得了丰硕的成果,这些文献为本书研究的展开奠定了坚实的基础,也存在一些有待拓展之处,主要表现在:

一是,缺乏分阶段对中国区域绿色创新效率与全要素生产率的测度与分析。已有研究从静态角度对中国不同地区的绿色创新效率与全要素生产率进行测度,但均未涉及在科技体制改革不同阶段中国各地区绿色创新效率与全要素生产率的变化问题,也未涉及科技体制改革对中国不同地区绿色创新效率及全要素生产率的影响效果问题。事实上,像中国这样处于经济转轨时期的发展中国家,地方政府在科技政策制定和资金调配方面拥有巨大的权利,对各地区创新能力的形成和发展产生重大影响,因此在考核全国及区域层面绿色创新效率及全要素生产率问题时就不能不把科技体制因素考虑在内。

二是,缺乏对中国区域绿色创新效率时空跃迁特征与演变趋势的探讨。由于市场机制的自发性、盲目性和滞后性,在效率和利润的引导下,企业往往将低效率地区的资金、劳动力、技术等创新要素向高效率地区转移,从而实现资源配置效率和绿色创新效率提升,但创新要素的转移也会进一步加大地区之间的不平衡。已有研究虽然对中国不同地区绿色创新效率的区域差异进行了对比,并分析了区域差异的成因,但中国各地区绿色创新效率是如何发生演变的呢?其时空跃迁路径表现为何种特征及规律?绿色创新效率的区域差异是否将持续存在?表现为扩散还是收敛?对于这些问题,已有研究尚无定论。

三是,缺乏对中国区域绿色创新效率影响因素及作用机制的深入分析。创新是一项复杂的系统工程,不仅涉及单纯的技术方面的问题,也涉及企业资源状况、运行机制、激励机制和人才储备等,还受到国家政策法规、市场体系完善程度、市场竞争环境、知识产权制度和教育培训水平等宏观环境的重大影响。因此,就区域角度而言,区域绿色创新效率除受到区域创新投入、创新期望产出、创新非期望产出等内部指标的影响外,同样也受到外部环境因素的影响。已有研究虽然探讨了中国区域绿色创新效率的外部影响因素,但对这些因素影响区域绿色创新效率的作用机制探讨不足,有待进一步深入研究。

第四节 研究内容、方法与技术路线

一、研究内容

本书在总结国内外现有研究的基础上，从绿色发展的视角研究中国区域绿色创新效率的问题。首先，探讨科技体制改革进程中的中国区域绿色创新全要素生产率，指出进一步深化科技体制改革的着力点在于提高绿色创新效率。其次，探讨中国区域绿色创新效率时空跃迁类型、路径及收敛趋势，并考察影响其收敛趋势的主要因素。最后，分别探讨了协同创新、环境规制、数字金融、研发资本要素市场扭曲对中国区域绿色创新效率的影响，并提出相关政策建议，以期提升中国区域绿色创新效率水平。本书的主要内容包括：

第一章为绪论。主要介绍本书的研究背景和研究意义，对相关概念进行界定，对现有的国内外研究成果进行梳理与评价，介绍本书的研究结构、研究方法及技术路线，并对主要的创新点进行说明。

第二章为科技体制改革不同阶段的中国区域绿色创新全要素生产率。通过GML指数测算1998年以来科技体制改革不同阶段下全国及区域层面绿色创新全要素生产率增长及其分解值的变动情况，分析科技体制改革对全国及区域层面绿色创新全要素生产率增长的影响效果。

第三章为中国区域绿色创新效率时空跃迁及收敛趋势。将"环境污染""创新失败"因素纳入非期望产出指标，构建 SBM－DEA 模型对中国各省份的绿色创新效率及其区域差异进行测算。借助雷伊和贾尼卡斯（Rey and Janikas，2006）提出的时空跃迁方法，探讨各省份及其邻近区域绿色创新效率的时空跃迁类型与路径。采用 σ 收敛、绝对 β（空间）收敛模型和条件 β（空间）收敛模型分别对中国区域绿色创新效率的收敛趋势进行检验，探讨影响其收敛趋势的主要因素。

第四章为协同创新与中国区域绿色创新效率。运用 DEA－Tobit 回归模型和分位数回归模型分析创新主体间协同关系对绿色创新效率及其条件分布的影响，构建 PVAR 模型并利用脉冲响应函数探讨了创新主体间协同关系对绿色创新效率的动态冲击影响，基于方差分解方法进一步分析创新主体间协同关系影响绿色创新效率结构冲击的贡献度。

第五章为环境规制与中国区域绿色创新效率。采用系统广义矩估计模型和面板门槛模型分析环境规制对绿色创新效率的直接影响，运用基于结构方程模型的多重中介效应模型对环境规制通过外商直接投资、对外直接投资、产业结构传导渠道对绿色创新效率的间接影响进行检验，并进一步构建空间计量模型探讨了环境规制对绿色创新效率影响的空间溢出效应。

第六章为数字金融与中国区域绿色创新效率。分别构建普通面板计量模型、空间面板计量模型估计在不考虑空间效应、考虑空间效应条件下数字金融对绿色创新效率的影响效应，并运用逐步回归法和自助法（Bootstrap）检验数字金融通过促进金融发展、刺激消费需求和提升人力资本渠道对绿色创新效率的传导机制，以揭开数字金融影响绿色创新效率内在逻辑的黑箱。

第七章为研发资本要素市场扭曲与中国区域绿色创新效率。测算中国各省份研发资本要素市场扭曲程度，运用面板计量模型检验研发资本要素市场扭曲对中国区域绿色创新效率的抑制效应，基于反事实检验方法估计研发资本要素市场扭曲所带来的中国区域绿色创新效率损失缺口，进而考察研发资本要素市场扭曲所带来的中国区域绿色创新效率损失比例。

第八章为研究结论、政策建议与研究展望。通过对本书研究内容的回顾和总结，概括了所得出的主要结论，提出提升中国区域绿色创新效率的政策建议，同时阐述了本书研究的不足之处，并提出未来研究方向的展望。

二、研究方法

本书主要采用数据包络分析方法、空间计量分析方法、面板计量回归分析方法、面板向量自回归分析方法、中介效应检验方法、反事实检验方法等对中国区域绿色创新效率问题进行了研究。

（一）数据包络分析方法

构建考虑非期望产出的改进的数据包络分析（DEA）方法对中国各省份绿色创新效率与全要素生产率进行测度，由此计算得到松弛变量，考虑的无效程度更加全面，解决了传统的 DEA 模型大都属于径向和角度的度量，不能充分考虑到投入产出的松弛性问题，从而使度量的效率值更加精确。

（二）空间计量分析方法

运用空间自相关指数（Moran's I）和 Moran's I 散点图考察中国区域绿色创新效率的空间相关性和时空跃迁特征；将空间效应引入传统收敛模型之中，分别建立空间滞后模型（spatial autoregressive model，SAR）和空间误差模型（spatial error model，SEM）分析中国区域绿色创新效率的收敛趋势；选取空间杜宾模型分别探究环境规制、数字金融影响绿色创新效率的空间溢出效应。

（三）面板计量回归分析方法

采用 Tobit 回归模型、分位数回归模型分析创新主体间协同关系对绿色创新效率及其条件分布的影响；采用动态面板回归模型（SYS – GMM）和面板门槛回归模型考察环境规制对绿色创新效率的影响效应；采用普通最小二乘模型（ordinary least squares model，OLS）、面板固定效应模型（fixed effects model，FE）和 SYS – GMM 模型分别检验数字金融、研发要素市场扭曲对绿色创新效率的影响效应。

（四）面板向量自回归分析方法

构建面板向量自回归模型（panel pata vector auto regression model，PVAR）利用脉冲响应函数分析全国总体及东部、中部和西部地区创新主体间协同关系各变量加上一个标准差大小的冲击对绿色创新效率变量当前和未来取值的影响轨迹；采用方差分解分析创新主体间协同关系各变量对绿色创新效率变化的贡献度。

（五）中介效应检验方法

运用基于结构方程模型的多重中介效应模型检验环境规制通过外商直接投资、对外直接投资、产业结构渠道对绿色创新效率的传导机制；运用逐步回归法和 Bootstrap 方法，从促进金融发展、刺激消费需求和提升人力资本渠道考察数字金融对绿色创新效率影响的传导机制。

（六）反事实检验方法

采用反事实检验的方法计算出假定不存在研发资本要素市场扭曲情况下中国各省份反事实绿色创新效率值，用反事实绿色创新效率值减去实际绿色创新效率值，计算出研发资本要素市场扭曲所带来的绿色创新效率损失缺口，并将绿色创新效率损失缺口除以反事实绿色创新效率值，计算出中国各省份研发资本要素市场扭曲所带来的绿色创新效率损失比例。

三、技术路线

本书以中国区域绿色创新效率为研究对象，围绕"指标构建及模型选择—效率测算及时空对比—影响因素及机制分析—研究结论及政策建议"的主线展开研究，采用规范分析与实证分析相结合的方法，探讨中国绿色创新效率及其影响因素。本书的技术路线如图 1 – 1 所示。

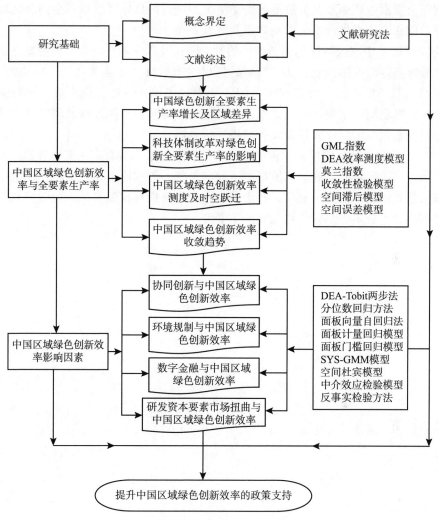

图 1-1　本书的技术路线

第五节　主要的创新点

本书主要考察中国区域绿色创新效率问题。与以往研究相比，本书的创新之处主要体现在以下几个方面：

（1）测算在科技体制改革不同阶段中国区域绿色创新全要素生产率的分解及变化情况。以往研究均未涉及科技体制改革对中国区域绿色创新效率及生产率的影响问题，本书测算了 1998 年以来科技体制改革不同阶段下全国及区域层面绿色创新全要素生产率及其分解值的变动情况，分析科技体制改革对全国及区域层面绿色创新全要素生产率的影响效果及区域差异。

（2）揭示中国区域绿色创新效率的时空跃迁及收敛趋势。以往研究缺乏对中国区域绿色创新效率演变特征与趋势的探讨，本书将"创新失败""环境污染"因素纳入非期望产出，构建 SBM – DEA 模型对中国区域绿色创新效率进行重新测算，并将空间因素纳入研究框架，借助空间计量模型和相关收敛理论对中国区域绿色创新效率的时空跃迁及收敛趋势进行分析。

（3）系统考察中国区域绿色创新效率的影响因素。综合应用多种计量回归分析方法分别考察协同创新、环境规制、数字金融、研发资本要素市场扭曲对中国区域绿色创新效率的影响效应，找出关键因素，分析其政策含义，为国家和政府有关部门制定政策提供理论依据和决策参考。

第二章

科技体制改革不同阶段的中国 区域绿色创新全要素生产率*

第一节　问题的提出

一、研究背景

当今世界已进入知识经济时代，伴随着环境污染与资源约束问题日益凸显，中国经济发展模式正从依靠资源、资本、劳动力为主导的传统发展模式转向依靠科技、知识和人才为主导的绿色创新发展模式，新技术、新产业的国际竞争日益激烈。在这种背景下，世界各主要国家纷纷加快进行创新战略部署，力争抢占新一轮科技创新的制高点。中国政府亦作出了加强技术创新，发展高科技，实现产业化的决定，将提高自主创新能力，建设创新型国家作为新时期国家发展战略的核心，不断深化科技体制改革，加快国家创新体系建设，实施创新驱动发展，试图通过技术创新、科技进步来促进产业结构的调整升级，增强经济发展的内生动力，实现经济社会的可持续发展。

在国家政策的引导和支持下，我国技术创新投入持续增加，创新产出也随之大幅提升。然而，与国外发达国家相比，我国技术创新水平整体依然处于量变阶段，技术创新效率较为低下，创新能力有待提高。2015 年 10 月 29 日，习近平总书记在党的十八届五中全会第二次全体会议上明确指出："我国创新能力不强，科技发展水平总体不高，科技对经济社会发展的支撑能力不足，科技对经济增长

＊ 本章内容及观点已刊登在《改革》2016 年第 1 期。

的贡献率远低于发达国家水平，这是我国这个经济大个头的'阿喀琉斯之踵'"①。中共中央"十四五"规划明确指出，我国创新能力不适应高质量发展要求，必须坚持创新在我国现代化建设全局中的核心地位，深入实施创新驱动发展战略②。中国企业联合会、中国企业家协会发布的《2019 年中国企业 500 强排行榜》显示：尽管有 426 家中国企业填报了研发投入，共投入研发费用 9765.48 亿元，平均研发强度为 1.60%，但与世界 500 强企业的研发强度在 5% 以上相比，还存在较大的差距。

导致我国目前技术创新资源利用效率低下、制约技术创新作用发挥的根本原因在于现行的科技体制不完善，科技管理体制不顺、创新激励和动力机制缺失、利益分配机制不健全等体制机制障碍依然存在，已经严重阻碍了科技与经济的结合及科技成果的转化，也难以有效支撑创新驱动发展战略。因此，深化科技体制改革势在必行，特别是在影响科技创新作用发挥的重点领域，更要花大气力推进。党的十八大和十八届三中全会提出深化科技体制改革的任务，正是在充分认识现行的科技体制障碍的基础上，为摒除技术创新发展的深层次问题、更好地解放科技生产力而作出的重大部署。在此背景下，梳理我国科技体制改革的历程、取得的主要成就和面临的主要问题，测算科技体制改革不同阶段全国总体及各地区绿色创新全要素生产率及其分解值，分析科技体制改革对全国总体及各地区绿色创新全要素生产率及其分解值的影响效果，有助于更好地认清不同时期不同地区绿色创新全要素生产率的促进和制约因素，从而为深化科技体制改革、实施创新驱动发展提出有益的政策建议。

二、文献综述

已有研究大多是从定性角度探讨科技体制存在的问题及其对技术创新的制约影响，极少有研究从定量角度评估科技体制改革的创新驱动波及效应。相关的代表性研究及主要观点梳理如下：

汪应洛等（1998）通过对我国科技体制改革若干问题的评述和分析，认为未来科技体制改革首先应在观念上跟上时代变化，其次应建立硬件型和软件型相结合的科技体制，再次应建立与新的技术范式和竞争规则相适应的技术能力和系统，最后应投资于基础设施，投资于人。

方新（1999）认为我国科技体制改革在科技与经济结合方面取得一定成效，但并未根本解决；在组织结构方面出现了新的生长点，但研究所的作用被削弱；

---

① 习近平：《在党的十八届五中全会第二次全体会议上的讲话》（节选），习近平系列重要讲话数据库，http://jhsjk.people.cn/article/28002398。

② 参见《中共中央关于制定国民经济和社会发展第十四个五年规划和二○三五年远景目标的建议》。

资源配置有改善，但未能优化；科学产出增加，质量有待提高，并指出改革的当务之急是统筹协调经济体制、科技体制和教育体制的改革进程，重建国家创新体系。

丁厚德（1999）认为建设国家创新体系是国家政府行为，它的基本原则有：目标原则、国情原则、改革原则、创新原则、动态原则。建设国家创新体系对中国科技体制改革，既是挑战又是机遇，要改革科技体制的结构，建设国家科技计划，实行产学研合作，调整政府管理科技工作的模式。

李正风（2000）认为科技体制改革重心的转移将加强政治体制、经济体制和科技体制改革之间的紧密联系，将突出制度创新与组织创新在科技进步中的作用。从改革重心的转移出发，当前和今后较长时间科技体制改革要解决的主要问题是：转变政府在科技工作中的职能；建立各种科技力量合理配置的格局；确立企业在科技进步中的主体地位；进一步完善科技管理体制。

吴林海和彭纪生（2001）认为我国技术创新总体水平仍然很低，主要产业技术水平与国际先进水平差距甚大，改革所设定的科技与经济结合目标的实现并不理想。突出表现在以下三个方面：科技进步与经济发展仍然脱节，经济实力与科技竞争力在世界坐标上明显不对称；知识创新与技术创新协同性差；科技资源配置结构仍不合理。

范维培（2003）指出当前科技体制改革存在的问题主要有：科技体制改革领导协调力度不足；有关部门对科技机构改革支持不够；主管部门对所属科研机构的改革积极性不高；改革政策制定滞后和政策落实存在困难；转制科研机构出现人才流失；省份的公益类科研机构改革难度增大；有些省份科技体制改革偏离了原有方向。

方新和柳卸林（2004）回顾和总结了科技体制改革的经验，并指出我国的科技体制仍然存在一些必须正视的问题。表现在：科研院所的活力依然受到多方面的约束；国家宏观科技管理体制没有理顺；科技预算、执行和监督三个分立的体系还没有建立起来；基础类、公益类院所的科研活动受到冲击。

张敏容（2007）指出我国以政府主体的科技体制，20多年来走过了从科技机构"松绑"到"建设国家创新体系"、目标和政策重点不断调整的改革，但仍存在科技管理体制没有理顺、科技资源使用效率不高、分配不当等组织管理、资源配置上的一些缺陷，并提出中国科技体制改革的大方向应先是先改革组织体系，再在体系变革的基础上改革激励机制。

寇宗来（2008）认为中国通向创新国家的道路还面临诸多挑战，其中最重要的是政府职能调整：如何转向间接手段去影响而非直接命令来干预企业的经营和战略选择；如何通过确保公民的财产安全而稳定他们的激励；如何通过放松劳动力流动的限制而鼓励技术的扩散；如何制定合理配套的产业政策以促进技术创新；如何将知识产权保护变为促进创新而不是阻碍创新的工具；等等。

李振京和张林山（2010）探讨了科技体制和国家创新体系的主要问题：国家宏观科技管理体制没有理顺；政府定位不科学；产学研合作机制仍不顺畅；企业自主创新能力不强；科技管理、评价和监督机制关系不顺；市场化改革对基础研究和公共科技事业发展有一定的负面影响；资源环境的压力没有充分转变为价格信号和更加严格的环境执法标准；国内创新文化氛围不浓。

宋河发和睦纪纲（2012）从国家创新体框架出发研究了我国科技体制机制面临的突出问题，提出了我国科技体制机制改革的目标、主线、原则和重点任务与对策措施。重点任务和措施主要包括整合科技创新管理组织体系，优化科技创新资源配置，改革经费管理制度，加快创新人才成长，建立完善科技创新评价和奖励制度，大力培育创新文化，完善法规政策环境七个方面。

闫凌州和赵黎明（2014）在评析现有文献关于科技体制改革同质性假设的基础上，总结我国科技体制改革的二元结构特点，提出地方政府推动科技体制改革过程中存在的二元异质性困境，即决策主体二元异质性、产权归属二元异质性、利益诉求二元异质性。基于此，对地方政府推进科技体制改革提出相关建议。

王天骄（2014）以资源配置和创新效率的新视角研究中国科技体制改革得出：第一阶段，科技资金配置和创新效率未有效改善；外部技术产业化和内部研发成本高企，导致技术交易市场、企业内部科技机构的收效甚微；企业主要依赖技术改造积累创新能力。第二阶段，强制科研机构企业化转制，同时降低了技术产业化、内部研发和技术市场交易的成本，明显提高了企业创新效率和科技资金份额；科研机构的效率虽提高，但低于企业。

蒋同明（2015）指出当前科技体制中的科技投入与产出不成正比、科研成果转化率低、科研经费管理混乱等问题依然存在。下一步，须加快改革科技资源分配和管理模式，建立科学合理的科技评价体系，不断完善科技人才激励机制，有效促进科研成果转化。同时，营造良好的创新环境，鼓励大众创业、万众创新。

王宏伟和李平（2015）在回顾和分析我国科技体制改革的成就和问题的基础上，深入剖析目前科技体制和机制存在的障碍，包括：科技投入产出效率不高；企业创新主体地位不突出；自主创新能力不强；科技成果转化率低。并指出上述问题背后的深层次和根本原因是科技体制和机制问题，进而提出实施创新驱动发展的科技体制改革建议。

李平等（2018）认为深化科技体制改革还任重道远，特别是影响科技创新作用全面发挥的重点领域亟待改革，主要表现为：科技资源优化配置方面仍有很大提升空间；企业主导技术研发创新的体制机制尚未形成；产学研合作机制仍不顺畅，产学研结合的技术创新体系尚未形成；科技评价制度、激励制度等不能适应科技发展新形势的要求。

陈劲和张学文（2018）对我国创新驱动发展与科技体制改革（2012～2017年）的历程进行了系统回顾与评价，认为当前我国科技创新水平加速迈向国际第一方阵，进入三跑并存、领跑并跑日益增多的历史性新阶段。科技体制改革向系统纵深推进，科技管理格局实现了从研发管理向创新服务的历史性转变。我国已进入创新驱动发展的重要阶段，进一步全面深化科技体制改革任重道远。

上述文献对于把握和认识我国科技体制存在的问题及其对技术创新的制约影响具有重要的现实意义，但均未涉及在科技体制改革不同阶段中国各地区绿色创新效率与全要素生产率的变化问题，也未涉及科技体制改革对中国不同地区绿色创新效率及全要素生产率的影响效果问题。事实上，像中国这样处于经济转轨时期的发展中国家，地方政府在科技政策制定和资金调配方面拥有巨大的权利，对各地区创新能力的形成和发展产生重大影响，因此在考核全国及区域层面绿色创新效率及全要素生产率问题时就不能不把科技体制因素考虑在内。

鉴于此，本章利用1998～2017年中国省级面板数据，测算了1998年以来科技体制改革不同阶段下全国及区域层面绿色创新全要素生产率及其分解值的变动情况，分析科技体制改革对全国及区域层面绿色创新全要素生产率的影响效果，并提出有益的政策建议，以期为政府有关部门进一步有效推进中国科技体制改革、提升绿色创新全要素生产率和促进区域间协调发展提供理论参考和决策依据。

第二节 中国科技体制改革的历程

中国科技体制是在深化经济体制改革的冲击和带动下走向改革的，应该说改革开放以来，中国科技体制改革的脚步从未停歇，一直努力探索解放和发展科技生产力的最优道路。但由于诸多方面的原因，中国科技体制改革一直滞后于经济体制改革。在1997年之前，中国科技体制改革主要体现了"推进技术交易"的改革方针，即指承认技术的商品属性，并通过发展技术中介市场，促进科技成果转化。自1998年开始，中国才开始对科技发展战略和科技体制改革进行实质性调整。按照中国科技体制改革的重要时间节点，将1998年以来的科技体制改革历程划分为以下三个阶段（见表2-1）：第一阶段，1998～

2005 年，为科研机构转制改革和构建国家创新体系阶段；第二阶段，2006 ~ 2012 年，为建设创新型国家阶段；第三阶段，2013 年至今，为实施创新驱动发展战略阶段。

表 2 - 1　　　　1998 年以来中国科技体制改革的政策措施和改革目标

阶段划分	政策措施	改革目标
科研机构转制改革和构建国家创新体系阶段（1998 ~ 2005 年）	①1998 年，国务院批准《关于中国科学院开展（知识创新工程）试点的汇报提纲》； ②1999 年，《中共中央 国务院关于加强技术创新，发展高科技，实现产业化的决定》； ③1999 年，国务院办公厅转发科技部等部门《关于国家经贸委管理的 10 个国家局所属科研机构管理体制改革意见的通知》 ④1999 年，科技部等七部委制定的《关于促进科技成果转化的若干规定》； ⑤1999 年，科技部等七部委制定的《关于建立风险投资机制的若干意见》； ⑥2001 年，科技部制定的《科研条件建设"十五"发展纲要》； ⑦2001 年，国家计委制定并颁布实施的《国民经济和社会发展第十个五年计划科技教育发展规划（科技发展规划）》； ⑧2002 年，国务院体改办等四部门制定的《关于深化转制科研机构产权制度改革的若干意见》； ⑨2002 年，科技部、教育部等部门发布《关于进一步加强原始性创新能力的意见》； ⑩2004 年，科技部等部门联合制定的《2004 ~ 2010 年国家科技基础条件平台建设纲要》	深化科研院所改革，推进技术开发类科研机构向企业化转制，对社会公益型科研机构实行分类改革；推进建立以企业为主体、产学研互动的技术创新体系和以科研机构、高等学校为主的科学研究体系以及社会化的科技服务体系；调动科技人员积极性，推进科技成果转化
建设创新型国家阶段（2006 年 ~ 2012 年）	①2006 年，国务院颁布的《国家中长期科学和技术发展规划纲要（2006—2020 年）》； ②2006 年，国务院关于印发实施《国家中长期科学和技术发展规划纲要（2006—2020 年）》的若干配套政策的通知； ③2006 年，《中共中央 国务院关于实施科技规划纲要 增强自主创新能力的决定》； ④2006 年，财政部、科技联合部发布了《关于改进和加强中央财政科技经费管理若干意见》； ⑤2007 年，第十届全国人大常委会第三十一次会议审议通过第一次修订后的《中华人民共和国科学技术进步法》； ⑥2008 年，国家发改委、科技部等 9 部委联合制定了《关于促进自主创新成果产业化若干政策》； ⑦2008 年，国务院印发《国家知识产权战略纲要》； ⑧2009 年，《国务院关于进一步促进中小企业发展的若干意见》； ⑨2010 年，《国务院关于加快培育和发展战略性新兴产业的决定》； ⑩2012 年，《中共中央 国务院关于深化科技体制改革加快国家创新体系建设的意见》	增强自主创新能力、建设创新型国家，并提供了重要的法律保障；进一步规范财政科技经费管理；加快推进自主创新成果产业化，促进科技与经济社会发展紧密结合；提高产业核心竞争力，促进高新技术产业、战略性新兴产业的发展；加快建设中国特色国家创新体系，以企业为主体，推动协同创新

续表

阶段划分	政策措施	改革目标
实施创新驱动发展战略阶段（2013年至今）	①2013年，《中共中央关于全面深化改革若干重大问题的决定》； ②2015年，《中共中央 国务院关于深化体制机制改革加快实施创新驱动发展战略的若干意见》； ③2015年，国务院印发《关于大力推进大众创业万众创新若干政策措施的意见》； ④2016年，中共中央、国务院印发了《国家创新驱动发展战略纲要》； ⑤2016年，《国务院关于印发"十三五"国家科技创新规划的通知》； ⑥2016年，《国务院关于印发"十三五"国家知识产权保护和运用规划的通知》； ⑦2017年，国务院印发《关于强化实施创新驱动发展战略进一步推进大众创业万众创新深入发展的意见》； ⑧2018年，《国务院关于优化科研管理提升科研绩效若干措施的通知》； ⑨2018年，《国务院关于推动创新创业高质量发展打造"双创"升级版的意见》； ⑩2018年，《国务院关于全面加强基础科学研究的若干意见》； ⑪2019年，《国务院关于推进国家级经济技术开发区创新提升打造改革开放新高地的意见》； ⑫2019年，科技部办公厅等部门印发《关于扩大高校和科研院所科研相关自主权的若干意见》； ⑬2021年，第十三届全国人大常委会第三十二次会议审议通过第二次修订后的《中华人民共和国科学技术进步法》	提出了全面实施创新驱动发展战略，围绕创新领域特别是科技创新领域存在的较为突出的问题和障碍，明确了未来深化科技体制改革的目标，对推进科技体制改革的具体方向进行了顶层设计。为完善中国的国家创新体系和创新生态系统，实现"到2020年跻身创新型国家行列、2050年建成世界科技强国"的战略目标勾勒出基本蓝图

一、科研机构转制改革和构建国家创新体系阶段（1998~2005年）

以1998年国务院批准《关于中国科学院开展（知识创新工程）试点的汇报提纲》、1999年《中共中央 国务院关于加强技术创新，发展高科技，实现产业化的决定》和国务院办公厅转发科技部等部门《关于国家经贸委管理的10个国家局所属科研机构管理体制改革意见的通知》等政策为标志，科技体制改革进入实施科研机构转制和推进以企业为主体的国家创新体系建设阶段。这一阶段科技体制改革的重点主要放在：一是对科研院所的布局结构进行了系统调整，推进技术开发类科研机构向企业化转制，对社会公益型科研机构实行分类改革。到2005年，全国已有1200多家技术开发类科研机构转制为科技型企业。二是促进科技成果转化，建立以企业为主体、产学研互动的技术创新体系和以科研机构、高等学校为主的科学研究体系以及社会化的科技服务体系。尽管这一阶段的改革促进了科技产业化，使科技和经济"两张皮"问题有所改观。但改革以市场生存能力为判断标准，经济效应不明显的基础研究、公益性研究受到了较大的负面冲击，制约了基础类科研院所和公共科技事业的发展。另外，国家宏观的科技管理体制并无根本性改变，部门间科技预算缺乏协调、科技资源重复投入、民用和军用科技创新活动分离等问题依然突出，束缚了科技创新生产率的提高。

二、建设创新型国家阶段（2006～2012 年）

2006 年国务院颁布了《国家中长期科学和技术发展规划纲要（2006—2020年）》，纲要中明确指出"建立以企业为主体、产学研结合的技术创新体系，全面推进国家创新体系建设，到 2020 年建成创新型国家"，由此我国创新型国家建设进入一个新的历史节点。为更好地落实科技中长期发展规划，加快创新型国家的建设，2006 年 1 月，中共中央、国务院作出《关于实施科技规划纲要增强自主创新能力的决定》，这标志着中国科技体制改革正在向科技和创新体制的系统化改革方向发展，为实现创新增值循环奠定了重要的制度基础。这一阶段科技体制改革的重点主要是：增强自主创新能力、建设创新型国家，并提供了重要的法律保障；进一步规范财政科技经费管理；加快推进自主创新成果产业化，促进科技与经济社会发展紧密结合；提高产业核心竞争力，促进高新技术产业、战略性新兴产业的发展；加快建设中国特色国家创新体系，以企业为主体，推动协同创新。通过这一阶段的改革，中国科技活动的组织结构、管理体系和制度得到进一步完善，但政府与市场、科学共同体之间的关系尚没有完全理顺，过多的政府干预、不健全的治理体系、不规范的科技经费使用和管理行为等问题，仍然是阻碍我国科技发展的重要因素，解决这些问题将成为今后一段时期我国科技体制改革的主要任务及方向。

三、实施创新驱动发展战略阶段（2013 年至今）

2012 年底，党的十八大明确提出创新驱动发展战略。为了实施这一战略，国家科技体制改革和政策密集出台：2013 年 11 月，党的十八届三中全会通过《中共中央关于全面深化改革若干重大问题的决定》，专门阐述了深化科技体制改革相关问题，进一步明确新时期深化科技体制改革的目标；2015 年 3 月，发布的《中共中央　国务院关于深化体制机制改革加快实施创新驱动发展战略的若干意见》，旨在合理配置创新资源，激发创新活力；2015 年 6 月，发布的《国务院关于大力推进大众创业万众创新若干政策措施的意见》，力求形成"大众创业、万众创新"蓬勃发展的生动局面；2015 年 10 月，党的十八届五中全会首次提出了"创新、协调、绿色、开放、共享"五大发展理念，明确将创新摆在国家发展全局的核心位置；2016 年 5 月，中共中央、国务院印发了《国家创新驱动发展战略纲要》，对实施创新驱动战略进行全方位顶层设计和系统谋划。这一时期的改革围绕全面实施创新驱动发展战略这一主线，特别是科技创新领域存在的较为突出的问题和障碍，明确了未来深化科技体制改革的目标，对推进科技体制改革的具体方向进行了顶层设计，为进一步完善中国的国家创新体系和创新生态系统，实现"到 2020 年跻身创新型国家行列、2050 年建成世界科技强国"的战略目标勾勒出基本蓝图。

综上所述，中国科技体制改革的历史经验对于进一步深化科技体制改革无疑具有重要的实践和借鉴价值。那么在 1998 年以来科技体制改革的不同阶段，中国绿色创新全要素生产率发生了怎样的变化？深化科技体制改革的政策在提高全国及区域绿色创新全要素生产率层面应如何调整？本章将通过 Global Malmquist Luenberger（以下简称 GML）指数测算 1998 年以来科技体制改革不同阶段下全国及区域层面绿色创新全要素生产率增长及其分解值的变动情况，分析科技体制改革对全国及区域层面绿色创新全要素生产率增长的影响效果，并结合实证结果提出进一步深化科技体制改革、实施创新驱动发展的政策建议。

第三节　模型、变量与数据

一、模型与方法

数据包络分析（data envelope analyse，DEA）的非参数简化算法具有相对客观性强、可同时处理多产出多投入等优势，其各类拓展模型在全要素生产率（green total factor productivity，GTFP）评价中得到了广泛的应用。考虑到基于 SBM 方向距离函数的 GML 指数既能有效处理径向与角度问题，同时又能实现生产前沿的全局可比性，借鉴杨翔等（2015）、滕泽伟等（2017）的做法，采用基于 SBM 方向距离函数的 GML 指数对中国区域绿色创新全要素生产率增长进行有效测算。

（一）全域生产可能性集

将第 K 个省域视为决策单元（decision making unit，DMU_K），假设 DMU_K 加入 M 种要素投入 $x = (x_1, x_2, \cdots, x_m) \in R_+^M$，得到 N 种期望产出 $y = (y_1, y_2, \cdots, y_n) \in R_+^N$ 与 I 种非期望产出 $b = (b_1, b_2, \cdots, b_n) \in R_+^I$，得到当期生产技术集为：

$$P^t(x^t) = \begin{cases} (y^t, b^t) \mid \sum\limits_{q=1}^{o} \lambda_q^t y_{qn}^t \geqslant y_n^t, \ n = 1, \cdots, N \\[2mm] \sum\limits_{q=1}^{o} \lambda_q^t x_{qm}^t \leqslant x_m^t, \ m = 1, \cdots, M \\[2mm] \sum\limits_{q=1}^{o} \lambda_q^t b_{qi}^t = b_i^t, \ i = 1, \cdots, I \\[2mm] \sum\limits_{q=1}^{o} \lambda_q^t = 1, \ \lambda_q^t \geqslant 0, \ q = 1, \cdots, Q \end{cases} \tag{2.1}$$

式（2.1）中，λ_t^q 表示 t 时期第 q 个 DMU 投入、产出值的权重。当生产技术规模报酬不变（constant return scale, CRS）时，$\lambda_q^t \geqslant 0$；当规模报酬可变（variable returns to scales, VRS）时，则为 $\sum\limits_{q=1}^{o} \lambda_q^t = 1$，$\lambda_q^t \geqslant 0$。有学者提出 $P^t(x^t)$ 是 t 时期生产技术集，因而集合中的数据仅是 t 时期生产技术水平下的观测值，忽略了参照技术的非同期性，进而存在迫使技术水平"被动倒退"的可能性，引致效率测度出现偏误。鉴于此，欧（Oh, 2010）对当期生产技术集进行了改进，提出了全局生产技术集，具体为：

$$P^G(x) = \begin{cases} (y^t, b^t) \mid \sum\limits_{t=1}^{T} \sum\limits_{q=1}^{o} \lambda_q^t y_{qn}^t \geqslant y_n^t, \ n = 1, \cdots, N \\[2mm] \sum\limits_{t=1}^{T} \sum\limits_{q=1}^{o} \lambda_q^t x_{qm} \leqslant x_m^t, \ m = 1, \cdots, M \\[2mm] \sum\limits_{t=1}^{T} \sum\limits_{q=1}^{o} \lambda_q^t b_{qi}^t = b_i^t, \ i = 1, \cdots, I \\[2mm] \sum\limits_{q=1}^{o} \lambda_q^t = 1, \ \lambda_q^t \geqslant 0, \ q = 1, \cdots, Q \end{cases} \tag{2.2}$$

式（2.2）中，$P^G(x)$ 中的生产技术集同时兼顾了 t 时期及其前期的生产技术水平，即 $P^G(x) = P^1(x^1) \cup, \cdots, \cup P^t(x^t)$，为整个 t 时期内的样本数据设立了一个统一的技术前沿面，修正了不同时期效率测度可能存在的误差，增强了不同时期效率水平的对比性。

（二）SBM 方向距离函数

传统的方向距离函数可区别对待期望产出与非期望产出，进而普遍应用于具有"坏"产出的效率评价问题，但忽略了非零松弛项的改进，容易产生估计效率的偏误。假设产出增长方向向量为 $g = (y, -b)$，基于产出视角的方向性距离函数为：

$$\vec{S}_0^t(x^t, y^t, b^t; g^x, g^y, g^b) = \max\{\beta: (y, b) + \beta g \in P(x)\} \tag{2.3}$$

式（2.3）表示在既定投入 x 和技术结构 $P(x)$ 下，产出向量（y，$-b$）沿着方向向量 g 所能扩张和收缩的最大倍数 β。生产可行性集与方向性距离函数的关系如图 2-1 所示，其中 A 点为线性规划无可行性解的情况。

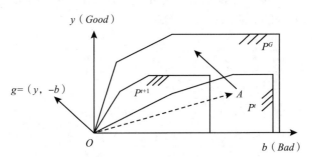

图 2-1　全域方向性距离函数及生产边界

为克服这一局限，借鉴福山和韦伯（Fukuyama and Weber，2010）、法勒和格罗斯科夫（Färe and Grosskopf，2010a，2010b）的研究思路，将涵盖非期望产出的当期 SBM 方向距离函数定义为：

$$S_v^G(x_0^t,\ y_0^t,\ b_0^t;\ g^x,\ g^y,\ g^b) = \max_{S^x,S^y,S^b} \frac{\frac{1}{M}\sum_{m=1}^{M}\frac{S_m^x}{g_m^x} + \frac{1}{N+I}\left(\sum_{m=1}^{M}\frac{S_n^y}{g_n^y} + \sum_{i=1}^{I}\frac{S_i^b}{g_i^b}\right)}{2}$$

$$\text{s. t.} \sum_{t=1}^{T}\sum_{q=1}^{o}\lambda_q^t x_{qm}^t + S_m^x = x_{m0}^t,\ m=1,\cdots,M;$$

$$\sum_{t=1}^{T}\sum_{q=1}^{o}\lambda_q^t y_{qn}^t - S_n^y = y_{n0}^t,\ n=1,\cdots,N;$$

$$\sum_{t=1}^{T}\sum_{q=1}^{o}\lambda_q^t b_{qi}^t + S_i^b = b_{i0}^t,\ i=1,\cdots,I;$$

$$\sum_{q=1}^{o}\lambda_q^t = 1,\ \lambda_q^t \geqslant 0,\ q=1,\cdots,Q;\ S_m^x \geqslant 0,\ S_n^y \geqslant 0,\ S_i^b \geqslant 0 \quad (2.4)$$

式（2.4）中，（x_o^t，y_o^t，b_o^t）为第 t 期 DMU_0 的投入要素、期望产出要素与非期望产出要素的向量，（g^x，g^y，g^b）、（S_m^x，S_n^y，S_i^b）分别为相对应的方向向量、松弛向量，其中，（S_m^x，S_n^y，S_i^b）的实际意义分别是投入要素冗余、期望产出不足、非期望产出过多。

（三）ML 指数与 GML 指数

为了测度包含非期望产出的生产率水平，钟等（Chung et al.，1997）将方向距离函数应用于 Malmquist 模型，改进后的 Malmquist 指数称为 ML 指数。ML 指数取自相邻期间生产效率的几何平均，不具备循环累积性，且常存在线性规划无解等问题。遵循欧（Oh，2010）、杨翔等（2015）的处理思路，以全局方向性 SBM 模型为基础，将在不变规模报酬下的 GML 指数分解为技术效率变化（technical efficiency change，GEC）与技术进步变化（technological change，GTC），进而将技术效率变化分解为纯技术效率变化（pure efficiency change，GPEC）与规模效率变化（scale efficiency change，GSEC）。

$$GML_t^{t+1} = \frac{1 + \vec{S}_v^G(x^t, y^t, b^t; g^x, g^y, g^b)}{1 + \vec{S}_v^G(x^{t+1}, y^{t+1}, b^{t+1}; g^x, g^y, g^b)}$$

$$= \frac{1 + \vec{S}_v^t(x^t, y^t, b^t; g^x, g^y, g^b)}{1 + \vec{S}_v^{t+1}(x^{t+1}, y^{t+1}, b^{t+1}; g^x, g^y, g^b)}$$

$$\times \frac{\dfrac{(1 + \vec{S}_v^G(x^t, y^t, b^t; g^x, g^y, g^b))}{(1 + \vec{S}_v^t(x^t, y^t, b^t; g^x, g^y, g^b))}}{\dfrac{(1 + \vec{S}_v^G(x^{t+1}, y^{t+1}, b^{t+1}; g^x, g^y, g^b))}{(1 + \vec{S}_v^{t+1}(x^{t+1}, y^{t+1}, b^{t+1}; g^x, g^y, g^b))}}$$

$$GML_t^{t+1} = GEC_t^{t+1} \times GTC_t^{t+1} = GPEC_t^{t+1} \times GTC_t^{t+1} \times GSEC_t^{t+1} \quad (2.5)$$

式（2.5）中，$\vec{S}_v^t(x^t, y^t, b^t; g^x, g^y, g^b)$ 和 $\vec{S}_v^G(x^t, y^t, b^t; g^x, g^y, g^b)$ 分别是基于非径向、非角度测度方法构建的当期和全域 SBM 方向距离函数，GML_t^{t+1} 指数代表 GTFP 在 $t+1$ 期相对于 t 期的变动，若该指数大于 1，则代表绿色创新全要素生产率出现了增长；若小于 1，则代表绿色创新全要素生产率出现了下降；若等于 1，则代表绿色创新全要素生产率处于稳定状态。技术进步、技术效率、纯技术效率及规模效率的变动亦是同理。

二、变量与数据

本章所采用的数据涵盖 1998～2017 年中国 30 个省级行政区（由于数据所限，不含西藏、香港、澳门、台湾地区）创新活动的投入产出面板数据，共 600 个观测样本。相关基础数据主要来源于 1999～2018 年历年《中国科技统计年鉴》《中国环境统计年鉴》《中国统计年鉴》，以及各省份统计年鉴。测算绿色创新全要素生产率所选取的投入产出指标如下：投入指标选取 R&D 人员全时当量和 R&D 资本存量，期望产出指标选取国内专利申请受理量和技术市场成交额，非期望产出指标选取工业废水排放量、工业废气排放量和工业固体废弃物产生量。下面进一步对各指标的设定与数据处理进行详细说明：

对于创新活动的投入，学术界普遍采用研发人员和研发资金投入来衡量。为了更好衡量企业科技创新的人力投入量，反应研发人员的实际工作时间，选取各地区 R&D 人员全时当量这一指标进行衡量，其值为报告年内 R&D 全时人员工作量与非全时人员按实际工作时间折算的工作量之和。在研发资金投入衡量指标上，选取各地区 R&D 经费内部支出指标来表征，考虑到 R&D 经费支出是一项流量指标，其对产出的影响很大程度是前期投资累计的结果，而不仅仅是当期的研发支出，因此需要进一步核算 R&D 资本存量，格里奇斯（Griliches，1980）等认为可以采用戈德史密斯（Goldsmith，1951）提出的永续盘存法进行估算，目前国内外学者大都采取该方法估计 R&D 资本存量，本研究也采用永续盘存法进行估算，其基本公式为：

$$K_{it} = (1 - \delta) \times K_{i(t-1)} + \sum_{k=1}^{n} R_{i(t-k)} a_{ik} \qquad (2.6)$$

式（2.6）中，K_{it}、$K_{i(t-1)}$ 分别表示第 i 地区第 t 和 $t-1$ 期的 R&D 资本存量，$R_{i(t-k)}$ 表示 i 地区在 $t-k$ 期的实际 R&D 经费支出，k 为滞后期，a_{ik} 为 $R_{i(t-k)}$ 的滞后贴现系数，δ 表示 R&D 资本存量的折旧率。由于无法得到 R&D 经费支出的滞后结构，本研究采取 $a_{ik}=1$，$n=1$，即假定 R&D 经费支出的平均滞后期为 1 年。则式（2.6）可转化为：

$$K_{it} = (1 - \delta) \times K_{i(t-1)} + R_{i(t-1)} \qquad (2.7)$$

从式（2.7）中可以看出，要得到实际的 R&D 资本存量，需要对基期 R&D 资本存量、R&D 价格指数以及折旧率进行确定。

关于基期 R&D 资本存量的确定。自格里奇斯（1980）假定 R&D 资本存量 K 的平均增长率等于 R&D 支出 R 的平均增长率，并使用永续盘存法估计基年 R&D 资本存量后，通过这一假设来估算初始 R&D 资本存量的做法已成为学者们的普遍做法（Akira and Kazuyuki，1989；Trajtenberg，1989；Klette and Griliches，2000；吴延兵，2006；王俊，2009；刘建翠等，2015），本书确定各地区基期 R&D 资本存量的方法也是在这一假设下进行的，即：

$$\frac{K_{it} - K_{i(t-1)}}{K_{i(t-1)}} = \frac{R_{it} - R_{i(t-1)}}{R_{i(t-1)}} = g \qquad (2.8)$$

式（2.8）中，g 是 R&D 经费支出 R 的增长率，当 $t=1$ 时，则有：

$$K_{i1} = (1 - \delta) \times K_{i0} + R_{i0} \qquad (2.9)$$

$$K_{i1} = (1 + g) \times K_{i0} \qquad (2.10)$$

根据式（2.9）和式（2.10），可以得到各地区基期 R&D 资本存量 K_{i0} 的计算公式：

$$K_{i0} = R_{i0} / (g + \delta) \qquad (2.11)$$

关于 R&D 价格指数的构建。在计算 R&D 资本存量前，需首先构建 R&D 价格指数，计算出各地区历年实际 R&D 经费支出。由于 R&D 经费支出主要由日常性支出（包括原材料费、人员劳务费等）和资产性支出（包括仪器、设备购置费等）构成，故 R&D 价格指数 $RDPI_{it}$ 应由居民消费价格指数 CPI_{it} 和固定资产投资价格指数 $IFAPI_{it}$ 加权合成。则构建的 R&D 价格指数公式为 $RDPI_{it} = \lambda_{it} \times CPI_{it} + (1 - \lambda_{it}) \times IFAPI_{it}$。其中，居民消费价格指数的权重 λ_{it} 可由各地区历年日常性支出与资产性支出的比例关系确定。然而现有统计数据缺少各地区 1998～2008 年 R&D 经费支出用途的构成比例，也就难以得到 λ_{it} 的精确值，而只能凭经验估计。刘建翠等（2015）将 λ_{it} 统一设为 0.8，朱平芳和徐伟民（2003）将 λ_{it} 统一设为 0.55，李向东等（2011）将 λ_{it} 统一设为 0.54，本研究则根据 2009～2017 年全国 R&D 经费支出中日常性支出的比重平均值在 85% 左右，将 λ_{it} 设为 0.85，由此构建的 R&D 价格指数公式为 $RDPI_{it} = 0.85 \times CPI_{it} + 0.15 \times IFAPI_{it}$。

关于折旧率的确定。帕克斯和肖克曼（Pakes and Schankerman，1984）认为随着时间推移，知识在不断扩散，知识专用性不断下降，新知识对旧知识的取代使得 R&D 资本的折旧率一般应高于物质资本的折旧率。对于 R&D 资本的折旧率，目前多数学者们采用 15% 的固定折旧率（Griliches，1980；吴延兵，2006；谢兰云，2010），然而博斯沃思（Bosworth，1978）估计的 R&D 资本折旧率在 10%～15%，王康（2011）认为 15% 是针对发达国家的折旧率，对于发展中国家的合理折旧率应是 12%，本研究也认为，在经济发展的不同阶段，R&D 资本折旧率不应该是一成不变的，尤其是发展中国家更不可能不发生变化。就本章研究的时间区间来说，考虑到一方面从我国 R&D 增长的趋势看，稳定增长阶段起始点出现在 2000 年；另一方面我国加入世界贸易组织（WTO）之后，国际贸易量开始大幅增加，经济实力明显增强。因此按照经济发展阶段，将 1998～2000 年的折旧率设为 12%，2001～2017 年的折旧率设为 15%。由此，便可计算出中国各地区 1998～2017 年的 R&D 资本存量。

对于创新活动的期望产出，已有文献一般采用新产品产值（或新产品销售收入）、专利申请受理数（或专利申请授权量）、技术市场成交合同金额（或技术市场成交合同数）等指标来表征。考虑到在我国，新产品的统计口径和定义并不清晰，本章最终放弃了使用新产品产值和新产品销售收入指标，而选择了专利申请受理数指标。与专利申请授权量指标相比，将专利申请受理数作为科技创新产出指标的合理性在于：一是专利申请受理数受政府专利机构的办事效率和偏好等因素的影响较小，能更真实地反映科技创新产出水平；二是专利申请授权量指标存在时间滞后性，专利从申请到授权的过程需要一定的时间，且不同类型专利获得授权所需的时间也不相同。对于技术市场成交合同金额和技术市场成交合同数指标，考虑技术市场成交合同金额指标能够更好地反映科技创新活动产出的规模和经济效益，本章采用了这一指标，并利用居民消费价格指数进行平减，由此获得了以 1998 年为基年的可比价分地区技术市场成交合同金额序列。

对于科技创新活动的非期望产出，选取工业废水排放量、工业废气排放量和工业固体废弃物产生量表征。需要说明的是，由于 2016 年以后的《中国环境统计年鉴》对于工业废水排放量、工业废气排放量的统计口径发生了变化，本章通过三年平均几何增长率估算出 2016 年、2017 年各省份工业废水排放量及工业废气排放量数据。

综上所述，投入产出各变量数据的描述性统计结果如表 2 - 2 所示。

表 2 - 2　　　　　　　　　　数据的描述性统计结果

指标		样本量	平均值	标准差	最大值	最小值
投入指标	R&D 人员全时当量（人年）	600	53532.45	63512.84	492327.00	848.00
	R&D 资本存量（万元）	600	5438843.06	9309064.56	60856605.24	22656.85
期望产出指标	国内专利申请受理量（项）	600	36784.65	76801.15	627834.00	97.00
	技术市场成交额（亿元）	600	101.11	285.44	3141.47	0.06
非期望产出指标	工业废气排放量（亿标立方米）	600	17897.30	17744.29	86814.82	528.00
	工业废水排放量（万吨）	600	72541.01	60570.75	296318.00	3544.00
	工业固体废弃物产生量（万吨）	600	7341.01	7438.57	45575.83	71.70

第四节　中国绿色创新全要素生产率增长及区域差异

利用 1998 ~ 2017 年中国省级 R&D 资本存量、R&D 人员全时当量、专利申请受理数、技术市场成交合同金额、工业废水排放量、工业废气排放量和工业固体废弃物产生量数据，运用 GML 生产率指数方法，借助 Maxdea7.0 软件，测算了此考察期间全国及各省份绿色创新全要素生产率增长及其分解值的变动情况，计算结果分别如表 2 - 3 和表 2 - 4 所示。

表 2 - 3　　　　　　中国绿色创新全要素生产率指数及其分解值

年份	绿色创新效率变化（GEC）	技术进步变化（GTC）	纯绿色创新效率变化（GPEC）	规模效率变化（GSEC）	绿色创新全要素生产率变化（GTFP）
1999	0.7773	1.2183	0.8432	0.9219	0.9470
2000	1.0785	0.9354	1.0691	1.0088	1.0088
2001	0.9671	0.9775	0.9091	1.0637	0.9453
2002	1.3756	0.8173	1.1510	1.1952	1.1243
2003	0.9285	1.0949	0.9552	0.9720	1.0166
2004	0.9487	0.9642	0.9893	0.9590	0.9147
2005	1.0598	0.9728	1.0142	1.0450	1.0309
2006	0.8280	0.8298	0.8415	0.9839	0.6871
2007	1.0463	1.1616	1.0384	1.0076	1.2154

续表

年份	绿色创新效率变化（GEC）	技术进步变化（GTC）	纯绿色创新效率变化（GPEC）	规模效率变化（GSEC）	绿色创新全要素生产率变化（GTFP）
2008	1.0628	1.0124	1.0051	1.0575	1.0760
2009	0.9064	1.0082	0.9469	0.9572	0.9139
2010	1.0158	1.1070	1.0089	1.0068	1.1245
2011	0.9849	1.1144	0.9934	0.9914	1.0975
2012	0.9107	1.1321	0.9648	0.9439	1.0309
2013	1.0341	0.9666	1.0309	1.0031	0.9995
2014	0.9860	0.9163	1.0231	0.9638	0.9034
2015	1.0640	1.0412	1.0137	1.0497	1.1079
2016	1.0859	1.1341	1.0745	1.0107	1.2316
2017	1.0934	1.0012	1.0767	1.0155	1.0947
全时期均值	1.0010	1.0157	0.9944	1.0067	1.0168

表 2 - 4　　　　1998～2017 年中国各省份绿色创新全要素生产率指数及其分解值

地区	绿色创新效率变化（GEC）	技术进步变化（GTC）	纯绿色创新效率变化（GPEC）	规模效率变化（GSEC）	绿色创新全要素生产率变化（GTFP）	地区	绿色创新效率变化（GEC）	技术进步变化（GTC）	纯绿色创新效率变化（GPEC）	规模效率变化（GSEC）	绿色创新全要素生产率变化（GTFP）
北京	1.0087	1.0402	1.0100	0.9987	1.0493	湖南	0.9835	1.0066	0.9604	1.0240	0.9900
天津	0.9759	1.0326	0.9803	0.9955	1.0077	广东	0.9981	1.0463	0.9990	0.9991	1.0443
河北	0.9735	1.0103	0.9576	1.0165	0.9835	广西	0.9995	1.0001	1.0000	0.9995	0.9996
山西	1.0622	1.0334	1.0368	1.0245	1.0977	海南	0.9352	1.0012	1.0000	0.9352	0.9364
内蒙古	0.9312	0.9973	0.9308	1.0004	0.9287	重庆	0.9774	1.0016	0.9736	1.0039	0.9790
辽宁	0.9876	1.0187	0.9785	1.0092	1.0061	四川	1.0393	1.0097	1.0287	1.0103	1.0494
吉林	0.9956	1.0181	0.9926	1.0031	1.0137	贵州	1.0732	1.0162	1.0501	1.0220	1.0906
黑龙江	0.9903	1.0194	0.9871	1.0032	1.0096	云南	0.9972	1.0044	0.9738	1.0240	1.0016
上海	0.9861	1.0309	0.9842	1.0020	1.0165	陕西	1.0483	1.0381	1.0441	1.0041	1.0883
江苏	1.0010	1.0108	0.9750	1.0266	1.0118	甘肃	1.0480	1.0187	1.0530	0.9953	1.0676
浙江	0.9989	0.9832	0.9939	1.0051	0.9821	青海	1.0661	1.0267	1.0000	1.0661	1.0945
安徽	1.0633	1.0121	1.0398	1.0226	1.0761	宁夏	1.0339	1.0234	1.0873	0.9509	1.0580
福建	0.9592	1.0099	0.9606	0.9986	0.9687	新疆	0.9408	1.0130	0.9374	1.0036	0.9530
江西	1.0268	1.0088	1.0100	1.0166	1.0358	西部地区	1.0130	1.0135	1.0060	1.0069	1.0267
山东	0.9693	1.0160	0.9451	1.0256	0.9848	东北地区	0.9912	1.0188	0.9861	1.0052	1.0098
河南	0.9673	1.0077	0.9557	1.0121	0.9747	中部地区	1.0191	1.0145	1.0010	1.0181	1.0339
湖北	1.0155	1.0188	1.0067	1.0088	1.0346	东部地区	0.9804	1.0180	0.9804	1.0000	0.9980

一、增长趋势分析

表 2 - 3 显示，1998 年以来，中国绿色创新全要素生产率年均增长率为 1.68%。其中，绿色创新效率在考察期内小幅提高，年均增长 0.10%，技术进步增幅较大，年均增长 1.57%。从这个结果可以判断，技术进步是推动中国绿色创新全要素生产率增长的主要原因，伴随着技术进步持续增长，生产前沿的不断外移致使省际技术差距增大，但绿色创新效率增长对于技术前沿的"追赶"有限，从而使中国绿色创新全要素生产率持续维持在较低的增长水平，甚至在一些年份呈现出下降趋势。这说明考察期内绿色创新全要素生产率对科技创新产出增长的作用十分有限，中国科技创新活动仍然是以要素投入为主，绿色创新全要素生产率并不是科技创新产出增长的主要源泉。

进一步将绿色创新效率变化分解为纯绿色创新效率变化和规模效率变化，可以发现，考察期内纯绿色创新效率年均增长 - 0.56%，规模效率年均增长 0.67%，可见绿色创新效率增长主要源于规模效率的提高，这表明中国科技创新生产函数具有规模报酬递增的特征，近年来科技创新投入大幅增加，为科技创新活动带来了规模经济的好处，使得绿色创新效率不断提高。而纯绿色创新效率变化对中国绿色创新效率增长表现出负面影响，可能的解释是，1998 年以来，我国虽然进行了大规模的科技体制改革，但科技创新活动仍受缚于计划体制，科技投入机制主要基于国家科技计划财政拨款实现，通过市场化筹资机制将社会资金转化为科技投入的渠道并不通畅。而且，政府过于强调增加科技投入，对科技计划和项目却缺乏科学有效的评估监督机制。以企业为主导、产学研互动的科技创新机制、科技资源的公平分配机制也尚未形成。科技创新活动在这种计划体制的运营模式下，难以提高其管理和运营效率，这是导致纯绿色创新效率增长缓慢的重要原因。因此，通过进一步深化科技体制改革来提高纯绿色创新效率无疑具有非常大的提升空间。

根据表 2 - 3 的结果绘制出了中国绿色创新全要素生产率、绿色创新效率和技术进步的变动趋势。如图 2 - 2 所示，在考察期内，中国绿色创新全要素生产率增长速度呈现出波动增长的趋势，近年来始终维持在较高的增长水平。从绿色创新全要素生产率增长的分解值来看，2012 年以后，绿色创新效率增长基本呈现出上升的趋势，说明这期间在创新驱动发展战略下，资源配置和规模得以优化、技术的应用及推广、管理水平的提高等因素对绿色创新效率提升起到了一定的促进作用。此外，近年来技术进步也呈现出持续增长的趋势，说明伴随着经济增长方式的转型，为了实现从要素投入向创新驱动的高质量绿色经济增长，我国加大了对新技术、新产业的扶持力度，这也在一定程度上促进了技术创新和技术进步。

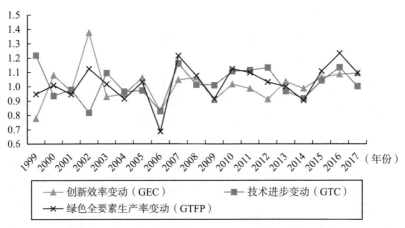

图 2-2　中国绿色创新全要素生产率、绿色创新效率和技术进步的变动趋势

　　进一步从绿色创新全要素生产率、绿色创新效率和技术进步的变化特征来看，中国绿色创新全要素生产率变化相对稳定，但绿色创新效率与技术进步的变化呈现出很大差异且两者在多个年份存在背离（1998~2000 年；2001~2003 年；2004~2005 年；2008~2009 年；2010~2013 年），即当绿色创新效率增长时，技术进步处于下降期，当技术进步增长时，绿色创新效率又处于下降期。这表明这些年份绿色创新效率与技术进步变化呈现显著的负相关，这主要是由中国各地区科技创新模式的差异造成的。根据 GML 指数的测度原理，技术进步主要指生产前沿面的抬升，而绿色创新效率主要指生产单元与生产前沿面的距离。结合表 2-4 中的结果可以看出，考察期内技术进步速度较快、推动我国科技创新活动生产前沿面抬升的省份主要位于东部沿海发达地区，这些省份与生产前沿面的距离也更为接近，其绿色创新效率提升空间相对较小。而西部、东北和中部地区的省份对推动我国科技创新活动生产前沿面抬升几乎没有发挥作用，这些省份往往远离生产前沿面，运用现有科学技术、管理经验等提升绿色创新效率的空间较大。因此，正是各地区科技创新模式的差异，导致了绿色创新效率和技术进步对绿色创新全要素生产率的作用此消彼长、相互抵消，进而使得中国绿色创新全要素生产率的变化幅度相对较小。

二、区域差异分析

　　由于区域间科技创新模式不同，中国各区域绿色创新全要素生产率增长及其分解值也存在较大差异，因此按照东部、中部、西部和东北四个区域划分①，进一步对各区域绿色创新全要素生产率增长及其分解值的变动情况进行分析。

从表2-4可以看出，中国东部、中部、西部和东北地区绿色创新全要素生产率年均增长率分别为-0.20%、3.39%、2.67%和0.98%。中部地区绿色创新全要素生产率的增长率远高于其他地区，西部地区次之，东北地区呈现小幅增长，而东部地区表现出绿色创新全要素生产率增速的减缓。是什么原因导致了不同区域间绿色创新全要素生产率增速的差异呢？需进一步从绿色创新全要素生产率增长的分解值进行分析。

可以发现，东部地区的绿色创新效率年均增长率为-1.96%，技术进步年均增长率为1.80%，说明东部地区绿色创新全要素生产率增速减缓主要是由于绿色创新效率的下降，而技术进步对东部地区绿色创新全要素生产率提升有重要的推动作用。将绿色创新效率分解为纯绿色创新效率和规模效率发现，纯绿色创新效率年均增长率为-1.96%，规模效率年均增长率为0.00%，说明东部地区的规模效率较为稳定，纯绿色创新效率恶化导致了绿色创新效率的下降。

中部地区的绿色创新效率年均增长率为1.91%，技术进步年均增长率为1.45%，说明中部地区作为东部地区产业转移的主要承接地，有效吸收了东部地区的先进知识资源、技术成果和管理经验，使得其绿色创新效率、技术进步均反映为增长趋势。将绿色创新效率分解为纯绿色创新效率和规模效率发现，纯绿色创新效率年均增长率为0.10%，规模效率年均增长率为1.81%，说明中部地区绿色创新效率的增加主要来源于规模效率的增加，而不是纯绿色创新效率的提升。

西部地区的绿色创新效率年均增长率为1.30%，技术进步年均增长率为1.35%，说明在西部大开发等一系列政策扶植下，西部地区的绿色创新效率、技术进步均表现出持续增长的态势。将绿色创新效率分解为纯绿色创新效率和规模效率发现，纯绿色创新效率年均增长率为0.60%，规模效率年均增长率为0.69%，说明西部地区绿色创新效率的增加来源于纯绿色创新效率和规模效率共同提升的结果。

东北地区的绿色创新效率年均增长率为-0.88%，技术进步年均增长率为1.88%，说明东北地区虽然绿色创新全要素生产率表现出小幅增长趋势，但这主要是技术进步的贡献，而绿色创新效率却并未得到改善。将绿色创新效率分解为纯绿色创新效率和规模效率发现，纯绿色创新效率年均增长率为-1.39%，规模效率年均增长率为0.52%，说明伴随着规模效率的增加，东北地区的纯绿色创新

---

① 按照国家对宏观区域经济格局的划分，将全国除香港、澳门、台湾地区外分为四大经济区域：东部地区、中部地区、西部地区和东北地区。东部地区包括：北京、天津、河北、上海、江苏、浙江、福建、山东、广东、海南；中部地区包括：山西、安徽、江西、河南、湖北、湖南；西部地区包括：内蒙古、广西、重庆、四川、贵州、云南、陕西、甘肃、青海、宁夏、新疆；东北地区包括：辽宁、吉林、黑龙江。

效率却表现为下降的趋势，从而导致了绿色创新效率的下降。

　　进一步考察中国各省份绿色创新全要素生产率及其分解情况，表2－4结果显示，在30个省份中，山西、青海、贵州、陕西和安徽的绿色创新全要素生产率增长排名最高；河南、福建、新疆、海南和内蒙古的绿色创新全要素生产率增长排名最低。对于绿色创新全要素生产率分解值绿色创新效率来说，贵州、青海、安徽、山西和陕西的绿色创新效率增长排名最高，河南、福建、新疆、海南和内蒙古的绿色创新效率增长排名最低。而对于技术进步来说，广东、北京、陕西、山西和天津的技术进步最快，重庆、海南、广西、内蒙古和浙江的技术进步最为缓慢。这个结果也说明了西部、东北和中部地区绿色创新效率增长速度较快，但技术进步速度缓慢。尤其是贵州、青海、安徽、山西和陕西，其绿色创新全要素生产率值排名如此靠前，一个重要原因就是这些省份的绿色创新效率值很高，绿色创新效率增长速度很快。

第五节　科技体制改革对绿色创新全要素生产率的影响效果及区域差异

一、影响效果分析

　　改革开放后，我国即确立了"经济建设必须依靠科学技术，科学技术必须面向经济建设"的战略方针，然而一直以来，我国的科技体制采用了类似行政管理体制的一套办法，实行高度集中统一的领导和管理，严重阻碍了战略方针的贯彻落实。在这种状况下，科技创新活动仍未摆脱计划体制的影响，科技体制亟待改革。为了考察科技体制改革对绿色创新全要素生产率的影响效果，本章进一步分析了1998年以来科技体制改革不同阶段下中国绿色创新全要素生产率及其分解情况（见表2－5），并得出以下重要结论：

表2－5　　科技体制改革对中国科技创新全要素生产率及其分解值的影响

改革期	指标	绿色创新效率变化（GEC）	技术进步变化（GTC）	纯绿色创新效率变化（GPEC）	规模效率变化（GSEC）	绿色创新全要素生产率变化（GTFP）
科研机构转制改革和构建国家创新体系阶段（1998～2005年）	改革初期值	0.7773	1.2183	0.8432	0.9219	0.9470
	改革期均值	1.0058	0.9904	0.9857	1.0204	0.9961
	改革前后变化值	0.2285	－0.2279	0.1425	0.0985	0.0491

续表

改革期	指标	绿色创新效率变化（GEC）	技术进步变化（GTC）	纯绿色创新效率变化（GPEC）	规模效率变化（GSEC）	绿色创新全要素生产率变化（GTFP）
建设创新型国家阶段（2006～2012年）	改革初期值	0.8280	0.8298	0.8415	0.9839	0.6871
	改革期均值	0.9616	1.0464	0.9693	0.9920	1.0063
	改革前后变化值	0.1336	0.2166	0.1278	0.0081	0.3192
实施创新驱动发展战略阶段（2013年至今）*	改革初期值	1.0341	0.9666	1.0309	1.0031	0.9995
	改革期均值	1.0519	1.0092	1.0434	1.0082	1.0617
	改革前后变化值	0.0178	0.0426	0.0125	0.0051	0.0622

注：* 此阶段数据统计范围为2012～2017年。

第一，在科研机构转制改革和构建国家创新体系阶段，中国绿色创新全要素生产率增速有所下降，这主要是由技术进步速度减缓导致的，而绿色创新效率增速却得到提升。

表2-5结果显示，在科研机构转制改革和构建国家创新体系阶段，中国绿色创新全要素生产率增速的平均值为0.9961，虽然高于改革初期的0.9470，但仍小于1，呈现出下降趋势。其中，绿色创新效率增速的平均值为1.0058，比改革初期增加了0.2285；技术进步变动的平均值为0.9904，比改革初期下降了0.2279。可见，这一时期中国绿色创新效率增速虽然有所提升，但技术进步速度减缓很快，使得绿色创新全要素生产率呈下降趋势。究其原因，一方面，由于国家将科研机构转制和创新体系建设作为这一时期的改革重点，提升了绿色创新效率。另一方面，这一时期我国技术进步结构性失衡凸显，导致全国技术进步指数在改革后不升反降。这表明，在此期间，中国科技创新产出增长并不是依靠全要素生产率的提高来实现，而是通过创新资源的高投入增长来驱动，这种低质量、低效率的发展模式是不可持续和得不偿失的。因此，必须要进一步提高绿色创新全要素生产率，使科技创新活动产出从要素投资驱动转向创新驱动，从规模速度型粗放增长转向质量效率型集约增长。

第二，在建设创新型国家阶段，中国绿色创新全要素生产率增速较改革初期大幅提升，这主要源于技术进步的推动作用，而绿色创新效率增速下降。

表2-5结果显示，在建设创新型国家阶段，中国绿色创新全要素生产率增速的平均值为1.0063，比改革初期提升了0.3192，反映出较高的增长趋势。其中，绿色创新效率增速的平均值为0.9616，比改革初期提升了0.1336；技术进步变动的平均值为1.0464，比改革初期提升了0.2166。说明这一时期的改革将增强自主创新能力作为发展科学技术的战略基点，催生出一系列前沿技术成果，

使得科技进步十分显著，绿色创新全要素生产率得到较快提高。但绿色创新全要素生产率的另一个分解值绿色创新效率增速的平均值却仅为 0.9616，呈现出下降趋势。说明我国科技体制中存在的制度弊端并未从根本上得到解决，而且随着中国经济社会发展的转型，其对绿色创新效率的制约日益严重。因此，在"十三五"期间，深化科技体制改革的着力点在于提高绿色创新效率。

第三，在实施创新驱动发展战略阶段，中国绿色创新全要素生产率增速较改革初期有所提升，这主要源于绿色创新效率与技术进步的共同推动作用。

表 2 - 5 结果显示，在实施创新驱动发展战略阶段，中国绿色创新全要素生产率增速的平均值为 1.0617，比改革初期提升了 0.0622，反映出一定的增长趋势。其中，绿色创新效率增速的平均值为 1.0519，比改革初期提升了 0.0178；技术进步变动的平均值为 1.0092，比改革初期提升了 0.0426。说明这一时期的改革同时促进了绿色创新效率和技术进步，随着创新驱动发展战略的深入实施，一方面，科技与经济融合更加顺畅，创新主体充满活力，创新链条有机衔接，创新治理更加科学，绿色创新效率大幅提高。另一方面，科技创新和体制机制创新两个轮子相互协调、持续发力，通过加强科学探索和技术攻关，最大限度释放创新活力，形成持续创新的系统能力，大幅提升了技术水平。

二、影响效果的区域差异分析

中国区域差异性巨大，发展极不平衡，科技体制改革对不同地区绿色创新全要素生产率的影响程度也不尽相同，因此对科技体制改革不同阶段下区域层面绿色创新全要素生产率及其分解值的变动情况进行分析，得出以下重要结论：

第一，在科研机构转制改革和构建国家创新体系阶段，中国东部、中部、西部和东北地区绿色创新效率增速较改革初期有一定程度的提高，但技术进步速度均减缓，改革并未显著提升绿色创新全要素生产率。

表 2 - 6 结果显示，在科研机构转制改革和构建国家创新体系阶段，中国中部地区的绿色创新全要素生产率为正增长，增速的平均值为 1.0423，中国东部、西部和东北地区的绿色创新全要素生产率均为负增长，增速的平均值分别为 0.9718、0.9956 和 0.9901。从改革前后绿色创新全要素生产率增速的变化看，中国东部和东北地区绿色创新全要素生产率增速的平均值均在改革后出现了下降，分别比改革初期降低了 0.0631 和 0.0540。而中国中部和西部地区绿色创新全要素生产率增速的平均值均在改革后有所上升，分别比改革初期增加了 0.1169 和 0.1343。因此，这一阶段的改革对绿色创新全要素生产率提升的作用整体上是有限的。

表 2 - 6　　　　　　1999～2005 年科技体制改革对中国科技创新全要素
生产率及其分解值影响的区域差异

地区	指标	绿色创新效率变化（GEC）	技术进步变化（GTC）	纯绿色创新效率变化（GPEC）	规模效率变化（GSEC）	绿色创新全要素生产率变化（GTFP）
东部	改革初期值	0.8970	1.1538	0.9108	0.9848	1.0349
	改革期均值	0.9819	0.9897	0.9742	1.0079	0.9718
	改革前后变化值	0.0849	- 0.1641	0.0634	0.0230	- 0.0631
中部	改革初期值	0.6789	1.3630	0.7681	0.8839	0.9254
	改革期均值	1.0412	1.0011	0.9918	1.0498	1.0423
	改革前后变化值	0.3623	- 0.3619	0.2237	0.1660	0.1169
西部	改革初期值	0.7168	1.1987	0.8011	0.8970	0.8613
	改革期均值	1.0169	0.9791	0.9999	1.0170	0.9956
	改革前后变化值	0.3001	- 0.2196	0.1988	0.1200	0.1343
东北	改革初期值	0.8429	1.2387	0.9477	0.8894	1.0441
	改革期均值	0.9766	1.0138	0.9604	1.0168	0.9901
	改革前后变化值	0.1337	- 0.2249	0.0127	0.1274	- 0.0540

　　将绿色创新全要素生产率进一步分解后，发现中国东部、中部、西部和东北地区绿色创新效率增速的平均值分别比改革初期提高了 0.0849、0.3623、0.3001 和 0.1337，中国东部、中部、西部和东北地区技术进步变动的平均值分别比改革初期降低了 0.1641、0.3619、0.2196 和 0.2249。可见，在这一时期，科研机构转制改革和国家创新体系建设逐步推进，在一定程度上提升了绿色创新效率，但相当一部分转制科研机构短期内仍无法适应"开放、流动、竞争、协作"的市场运行机制，再加上这些科研机构转制后即面临资金缺失和人才流失的"双瓶颈"，发展后劲不足，推动技术开发和自主创新难以保障，从而导致了技术进步减缓较快，绿色创新全要素生产率下降。

　　第二，在建设创新型国家阶段，中国东部、中部、西部和东北地区绿色创新全要素生产率增速较改革初期均得到较大幅度提升，这主要是源于技术进步的推动作用，而绿色创新效率增速表现为减缓的趋势。

　　表 2 - 7 结果显示，在建设创新型国家阶段，中国东部、中部、西部和东北地区绿色创新全要素生产率增速的平均值分别为 1.0020、1.0043、1.0106 和 1.0085，相对于改革初期分别增加了 0.2936、0.2129、0.4166 和 0.2113。从改革效果看，中国西部地区绿色创新全要素生产率提升幅度最大，其次是中国东部

地区,而中国中部和东北地区提升幅度相对较小。将绿色创新全要素生产率进一步分解后,发现中国东部、中部、西部和东北地区绿色创新效率增速的平均值分别为 0.9487、0.9654、0.9677 和 0.9752,分别比改革初期增加了 0.1014、0.0358、0.2335 和 0.0304,可见,绿色创新效率增速的平均值虽然较改革初期有所提高,但仍小于1,表现为减缓的趋势。这说明这一时期的改革并没有对绿色创新效率起到明显的改善作用。从绿色创新全要素生产率的另一个分解值技术进步来看,中国东部、中部、西部和东北地区技术进步变动的平均值分别为 1.0562、1.0403、1.0443 和 1.0341,分别比改革初期增加了 0.2202、0.1889、0.2353 和 0.1903,可见,东部和西部地区技术进步提升很快,中部和东北地区技术进步提升稍慢,说明这一时期以"增强自主创新能力、建设创新型国家"为核心的科技体制改革,极大促进了各地区的技术进步。

表 2 – 7　　　　2006～2012 年科技体制改革对中国科技创新全要素
生产率及其分解值影响的区域差异

地区	指标	绿色创新效率变化(GEC)	技术进步变化(GTC)	纯绿色创新效率变化(GPEC)	规模效率变化(GSEC)	绿色创新全要素生产率变化(GTFP)
东部	改革初期值	0.8473	0.8360	0.8578	0.9879	0.7084
	改革期均值	0.9487	1.0562	0.9666	0.9815	1.0020
	改革前后变化值	0.1014	0.2202	0.1088	− 0.0064	0.2936
中部	改革初期值	0.9296	0.8514	0.9215	1.0088	0.7914
	改革期均值	0.9654	1.0403	0.9662	0.9991	1.0043
	改革前后变化值	0.0358	0.1889	0.0447	− 0.0096	0.2129
西部	改革初期值	0.7343	0.8090	0.7626	0.9628	0.5940
	改革期均值	0.9677	1.0443	0.9713	0.9964	1.0106
	改革前后变化值	0.2335	0.2353	0.2086	0.0336	0.4166
东北	改革初期值	0.9448	0.8438	0.9448	1.0001	0.7972
	改革期均值	0.9752	1.0341	0.9779	0.9973	1.0085
	改革前后变化值	0.0304	0.1903	0.0331	− 0.0027	0.2113

　　第三,在实施创新驱动发展战略阶段,中国东部、中部、西部和东北地区的绿色创新全要素生产率增速较改革初期均得到进一步提升,这主要是源于绿色创新效率改善和技术进步的共同推动作用。

　　表 2 – 8 结果显示,在实施创新驱动发展战略阶段,中国东部、中部、西部

和东北地区绿色创新全要素生产率增速的平均值分别为1.0300、1.0647、1.0957和1.0399，分别比改革初期增加了0.0103、0.0321、0.1135和0.1058，说明这一阶段的改革进一步促进了各地区绿色创新全要素生产率提升。从改革效果看，中国西部和东北地区绿色创新全要素生产率提升幅度相对较大，中国东部和中部地区提升幅度相对较小。将绿色创新全要素生产率进一步分解后，发现中国东部地区绿色创新效率增速的平均值为1.0243，虽然体现为正向增长，但增速比改革初期下降了0.0352，中国中部、西部和东北地区绿色创新效率增速的平均值分别为1.0669、1.0742和1.0352，分别比改革初期增加了0.0107、0.0512和0.0843，说明这一时期的改革对绿色创新效率起到明显的改善作用。从绿色创新全要素生产率的另一个分解值技术进步来看，中国东部、中部、西部和东北地区技术进步变动的平均值分别为1.0056、0.9980、1.0201和1.0045，分别比改革初期增加了0.0432、0.0204、0.0599和0.0222，可见实施创新驱动发展战略加快了各地区技术的更新换代，也提升了各地区的技术创新能力。

表2-8   2013～2017年科技体制改革对中国科技创新全要素
生产率及其分解值影响的区域差异

地区	指标	绿色创新效率变化（GEC）	技术进步变化（GTC）	纯绿色创新效率变化（GPEC）	规模效率变化（GSEC）	绿色创新全要素生产率变化（GTFP）
东部	改革初期值	1.0595	0.9624	1.0053	1.0539	1.0197
	改革期均值	1.0243	1.0056	1.0089	1.0152	1.0300
	改革前后变化值	-0.0352	0.0432	0.0036	-0.0386	0.0103
中部	改革初期值	1.0562	0.9776	1.0626	0.9940	1.0326
	改革期均值	1.0669	0.9980	1.0655	1.0013	1.0647
	改革前后变化值	0.0107	0.0204	0.0030	0.0072	0.0321
西部	改革初期值	1.0230	0.9602	1.0571	0.9677	0.9822
	改革期均值	1.0742	1.0201	1.0659	1.0078	1.0957
	改革前后变化值	0.0512	0.0599	0.0088	0.0401	0.1135
东北	改革初期值	0.9509	0.9823	0.9616	0.9886	0.9341
	改革期均值	1.0352	1.0045	1.0352	1.0001	1.0399
	改革前后变化值	0.0843	0.0222	0.0732	0.0115	0.1058

第六节　本章小结

全面深化科技体制改革已经成为中国"十三五"规划中的重要任务，那么在1998年以来科技体制改革的不同阶段，中国绿色创新全要素生产率发生了怎样的变化？深化科技体制改革的政策在提高全国及区域绿色创新全要素生产率层面应如何调整？本章通过GML指数测算了1998年以来科技体制改革不同阶段下全国及区域层面绿色创新全要素生产率增长及其分解值的变动情况，分析了科技体制改革对全国及区域层面绿色创新全要素生产率增长的影响效果，得出以下结论：

第一，从整个时期来看，中国绿色创新全要素生产率年均增长1.68%，技术进步速度提升是绿色创新全要素生产率增长的主要原因，而绿色创新效率的提高主要源于规模效率的增长。从区域层面看，中国绿色创新全要素生产率增长呈现出明显的区域差异。东部地区绿色创新全要素生产率的增速远低于其他地区，这主要是由于东部地区绿色创新效率下降，而技术进步对东部地区绿色创新全要素生产率提升有重要的推动作用。

第二，在科研机构转制改革和构建国家创新体系阶段，中国绿色创新全要素生产率增速有所下降，这主要是由技术进步速度减缓导致的，而绿色创新效率增速却得到一定提升。一方面，由于国家将科研机构转制和创新体系建设作为这一时期的改革重点，提升了绿色创新效率。另一方面，这一时期我国技术进步结构性失衡凸显，导致全国技术进步指数在改革后不升反降。

第三，在建设创新型国家阶段，中国绿色创新全要素生产率增速较改革初期大幅提升，这主要源于技术进步的推动作用，而绿色创新效率增速有所下降。说明这一时期的改革将增强自主创新能力作为发展科学技术的战略基点，催生出一系列前沿技术成果，使得技术进步十分显著，但中国科技体制中存在的制度弊端尚未从根本上得到解决，而随着中国经济社会发展的转型，其对绿色创新效率的制约日益严重。

第四，在实施创新驱动发展战略阶段，中国绿色创新全要素生产率增速较改革初期有所提升，这主要源于绿色创新效率与技术进步的共同推动作用。这说明随着创新驱动发展战略的深入实施，一方面，科技与经济融合更加顺畅，创新主体充满活力，创新链条有机衔接，创新治理更加科学，绿色创新效率大幅提高。另一方面，通过加强科学探索和技术攻关，最大限度释放创新活力，大幅提升了技术水平。

以上结论对于深化中国科技体制改革，提高中国绿色创新全要素生产率，实施创新驱动发展具有重要的政策含义：

首先，深化科技体制改革对于促进绿色创新全要素生产率增长仍有较大的空间。1998年以来，我国对科技体制进行了有步骤的改革，提高了绿色创新全要素生产率，但现行的科技体制仍存在许多深层次的体制机制障碍，在宏观科技管理体制、以企业为主导、产学研互动的科技创新机制、科技资源的公平分配机制、科技评价、激励和监督机制等方面还需进一步完善，因此，继续推进科技体制改革无疑会带动绿色创新全要素生产率增长。

其次，进一步深化科技体制改革的着力点在于提高绿色创新效率。提高绿色创新效率的途径包括：一是推动政府在科技发展中的职能转变，理顺政府与市场、科学共同体之间的关系；二是加快建立以企业主导绿色技术创新的体制机制；三是提高科研经费配置使用效益，提高绿色技术创新的产出效率；四是加速绿色技术创新成果转化，解决好绿色技术创新与经济发展之间的衔接问题；五是完善绿色技术创新评价标准，引导人力资源要素向绿色技术创新领域流动。

最后，逐步缩小中国区域层面绿色创新全要素生产率的差异。对此，国家需要大力推动科技体制改革，制定有利于中国各地区绿色创新效率和技术进步提升的政策和措施，如在创新型人才激励政策、创新扶持资金设立、重大项目规划布局、中小型科技型企业扶持等方面对中部、西部和东北地区给予适当的专项支持，以改革促发展，逐步缩小区域之间绿色创新全要素生产率的差异，实现区域创新的协调发展。

第三章

中国区域绿色创新效率
时空跃迁及收敛趋势[*]

第一节　问题的提出

一、研究背景

改革开放以来，中国经济持续高速增长，但区域间经济发展的差距也越来越大，如何缩小差距、促进区域间经济协调发展已成为当前社会各界关注的热点问题之一。技术创新作为经济增长的内生动力，是导致不同区域经济差距的根本源泉（Crossman and Helpman，1994）。阿奇布吉和皮安塔（Archibugi and Pianta，1994）的研究发现，在一国（或地区）技术创新能力存在收敛趋势的情况下，该国（或地区）的人均产出或人均生产率也很有可能呈现出收敛趋势。可见，区域间技术创新能力的差异很大程度上决定了区域间经济增长的差异（池仁勇等，2004）。缩小区域间技术创新能力的差距无疑将为促进区域间经济收敛起到重要的作用。本章在科学测度中国区域绿色创新效率的基础上，进一步分析其时空跃迁特征与收敛趋势，这无疑将为政府有关部门制定区域经济政策、促进区域协调发展提供理论指导和决策依据。

二、文献综述

目前国内外学者的研究主要集中在创新效率或创新能力的收敛性方面，而极

---

* 本章内容及观点已刊登在《数量经济技术经济研究》2020 年第 5 期、《科技进步与对策》2019 年第 15 期。

少从绿色创新的视角下展开研究。国外学者准米特塔格（Jungmittag，2006）对 15 个欧盟国家创新能力的收敛趋势进行了探究，发现除德国的创新能力存在绝对收敛趋势，其他国家均趋于不同的稳态水平或趋于其自身的增长路径。马德森和蒂莫尔（Madsen and Timol，2011）在收敛模型中引入创新因素，对 19 个 OECD 国家制造业生产率的收敛性进行检验，发现这 19 个 OECD 国家制造业的生产率存在 σ 收敛和绝对 β 收敛，国内 R&D、国际 R&D 的溢出效应和金融发展对收敛具有促进作用。萨克斯（Szajt，2017）以专利活动衡量了 OECD 国家的创新水平，并基于 β 收敛和时空模型考察其演变趋势，发现大多数国家创新水平趋于收敛，但在速度方面存在"领跑者"。王等（Wang et al.，2017）对中国 29 个制造业绿色创新效率的收敛性进行检验，发现中国东、中、西部地区绿色创新效率存在显著的空间差异，不同区域绿色创新效率的差距呈增大趋势，均不存在 σ 收敛和绝对 β 收敛。林等（Lin et al.，2018）在对中国 28 个制造业绿色创新效率测算的基础上进行了收敛性分析，发现 28 个制造业的绿色创新效率趋于收敛，它们之间存在着追赶效应。田和王（Tian and Wang，2018）采用 σ 收敛模型和 β 收敛模型分析了中国东、中、西部地区创新产出不均衡发展的趋势，发现区域之间创新产出的绝对量存在较大差距，但各区域的追赶速度不同，差距正在逐渐缩小。

国内学者白俊红等（2008）在对全国总体及东、中、西部地区创新效率测度的基础上进行收敛性检验，发现全国总体及东、中、西部地区创新效率均存在条件收敛，但东、中部地区并不存在绝对收敛的趋势。潘雄锋和刘凤朝（2010）对中国各地区工业企业技术创新效率的收敛性进行分析，发现中国东、中、西部地区内部的工业企业技术创新效率差异趋于收敛，中、西部地区的工业企业技术创新效率对东部地区存在着"追赶"现象。樊华和周德群（2012）分析了中国省域科技创新效率的收敛性，发现中国西部省域科技创新效率具有绝对收敛和条件收敛特征，全国和东、中部省域科技创新效率条件收敛显著，绝对收敛特征不明显。李小胜和朱建平（2013）分析了中国各地区大中型企业创新全要素生产率增长差距的变化趋势，发现区域大中型企业创新全要素生产率呈现出随着时间的推移而趋于 σ 收敛和绝对 β 收敛的"俱乐部收敛"趋势。白俊红和王林东（2015）在价值链视角下考察了中国各地区在创新过程各个阶段的创新效率是否具有空间收敛性，发现在研发创新阶段和经济转化阶段，创新效率都存在绝对 β 空间收敛和条件 β 空间收敛特征，其中研发阶段创新效率的收敛速度明显高于经济转化阶段。马大来等（2017）基于空间经济学视角分析了中国区域创新效率的收敛性，发现中国的区域创新效率不仅存在着绝对 β 收敛，而且存在条件 β 收敛。杨朝均等（2018）检验了中国省际工业绿色创新的空间趋同性，发现中国整体和东部地区工业绿色创新存在 σ 趋同，且存在绝对 β 趋同和条件 β 趋同，中部和西部地区工业绿色创新不存在 σ 趋同，但存在绝对 β 趋同和条件 β 趋同。

以上研究对本章的研究具有重要启示，但也存在以下有待进一步研究的问题：一是已有文献大多是基于"创新成功"视角对区域绿色创新效率进行分析，而忽略了"创新失败"因素对区域绿色创新效率的影响，从而导致测算结果出现偏差。事实上，对于任何企业而言，创新都是一项具有极高失败风险的复杂活动，尤其是对于一个地区而言，"创新失败"更是不可避免的（邸俊鹏和王浩宇，2018）。古维尔（Gourville，2006）研究发现美国企业创新失败率高达47%，并且没有任何改善迹象。这是在市场经济比较成熟的环境中得到的研究结果，由于技术、市场、用户、政策等多方面的不确定性，中国企业尤其是民营企业实际创新项目的失败概率远高于47%的比例（陈光，2018）。因此"创新失败"理应作为创新活动的非期望产出纳入效率测度框架，以更精确地研究区域绿色创新效率的有关问题。二是已有文献大多是将研究区域视为一个完全同质的封闭系统，在不与其他系统进行交流的静止状态下探讨中国区域绿色创新效率的空间差异及收敛性问题，忽略了地理空间上的联系对区域绿色创新效率的影响。然而，研发和创新活动在地理空间上存在着显著的空间自相关性（Fischer and Varga，2003），地理邻近所引起的空间关联对中国区域绿色创新效率的收敛性具有重要作用。为了更加精确地描述中国区域绿色创新效率的时空跃迁特征及收敛趋势，有必要进一步考虑空间效应因素对区域绿色创新效率收敛性的影响。三是已有文献对区域创新效率收敛性的研究相对较多，但鲜有文献从绿色创新的视角下展开，探讨区域绿色创新效率的演变规律及影响规律变化的原因。当前，中国作为世界人口最多的发展中国家，面临的环境问题尤其严重，经济发展与资源、生态环境之间存在严重的不平衡，有必要从绿色创新角度出发，剥离环境因素对区域创新效率的影响，进而探讨中国区域绿色创新效率的收敛性及其影响因素，这对于缩小区域技术创新差距、促进经济转型升级具有重要的现实意义。

鉴于此，本章将在以下三个方面做出拓展，以弥补已有研究的不足：第一，重新定义创新活动的投入、产出指标，将"创新失败""环境污染"因素纳入非期望产出，构建 SBM – DEA 效率测度模型对中国区域绿色创新效率进行重新测算，使度量的区域绿色创新效率值更加精确。第二，将空间因素纳入研究框架，运用全域、局域空间自相关统计量分别从整体和局部角度对区域绿色创新效率的空间相关性进行分析，并借助雷伊和贾尼卡斯（Rey and Janikas，2006）提出的时空跃迁方法，探讨各省份及其邻近区域绿色创新效率的时空跃迁类型与路径。第三，构建 σ 收敛模型、绝对 β（空间）收敛模型和条件 β（空间）收敛模型分别对全国总体及东、中、西部地区绿色创新效率的收敛性进行检验，探讨影响其收敛趋势的主要因素，并提出政策建议。

第二节　模型、变量与数据

一、模型与方法

（一）效率测度模型

传统的 DEA 模型大多属于径向和角度的度量，不能充分考虑到投入产出的松弛性问题，也不能准确地度量当存在非期望产出时的效率值。为了克服这些缺陷，托恩（Tone，2001）提出了基于松弛变量的非径向、非角度的 SBM – DEA 模型，假设生产系统有 n 个决策单元，每个决策单元均有投入 X、期望产出 Y^g 和非期望产出 Y^b 三个向量，其元素可以表示成 $x \in R^m$，$y^g \in R^{S_1}$ 及 $y^b \in R^{S_2}$，定义矩阵 X，Y^g，Y^b 如下：$X = [x_1, \cdots, x_n] \in R^{m \times n}$，$Y^g = [y_1^g, \cdots, y_n^g] \in R^{S_1 \times n}$，$Y^b = [y_1^b, \cdots, y_n^b] \in R^{S_2 \times n}$，其中，$x_i > 0$，$y_i^g > 0$ 和 $y_i^b > 0 (i = 1, 2, \cdots, n)$。则基于非期望产出的 SBM – DEA 效率测度模型可以表示成：

$$\rho = \min \frac{1 - \dfrac{1}{m} \sum_{i=1}^{m} \dfrac{s_i^-}{x_{i0}}}{1 + \dfrac{1}{s_1 + s_2} \left(\sum_{r=1}^{s_1} \dfrac{s_r^g}{y_{r0}^g} + \sum_{r=1}^{s_2} \dfrac{s_r^b}{y_{r0}^b} \right)}$$

$$\text{s. t.} \begin{cases} x_0 = X\lambda + s^- \\ y_0^g = Y^g\lambda - s^g \\ y_0^b = Y^b\lambda + s^b \\ s^- \geq 0, \ s^g \geq 0, \ s^b \geq 0, \ \lambda \geq 0 \end{cases} \tag{3.1}$$

式（3.1）中，s^-、s^g 和 s^b 分别表示投入、期望产出和非期望产出的松弛量，λ 是权重向量，目标函数 ρ 是关于 s^-，s^g，s^b 严格单调递减的，且 $0 \leq \rho \leq 1$。当 $\rho = 1$，即 s^-、s^g、s^b 均为 0 时，说明决策单元是有效率的；如果 $\rho < 1$，则说明决策单元存在要素冗余，可以通过优化配置来改善效率。

（二）空间相关性检验指数

考察区域绿色创新效率的时空跃迁特征及收敛趋势，首先需要对其是否存在空间自相关性进行检验。在空间统计学中，一般通过全域空间自相关指数（Global Moran's I）、局域空间自相关指数（Local Moran's I）和 Moran's I 散点图进行空间自相关检验。

（1）全域空间自相关指数。全域空间自相关性是从区域空间的整体上刻画数据值的空间分布特征，在学术界中最被广泛采用的是 Global Moran's I 检验，其计算公式为：

$$Global\ Moran's\ I = \frac{\sum\limits_{i=1}^{n}\sum\limits_{j=1}^{n}W_{ij}(x_i - \bar{x})(x_j - \bar{x})}{S^2\sum\limits_{i=1}^{n}\sum\limits_{j=1}^{n}W_{ij}} \tag{3.2}$$

式（3.2）中，$\bar{x} = \frac{1}{n}\sum\limits_{i=1}^{n}x_i$，$S^2 = \frac{\sum\limits_{i=1}^{n}(x_i - \bar{x})^2}{n}$，$x_i$ 表示第 i 地区的观测值，n 为研究区域中的地区数目，W_{ij} 为空间权重矩阵元素，分别以 1 和 0 表示 i 地区和 j 地区在空间属性上的邻接关系，即：

$$W_{ij} = \begin{cases} 1 & (i\ 地区和\ j\ 地区相邻) \\ 0 & (i\ 地区和\ j\ 地区不相邻) \end{cases} \tag{3.3}$$

对于 x_i 的取值假定其服从正态分布，在该假设下可以求出 Global Moran's I 的期望值和方差，并进一步构造标准化的 Z 统计量，检验各地区是否存在显著的空间自相关关系。标准化的 Z 统计量计算公式为：

$$Z = \frac{I - E(I)}{\sqrt{Var(I)}} \tag{3.4}$$

式（3.4）中，$E(I) = -\frac{1}{n-1}$，$Var(I) = \frac{n^2 W_1 - nW_2 + 3W_0^2}{W_0^2(n^2-1)} - E^2(I)$，$W_0 = \sum\limits_{i=1}^{n}\sum\limits_{j=1}^{n}W_{ij}$，$W_1 = \frac{\sum\limits_{i=1}^{n}\sum\limits_{j=1}^{n}(W_{ij} + W_{ji})^2}{2}$，$W_2 = \sum\limits_{i=1}^{n}(W_{i.} + W_{j.})^2$。

由此，根据 Global Moran's I 的正负，可以判断地区间的空间正相关或者空间负相关属性，指数的数值范围为 [-1, 1]，指数越趋向于 1，表示数据的高值及低值按类别分别在空间上集聚，地区间的空间正相关性越强。反之，如果指数值越趋向于 -1，则表示数据的高值及低值在空间上相互集聚，地区间的空间负相关性越强。如果指数值趋向于 0，则表示数据更多地呈现出随机性而非空间相关性。

（2）局域空间自相关指数。全域空间自相关分析可以对所有区域单元的相关性进行总体判断，但不能很好地反映区域单元之间的空间相关性。局域空间自相关分析是将研究单元划分为若干个区域单元，从微观角度对区域单元之间的空间相关性进行研究。安瑟林（Anselin，1995）提出了局域空间自相关指数（Local Moran's I），并通过散点图进行分析。局域空间自相关指数的计算公式为：

$$Local\ Moran's\ I = \frac{(x_i - \bar{x}) \sum\limits_{j=1}^{n} W_{ij}(x_i - \bar{x})}{S^2} \tag{3.5}$$

式（3.5）中，x_i、$\bar{x}$、S^2、W_{ij} 等符号的定义同式（3.2），$Local\ Moran's\ I$ 的数值范围为 $[-1, 1]$，指数为正表示该区域单元周围相似性（高高或低低）的空间集聚，指数为负表示该区域单元周围非相似性（高低或低高）的空间集聚。局域空间自相关关系的显著性通过构造标准化的 Z 统计量进行检验。通过 Local Moran's I 测算，可以得到 Moran's I 散点图（见图 3-1）。

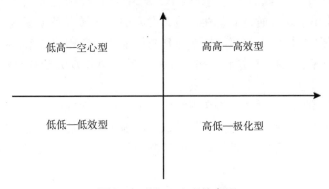

图 3-1　Moran's I 散点图

散点图的四个象限分别对应四种不同类型的空间格局。第一象限为"高高—高效型"集聚，即高观测值的区域单元被同是高观测值的区域单元所包围的空间形式；第二象限为"低高—空心型"集聚，即低观测值的区域单元被高观测值的区域单元所包围的空间形式；第三象限为"低低—低效型"集聚，即低观测值的区域单元被同是低观测值的区域单元所包围的空间形式；第四象限为"高低—极化型"集聚，即高观测值的区域单元被低观测值的区域单元所包围的空间形式。

（三）收敛性检验模型

（1）传统收敛模型。收敛模型又称增长趋同模型，最早始于拉姆齐（Ramsey, 1928）提出的分析框架，随后卡斯等（Cass et al., 1965）引入到区域经济增长的研究领域。σ 收敛、β 收敛是研究收敛性的重要方法，在本章的 σ 收敛检验中，σ 表示中国区域绿色创新效率自然对数的标准差，如果该数值随时间的推移逐渐变小，则表明各地区绿色创新效率水平的差距在逐渐缩小，存在 σ 收敛。反之，则不存在 σ 收敛。σ 收敛的计算公式为：

$$\sigma_t = \sqrt{\sum_{i=1}^{n} \frac{(\ln GIE_{it} - \overline{\ln GIE_t})^2}{n-1}} \tag{3.6}$$

式 (3.6) 中，$\ln GIE_{it}$ 表示 i 地区第 t 年绿色创新效率的自然对数，$\overline{\ln GIE_t}$ 表示各地区第 t 年各区域绿色创新效率自然对数的平均值，n 为样本容量。

在本章的 β 收敛检验中，绝对 β 收敛是指不考虑外界因素的影响，中国区域绿色创新效率的增长率与其初始水平呈负相关关系，并会在未来某一时刻收敛于相同的稳态水平和增长速度。借鉴于巴罗和萨拉马丁（Barro and Sala – I – Martin，1995）的研究成果，设置的绝对 β 收敛检验模型的形式为：

$$\ln(GIE_{it+1}/GIE_{it}) = \alpha + \beta \ln GIE_{it} + \varepsilon_{it} \tag{3.7}$$

式 (3.7) 中，GIE_{it+1}/GIE_{it} 表示 i 地区的绿色创新效率在第 t 期的增长率，GIE_{it} 表示 i 地区在第 t 期的绿色创新效率，α 为常数项，β 为收敛系数，ε_{it} 为随机误差项。若 β 小于 0 且通过显著性检验，说明中国区域绿色创新效率存在绝对 β 收敛，即各地区绿色创新效率增长率与其初始水平呈负相关关系，各地区绿色创新效率将收敛于相同的稳态水平和增长率。反之，若 β 大于 0 且通过显著性检验，则各地区绿色创新效率将趋于发散。

考虑到全域性的绝对 β 收敛在现实中很少存在，学者们进一步对模型进行修正，提出了条件 β 收敛。条件 β 收敛承认不同地区由于某些方面条件的不同而收敛于各自的稳态，在绝对 β 收敛模型的基础上加入相关控制变量，可得到条件 β 收敛模型：

$$\ln(GIE_{it+1}/GIE_{it}) = \alpha + \beta \ln GIE_{it} + \gamma X_{it} + \varepsilon_{it} \tag{3.8}$$

条件 β 收敛是对绝对 β 收敛的进一步发展和完善，式 (3.8) 中，X 表示加入的其他控制变量，β 为条件 β 收敛系数，γ 表示控制变量的系数，其他变量含义与式 (3.7) 相同。通过 β 及 γ 的符号及显著性可以检验各地区绿色创新效率是否收敛于各自的稳态，以及影响各自收敛的主要因素。

此外，由绝对 β 收敛系数、条件 β 收敛系数的估计值，可计算出考察期 T 内的收敛速度 s 和收敛的半生命周期 τ，计算公式分别为：

$$s = -\ln(1 - |\beta|)/T, \ \tau = \ln(2)/s \tag{3.9}$$

（2）考虑空间效应的收敛模型。考虑到地理邻近的空间关联对区域绿色创新效率收敛趋势的影响，进一步将空间效应引入到传统收敛模型之中，分别建立空间滞后模型（SAR）和空间误差模型（SEM）进行收敛性分析。

空间滞后模型也叫空间自回归模型，适用于研究各变量在某一地区是否有扩散现象（溢出效应），即被解释变量取决于邻近地区该变量的观测值以及观测到的一组局域特征。绝对 β 收敛和条件 β 收敛的空间滞后模型（SAR）表达式分别为：

$$\ln(GIE_{it+1}/GIE_{it}) = \alpha + \beta \ln GIE_{it} + \rho W(\ln(GIE_{it+1}/GIE_{it})) + \varepsilon_{it} \tag{3.10}$$

$$\ln(GIE_{it+1}/GIE_{it}) = \alpha + \beta \ln GIE_{it} + \rho W(\ln(GIE_{it+1}/GIE_{it})) + \gamma X_{it} + \varepsilon_{it} \tag{3.11}$$

式 (3.10)、式 (3.11) 中，W 为 $n \times n$ 阶的空间权重矩阵，由邻接矩阵

（Contiguity Matrix）确定，$W(\ln(GIE_{it}/GIE_{i0}))$ 为空间滞后被解释变量，ρ 为空间滞后系数，反映了样本观测值的空间依赖作用，即相邻地区的观测值对本地区观测值影响的方向和程度。

空间误差模型度量了邻近地区被解释变量的误差冲击对本地区观测值的影响程度，即被解释变量取决于观测到的一组局域特征以及在空间上表现相关的误差项。绝对 β 收敛和条件 β 收敛的空间误差模型（SEM）表达式分别为：

$$\ln(GIE_{it+1}/GIE_{it}) = \alpha + \beta\ln GIE_{it} + (I - \lambda W)^{-1}\mu_{it} \qquad (3.12)$$

$$\ln(GIE_{it+1}/GIE_{it}) = \alpha + \beta\ln GIE_{it} + \gamma X_{it} + (I - \lambda W)^{-1}\mu_{it} \qquad (3.13)$$

式（3.12）、式（3.13）中，λ 为空间误差系数，反映了存在于误差项之中的空间依赖作用。μ_{it} 为正态分布的随机误差项向量。

在实际应用时选择空间滞后模型（SAR）还是空间误差模型（SEM）根据安瑟林等（Anselin et al.，1996）的方法，通过比较两个拉格朗日乘数 LM（LAG）、LM（ERR）及其稳健形式 $R - LM$（LAG）、$R - LM$（ERR）的显著性进行判别。其原则是：比较 LM（LAG）与 LM（ERR）两个统计量的显著性，显著的即为要选择的空间计量模型。若二者均显著，则进一步比较 $R - LM$（LAG）与 $R - LM$（ERR）的显著性，并将更显著的作为要选择的空间计量模型。

二、变量与数据

构建 SBM – DEA 模型测度区域绿色创新效率，创新投入产出指标的选取是关键。结合已有文献资料，重新定义区域创新活动的投入产出指标，其中创新投入指标包括 R&D 人员全时当量和 R&D 资本存量，创新期望产出指标包括发明专利申请授权数和新产品销售收入，非期望产出包括工业废水排放量、工业废气排放量、银行不良贷款同比比率。对各指标的设定与数据处理详细说明如下：

对于创新活动的投入，学术界普遍从研发人员投入和研发资金投入两个方面进行表征。在研发人员投入方面，为了更好地衡量创新活动中研发人员的人力投入量和实际工作时间，选取各地区 R&D 人员全时当量这一指标进行衡量，其值为报告年内 R&D 全时人员（全年从事 R&D 活动累积工作时间占全部工作时间的 90％ 及以上人员）工作量与非全时人员按实际工作时间折算的工作量之和。

而在研发资金投入衡量指标上，已有文献通常选取各地区 R&D 经费内部支出指标来表征。但 R&D 经费内部支出是一项流量指标，其对创新产出的影响很大程度上是基于前期投资累计的结果，而不仅仅是当期的研发支出，因此需要进一步核算各地区的 R&D 资本存量。参考戈德史密斯（Goldsmith，1951）提出的永续盘存法，R&D 资本存量的计算公式为：

$$K_{it} = (1 - \delta) \times K_{i(t-1)} + R_{i(t-1)} \qquad (3.14)$$

式（3.14）中，K_{it}、$K_{i(t-1)}$分别表示第 i 地区第 t 和 $t-1$ 期的 R&D 资本存量，δ 表示 R&D 资本存量的折旧率，根据格里奇斯（Griliches，1980）、吴延兵（2006）等对 R&D 资本存量折旧率的估计，取 $\delta = 15\%$，$R_{i(t-1)}$ 表示 i 地区在 $t-1$ 期的实际 R&D 经费内部支出，由 R&D 价格指数平减得到。因此，要得到实际的 R&D 资本存量，还需对基期 R&D 资本存量、R&D 价格指数进行确定。

基期 R&D 资本存量的确定。自格里奇斯（1980）假定 R&D 资本存量 K 的平均增长率等于 R&D 支出 R 的平均增长率，并使用永续盘存法估计基期 R&D 资本存量后，通过这一假设来估算基期 R&D 资本存量的做法已成为学者们的普遍做法，本研究确定各地区基期 R&D 资本存量的方法也是在这一假设下进行的，即：

$$\frac{K_{it} - K_{i(t-1)}}{K_{i(t-1)}} = \frac{R_{it} - R_{i(t-1)}}{R_{i(t-1)}} = g \qquad (3.15)$$

式（3.15）中，g 是 R&D 经费内部支出 R 的增长率，当 $t = 1$ 时，则有：

$$K_{i1} = (1 - \delta) \times K_{i0} + R_{i0} \qquad (3.16)$$

$$K_{i1} = (1 + g) \times K_{i0} \qquad (3.17)$$

根据式（3.16）和式（3.17），可以得到各地区基期 R&D 资本存量 K_{i0} 的计算公式：

$$K_{i0} = R_{i0} / (g + \delta) \qquad (3.18)$$

R&D 价格指数的确定。考虑到 R&D 经费内部支出按支出用途可分为日常性支出（包括原材料费、劳务费等）和资产性支出（包括仪器、设备购置费等），因此利用历年《中国统计年鉴》提供的居民消费价格指数和固定资产投资价格指数加权计算出 R&D 价格指数，计算公式为：

$$RDPI_{it} = \lambda_{it} \times CPI_{it} + (1 - \lambda_{it}) \times IFAPI_{it} \qquad (3.19)$$

式（3.19）中，$RDPI_{it}$ 表示 R&D 价格指数，CPI_{it} 表示居民消费价格指数，$IFAPI_{it}$ 表示固定资产投资价格指数，λ_{it} 为居民消费价格指数的权重，由各地区历年日常性支出与资产性支出的比例关系确定。然而现有统计数据缺少各地区 R&D 经费支出用途的构成比例，也就难以得到 λ_{it} 的精确值，而只能凭经验估计。李向东（2011）将 λ_{it} 统一设为 0.54，刘建翠（2015）将 λ_{it} 统一设为 0.8，研究则依据 2009～2017 年全国 R&D 经费支出中日常性支出的比重平均值在 85% 左右，将 λ_{it} 设为 0.85，构建的 R&D 价格指数为 $RDPI_{it} = 0.85 \times CPI_{it} + 0.15 \times IFAPI_{it}$。

由此，便可计算出以 2006 年为基期中国各地区历年的 R&D 资本存量。

对于创新活动的期望产出，从知识技术产出和产品产出两个角度进行考量，对于知识技术产出，大量文献都选用了专利申请受理数或专利申请授权量作为产出变量，但考虑到在发明、实用新型和外观设计三种专利类型中，发明专利的技术含量更高，更能体现地区的原始创新能力（刘凤朝和沈能，2006），且其又较少地受到专利审核授权机构的限制（李婧等，2011），因此仅选取了发明专利申请授权数这一指标来表征创新的知识技术产出。对于产品产出，从科技成果转化维度反映一个地区的创新活动成果，新产品销售收入是一个很好的衡量指标。鉴于《中国科技统计年鉴》自 2011 年开始对新产品销售收入的统计口径从"大中型工业企业"改为"规模以上工业企业"，分别以各地区大中型工业企业的新产品销售收入（2006～2011 年）、规模以上工业企业的新产品销售收入（2011～2017 年）作为期望产出。需要说明的是，由于本研究对区域绿色创新效率的测算都是在同年度内的截面比较，因此这一指标无须进行统计口径调整与价格平减。

对于创新活动的非期望产出，从"创新失败"和"环境污染"两个因素进行考量。对于"创新失败"因素，依据熊彼特（Schumpeter，1912）对创新的定义：创新是建立一种新的生产函数以获取潜在的超额利润，这清晰反映出建立新的生产函数是手段，而获取潜在的超额利润是目的。获取了经济利润，创新就是成功的；反之，创新则是失败的。因此本书的研究以是否获取经济利润作为创新成功或失败的标志。考虑到"创新失败"会导致企业发展遭受重大挫折，一方面，"创新失败"会对企业从商业银行已取得贷款的正常偿还产生影响。另一方面，为了缓解资金压力，企业可能会向商业银行申请增加贷款，如果无法通过利润弥补则会形成不良贷款①。因此以商业银行不良贷款金额同比比率作为非期望产出指标。对于"环境污染"因素，已有文献通常用"三废"污染物（即工业废气、工业废水和工业固体废弃物）的排放量代表非期望产出，但考虑到近年来中国工业固体废弃物产生量中的绝大部分都被处置利用，倾倒丢弃量已大幅减少②。因此仅选取工业废水排放量、工业废气排放量作为非期望产出指标。

以 2006～2017 年中国 30 个省级行政区为研究对象（由于数据所限，不含我国的西藏、香港、澳门、台湾地区，下同），基础数据主要来源于历年《中国统计年鉴》《中国科技统计年鉴》《中国环境统计年鉴》《中国金融年鉴》，以及各省份统计年鉴，数据的描述性统计结果如表 3 - 1 所示。

---

① 根据 1998 年中国人民银行制定的《贷款分类指导原则》，商业银行依据借款人的实际还款能力进行贷款质量的五级分类，即按风险程度将贷款划分为五类：正常、关注、次级、可疑、损失，后三种为不良贷款。
② 根据《中国统计年鉴》（2017），中国一般工业固体废弃物处置利用率已达 80.73%，固体废物倾倒丢弃量占产生量比例仅为 0.01%。

表 3 - 1　　　　　　　　　　　数据的描述性统计结果

指标类型	指标	样本量	平均值	标准差	最大值	最小值
创新投入	R&D 人员全时当量（万人年）	330	9.4078	10.4808	54.3438	0.1209
	R&D 资本存量（亿元）	330	818.9507	1049.1931	5601.1389	5.6559
期望产出	发明专利申请授权数（万个）	330	0.3980	0.6654	4.0952	0.0023
	新产品销售收入（亿元）	330	3244.6316	4853.4196	28671.4109	8.5659
非期望产出	商业银行不良贷款金额同比比率	330	1.0974	0.4244	3.3967	0.1386
	工业废水排放量（亿吨）	330	7.4487	6.2555	28.7181	0.5782
	工业废气排放量（亿标准立方米）	330	18613.1578	14659.2264	82589.5883	860.0000

第三节　中国区域绿色创新效率测度及时空跃迁特征

一、绿色创新效率的测度及分析

利用上述创新投入、期望产出和非期望产出指标，运用 SBM - DEA 模型对中国各省份 2006~2017 年的绿色创新效率进行测算，进而计算出全国及东、中、西部地区的绿色创新效率均值①，所得计算结果如表 3 - 2 所示。从表中可以看出，全国绿色创新效率值从 2006~2007 年度的 0.5406 增长至 2016~2017 年度的 0.5935，整体上呈现出上升的趋势。分区域来看，2006~2017 年，东部地区绿色创新效率值从 2006~2007 年度的 0.6896 增长至 2016~2017 年度的 0.7330，中部地区绿色创新效率值从 2006~2007 年度的 0.4308 增长至 2016~2017 年度的 0.5892，西部地区绿色创新效率值从 2006~2007 年度的 0.4715 略降至 2016~2017 年度的 0.4572，说明近十年东、中部地区绿色创新效率提升相对较大，而西部地区绿色创新效率略有下降。

表 3 - 2　　　　　　　中国区域绿色创新效率测算结果

地区	2006~2007 年	2007~2008 年	2008~2009 年	2009~2010 年	2010~2011 年	2011~2012 年	2012~2013 年	2013~2014 年	2014~2015 年	2015~2016 年	2016~2017 年	均值
北京	1.0000	1.0000	1.0000	1.0000	1.0000	1.0000	1.0000	1.0000	1.0000	1.0000	1.0000	1.0000

① 东部地区包括：北京、天津、河北、辽宁、上海、江苏、浙江、福建、山东、广东、海南；中部地区包括：山西、吉林、黑龙江、安徽、江西、河南、湖北、湖南；西部地区包括：内蒙古、广西、重庆、四川、贵州、云南、陕西、甘肃、青海、宁夏、新疆；西藏、香港、澳门、台湾地区不在统计范围内。

续表

地区	2006～2007年	2007～2008年	2008～2009年	2009～2010年	2010～2011年	2011～2012年	2012～2013年	2013～2014年	2014～2015年	2015～2016年	2016～2017年	均值
天津	1.0000	1.0000	1.0000	1.0000	1.0000	1.0000	1.0000	1.0000	1.0000	1.0000	1.0000	1.0000
河北	0.2729	0.2806	0.3010	0.2481	0.2795	0.2930	0.4218	0.4173	0.4097	0.3694	0.3536	0.3315
山西	0.3235	0.2971	0.2872	0.2696	0.2693	0.3398	0.3461	0.3738	0.3671	0.3598	0.2825	0.3196
内蒙古	0.3267	0.3505	0.3265	0.2209	0.2526	0.2014	0.2468	0.2355	0.1859	0.1769	0.1793	0.2457
辽宁	0.3660	0.3540	0.3877	0.4423	0.4015	0.4341	0.4874	0.5504	0.4755	0.4818	0.3806	0.4328
吉林	0.5377	0.4834	0.5807	1.0000	0.6140	0.6148	0.7155	0.4052	0.4695	0.4572	0.5433	0.5838
黑龙江	0.3232	0.3519	0.2964	0.3303	0.3594	0.3289	0.3879	0.4006	0.3851	0.4023	0.3321	0.3544
上海	1.0000	1.0000	1.0000	1.0000	1.0000	1.0000	1.0000	1.0000	1.0000	1.0000	1.0000	1.0000
江苏	0.4038	1.0000	0.6848	0.6689	0.6345	1.0000	1.0000	1.0000	1.0000	1.0000	1.0000	0.8538
浙江	0.5240	1.0000	0.5415	0.5358	0.6470	0.8543	1.0000	1.0000	1.0000	1.0000	1.0000	0.8275
安徽	0.2879	0.3150	0.3361	0.3322	0.4804	0.4652	0.6740	1.0000	1.0000	1.0000	1.0000	0.6264
福建	0.4805	0.4801	0.4401	0.3421	0.4415	0.3999	0.5385	0.4833	0.4427	0.4441	0.4248	0.4471
江西	0.2571	0.2962	0.2865	0.2218	0.2431	0.2530	0.4027	0.4568	0.4436	0.4061	0.5577	0.3477
山东	0.5382	1.0000	1.0000	1.0000	1.0000	1.0000	1.0000	1.0000	0.7081	0.5522	0.5783	0.8524
河南	0.2930	0.3372	0.4006	0.3110	0.3242	0.3557	0.3954	0.5140	0.4864	0.4759	0.4539	0.3952
湖北	0.4241	0.4023	0.4917	0.3493	0.4368	0.4367	0.5570	0.5579	0.5641	0.5875	0.5440	0.4865
湖南	1.0000	1.0000	0.6105	0.6280	0.6144	0.6259	1.0000	1.0000	1.0000	1.0000	1.0000	0.8617
广东	1.0000	1.0000	1.0000	1.0000	1.0000	1.0000	1.0000	1.0000	1.0000	1.0000	1.0000	1.0000
广西	0.4511	0.5508	0.4438	0.4092	0.4100	0.3720	0.4771	0.5988	1.0000	1.0000	1.0000	0.6102
海南	1.0000	1.0000	1.0000	1.0000	1.0000	1.0000	1.0000	1.0000	1.0000	0.4835	0.3256	0.8917
重庆	1.0000	1.0000	1.0000	0.6821	1.0000	1.0000	1.0000	1.0000	1.0000	1.0000	1.0000	0.9711
四川	0.3163	0.3090	0.3054	0.3716	0.3780	0.4708	0.4902	0.5172	0.5242	0.5405	0.4969	0.4291
贵州	0.6032	1.0000	0.4990	0.4127	0.4962	0.5465	0.4382	0.4868	0.6982	0.4680	0.4982	0.5588
云南	1.0000	1.0000	0.4407	0.3763	0.4230	0.4980	0.6175	0.6367	0.6034	0.4025	0.3122	0.5737
陕西	0.2457	0.2653	0.2608	0.2772	0.3486	0.4351	0.4385	0.4520	0.4588	0.4256	0.3807	0.3626
甘肃	0.2517	0.2663	0.2297	0.1930	0.2716	0.3546	0.3888	0.4553	0.4384	0.3485	0.2491	0.3133
青海	0.2345	0.1817	0.2562	0.2029	0.1147	0.0909	0.1270	0.1294	0.1107	0.2042	0.2523	0.1731
宁夏	0.3898	0.1308	0.2490	0.2056	0.1941	0.2150	0.3288	0.4468	0.3919	0.4020	0.3376	0.2992
新疆	0.3679	0.3066	0.3127	0.2038	0.3019	0.2960	0.3540	0.4543	0.5312	0.4131	0.3231	0.3513

地区	2006~2007年	2007~2008年	2008~2009年	2009~2010年	2010~2011年	2011~2012年	2012~2013年	2013~2014年	2014~2015年	2015~2016年	2016~2017年	均值
全国	0.5406	0.5986	0.5323	0.5078	0.5312	0.5627	0.6278	0.6524	0.6565	0.6134	0.5935	0.5833
东部	0.6896	0.8286	0.7596	0.7488	0.7640	0.8165	0.8589	0.8592	0.8215	0.7574	0.7330	0.7852
中部	0.4308	0.4354	0.4112	0.4303	0.4177	0.4275	0.5598	0.5885	0.5895	0.5861	0.5892	0.4969
西部	0.4715	0.4874	0.3931	0.3232	0.3810	0.4073	0.4461	0.4921	0.5402	0.4892	0.4572	0.4444

从全国总体及东、中、西部地区的绿色创新效率均值来看，2006~2017年，全国总体绿色创新效率均值为0.5833，东部地区绿色创新效率均值为0.7852，中部地区绿色创新效率均值为0.4969，西部地区绿色创新效率均值为0.4444。可见，东部地区的绿色创新效率值远高于全国平均水平，中、西部地区的绿色创新效率值低于全国平均水平，且东、中部地区之间的差距远高于中、西部地区之间的差距。这一方面说明东部地区的创新机制尤其是创新资源配置机制运行良好，有效激发了其创新活力，另一方面也说明中、西部地区在创新发展过程中，出现了技术和经济脱节的现象，导致创新未能对经济发展起到应有的促进作用。

从各省份来看，2006~2017年，绿色创新效率均值排名前十的省份除重庆、湖南外均为东部地区，依次为北京、上海、广东、天津、重庆、海南、湖南、江苏、山东和浙江。绿色创新效率均值排名后十的省份除河北外均为中、西部地区，依次为陕西、黑龙江、新疆、江西、河北、山西、甘肃、宁夏、内蒙古和青海。此外，仅北京、上海、广东、天津、重庆连续多年都处在绿色创新效率的生产前沿边界上，说明这些省份的创新投入、期望产出、非期望产出处于相对最佳的水平，其投入产出组合最有效率。其余省份仅有个别年份在生产前沿边界上或者均不在生产前沿边界上，说明这些省份存在着投入产出改进的必要性和效率提升的空间，应合理地利用创新资源，避免盲目投入而导致要素闲置和浪费。

由此可见，中国各地区绿色创新效率呈现出较大的差异，具有从东部向中、西部地区递减的阶梯形分布特征，并表现出一定的空间集聚现象。为了检验这种空间集聚现象是随机发生的还是存在特定的分布规律，有必要进一步对绿色创新效率的空间分布规律进行深入探讨。

二、空间相关性检验

（一）全域空间相关性检验

利用Geoda软件选取共边空间关系（CONTIGUITY – EDGES – ONLY）构建

地理邻接空间权重矩阵，测算出 2006～2017 年中国区域绿色创新效率的 Global Moran's I，进而检验 2006～2017 年中国区域绿色创新效率的空间相关性，检验结果如表 3－3 所示。可以看出，考察期内所有年份的 Global Moran's I 均大于 0 且通过了显著性检验，表明中国区域绿色创新效率的空间分布并不是随机的，而是呈现出明显的正向空间相关性，即由于知识溢出和技术扩散受地理因素制约（梁琦，2004），各省份绿色创新效率会受到邻近地区的影响，绿色创新效率高（或低）的省份往往相邻。从 Global Moran's I 的演变趋势看，Global Moran's I 大致呈现出 N 形波动上升的趋势，从 2006～2007 年度的 0.1982 上升到 2007～2008 年度的 0.3558，继而下降到 2009～2010 年度的 0.1742，之后又上升到 2016～2017 年度的 0.4795，说明随着时间演变，中国区域绿色创新效率的空间相关性在波动中逐渐增强。

表 3－3　　　　　中国区域绿色创新效率 Global Moran's I 及其检验结果

指标	2006～2007 年	2007～2008 年	2008～2009 年	2009～2010 年	2010～2011 年	2011～2012 年	2012～2013 年	2013～2014 年	2014～2015 年	2015～2016 年	2016～2017 年
Moran's I	0.1982	0.3558	0.2072	0.1742	0.2131	0.2774	0.3542	0.4139	0.4624	0.4291	0.4795
Z 值	1.8894	3.1314	1.9684	1.697	2.0156	2.5259	3.1379	3.6202	4.0161	3.743	4.1429
p 值	0.0588 *	0.0017 ***	0.0490 **	0.0897 *	0.0438 **	0.0115 **	0.0017 ***	0.0003 ***	0.0001 ***	0.0002 ***	0.0000 ***

注：*、** 和 *** 分别表示显著性水平为 10%、5% 和 1%。

（二）局域空间相关性检验

Global Moran's I 揭示了绿色创新效率的全域空间自相关性，而 Local Moran's I 及其散点图则可以反映绿色创新效率的局域空间自相关特征。这里利用 Geoda 软件得出 2006～2017 年中国各省份绿色创新效率均值的 Moran's I 散点图（见图 3－2）。可以看出，在统计的 30 个省份中，北京、天津、江苏、上海、浙江、安徽、湖南、广东、广西、海南位于第一象限，即"高高—高效型"集聚；山西、内蒙古、辽宁、吉林、黑龙江、河南、湖北、四川、云南、陕西、甘肃、青海、宁夏、新疆位于第三象限，即"低低—低效型"集聚；河北、福建、江西、贵州位于第二象限，即"低高—空心型"集聚；山东、重庆位于第四象限，即"高低—极化型"集聚。

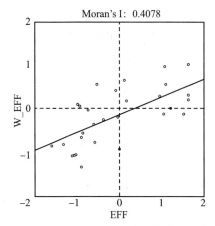

区间	省份
第一象限	北京、天津、江苏、上海、浙江、安徽、湖南、广东、广西、海南
第二象限	河北、福建、江西、贵州
第三象限	山西、内蒙古、辽宁、吉林、黑龙江、河南、湖北、四川、云南、陕西、甘肃、青海、宁夏、新疆
第四象限	山东、重庆

图 3-2 中国各省份绿色创新效率均值的 Moran's I 散点图及解析

由此可知，绝大多数省份（24 个）落在了第一、第三象限，呈现出正的空间相关性，仅有小部分省份（6 个）落在了第二、第四象限，呈现出负的空间相关性。考察期内中国区域绿色创新效率的空间分布整体上呈现出"高高—高效型"集聚与"低低—低效型"集聚模式的正向空间相关性，即高绿色创新效率省份往往与其他绿色创新效率水平较高的省份相邻，而低绿色创新效率省份往往被其他绿色创新效率水平较低的省份所包围。可见，如果忽略了空间因素的影响，模型的估计结果将会与实际情况存在较大的偏差，在考察区域绿色创新效率时空跃迁和收敛趋势时，应将空间效应考虑在内。

三、时空跃迁分析

从 Global Moran's I 的值不难发现，中国区域绿色创新效率空间相关性的波谷数据（0.1742）出现在 2009~2010 年度，而波峰数据（0.4795）出现在 2016~2017 年度，因此进一步以这两个年份作为时间节点，计算出中国各省份绿色创新效率在这两个年份的 Local Moran's I 的值，并通过 ArcGis 软件绘制地理分区图，以反映各省份绿色创新效率时空跃迁的类型特征。

图 3-3 显示了 2009~2010 年度中国各省份绿色创新效率的 Moran's I 散点图，从中可以看出，位于第一象限"高高—高效型"和第三象限"低低—低效型"的省份数量达到 21 个，占研究样本数量的 70%，说明 2009~2010 年度中国区域绿色创新效率在空间上表现出明显的正向空间相关性，且位于第三象限"低低—低效型"的省份数量比第一象限"高高—高效型"得更多。其中，位于第一象限"高高—高效型"的省份有 8 个，且以东部省份为主，分别为北京、天津、上海、江苏、浙江、湖南、广东、海南，形成了以北京、天津为核心的首都

高效率圈、以上海、江苏和浙江为核心的长三角高效率圈以及以广东、湖南、海南为核心的环粤高效率圈。位于第三象限"低低—低效型"集聚的省份有13个，且以中、西部省份为主，分别为山西、内蒙古、辽宁、江西、河南、湖北、四川、云南、陕西、甘肃、青海、宁夏、新疆，这些省份创新发展相对滞后，效率水平较低。可见，2009～2010年度中国区域绿色创新效率整体水平相对较低，在空间分布上存在显著的空间异质性，呈现出"东高西低"的地域性特征，这种空间异质性通过"高高—高效型""低低—低效型"省份的集聚区域鲜明地体现出来。

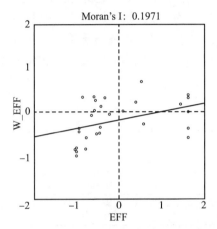

区间	省份
第一象限	北京、天津、上海、江苏、浙江、湖南、广东、海南
第二象限	河北、黑龙江、安徽、福建、广西和贵州
第三象限	山西、内蒙古、辽宁、江西、河南、湖北、四川、云南、陕西、甘肃、青海、宁夏、新疆
第四象限	吉林、山东、重庆

图3-3　2009～2010年度中国各省份绿色创新效率Moran's I散点图及解析

　　进一步考察位于第二象限"低高—空心型"、第四象限"高低—极化型"的非典型地区。作为偏离全局正向空间相关性的地区，这两类省份数量相对较少，位于第二象限"低高—空心型"的省份有6个，分别为河北、黑龙江、安徽、福建、广西和贵州。其中，河北虽然与北京、天津等高绿色创新效率省份相邻，但并未有效吸纳其空间溢出效应，形成了效率洼地。同样的情况适用于毗邻吉林的黑龙江，毗邻江苏、浙江、山东的安徽，毗邻浙江、广东的福建，毗邻广东、湖南的广西以及毗邻重庆、湖南的贵州。位于第四象限的"高低—极化型"的省份仅有3个，分别为吉林、山东和重庆。与邻近省份相比，这3个省份绿色创新效率相对较高，但对于邻近省份空间溢出效应较小，辐射带动作用有限。

　　图3-4显示了2016～2017年度中国各省份绿色创新效率的Moran's I散点图，从中可以看出，位于第一象限"高高—高效型"和第三象限"低低—低效型"的省份数量增长到22个，空间正相关性进一步增强。其中，位于第一象限"高高—高效型"的省份有10个，与2009～2010年度相比，减少了海南，增加了安徽、山东和广西。其中，安徽、广西由"低高—空心型"转变为"高高—

高效型"，说明这两个省份分别在以上海、江苏、浙江为核心的长三角创新高效率圈和以广东、湖南为核心的环粤创新高效率圈的辐射带动下，实现了绿色创新效率的跃升。山东由"高低—极化型"转变为"高高—高效型"，则主要是由于其邻近省份安徽绿色创新效率的提升，使得山东邻近高绿色创新效率省份数量增多。位于第三象限"低低—低效型"的省份有 12 个，与 2009～2010 年度相比，减少了江西、河南、湖北和云南，增加了河北、吉林和黑龙江。其中，河北由"低高—空心型"转变为"低低—低效型"，主要是由于受到"虹吸效应"的影响，河北创新经济发展滞后，在京津冀一体化协同创新发展过程中出现了脱节，进而与山西、内蒙古、辽宁、河南等绿色创新效率水平较低的邻近省份形成"低低—低效型"集聚。吉林由"高低—极化型"转变为"低低—低效型"，说明在东北经济衰退的大背景下，政府虽给予大力资金支持，但该省的创新活力却并没有迸发。受吉林绿色创新效率下降的影响，黑龙江则由"低高—空心型"转变为"低低—低效型"。

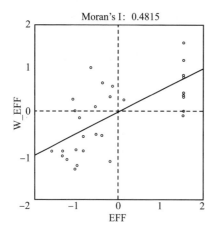

区间	省份
第一象限	北京、天津、上海、江苏、浙江、安徽、山东、湖南、广东、广西、
第二象限	江西、河南、湖北、云南、海南、福建、贵州
第三象限	新疆、青海、甘肃、宁夏、四川、内蒙古、陕西、山西、河北、辽宁、吉林、黑龙江
第四象限	重庆

图 3 - 4　2016～2017 年度中国各省份绿色创新效率 Moran's I 散点图及解析

位于第二象限"低高—空心型"的省份有 7 个，与 2009～2010 年度相比，新增加了江西、河南、湖北、海南和云南。其中，江西、河南、湖北、云南由"低低—低效型"转变为"低高—空心型"，说明这些省份在发展过程中，绿色创新效率并没有显著提升，与邻近省份的差距越来越大，从而形成了新的效率洼地。海南由"高高—高效型"转变为"低高—空心型"，是由于其近两年绿色创新效率下降所致。与 2014～2015 年度相比，海南 2016～2017 年度的创新产出并没有显著提升，但创新投入却大幅增加。位于第四象限"低高—空心型"的省份仅有重庆，作为西南地区的经济龙头，重庆持续保持了较高水平的绿色创新效率，但对周边省份的吸纳效应大于溢出效应，导致其与周边省份的差距越来大，两极分化现象十分突出。

　　针对研究单元在不同时点的空间关联类型跃迁变化，进一步采用雷伊和贾尼卡斯（Rey and Janikas，2006）提出的时空跃迁（space-time transition）方法对中国区域绿色创新效率的时空跃迁类型与路径进行研究，空间关联类型可以被归为以下四种：类型Ⅰ是指某一研究单元的空间关联类型不变，其相关空间邻近省域的空间关联类型发生跃迁；类型Ⅱ是指某一研究单元与其相关空间邻近省域的空间关联类型一同发生变化，呈现象限对角线上的跃迁；类型Ⅲ是指某一研究单元的空间关联类型发生改变，而与其相关空间邻近省域的空间关联类型未发生变化；类型Ⅳ是指某一研究单元与其相关空间邻近省域的空间关联类型都没有发生跃迁。

　　由此得出中国区域绿色创新效率的时空跃迁类型与路径（见表3-4），属于类型Ⅰ的跃迁路径主要包括低效型（第三象限）与空心型（第二象限）之间的跃迁，如河北、黑龙江、江西、河南、湖北和云南；或极化型（第四象限）与高效型（第一象限）之间的跃迁，如山东。属于类型Ⅱ的跃迁路径中没有发生跃迁的省份。属于类型Ⅲ的跃迁路径主要包括高效型（第一象限）和空心型（第二象限）之间的跃迁，如海南、安徽和广西；或低效型（第三象限）和极化型（第四象限）之间的跃迁，如吉林。其余19个省份属于类型Ⅳ，未发生空间跃迁。

表3-4　　　　　　　中国区域绿色创新效率的时空跃迁类型与路径

跃迁类型	跃迁路径	代表地区
类型Ⅰ：研究单元不变，邻近单元发生跃迁	高效型→极化型	—
	极化型→高效型	山东
	低效型→空心型	江西、河南、湖北、云南
	空心型→低效型	河北、黑龙江
类型Ⅱ：研究单元自身跃迁，邻近单元发生跃迁	高效型→低效型	—
	低效型→高效型	—
	空心型→极化型	—
	极化型→空心型	—
类型Ⅲ：研究单元自身跃迁，邻近单元不变	高效型→空心型	海南
	空心型→高效型	安徽、广西
	低效型→极化型	—
	极化型→低效型	吉林
类型Ⅳ：研究单元不变，邻近单元不变	未发生跃迁	其余19个省份

可见，中国区域绿色创新效率具有明显的空间集聚性和低流动性特征，跃迁类型表现出高度的空间稳定性，大多数省份并未脱离其原来的集聚范畴，"核心—边缘"空间分布格局已初步形成并产生"锁定"，时空演变具有较强的路径依赖特征。在发生跃迁的小部分省份中，以从低效型到空心型跃迁的省份数量最多，说明这些省份虽然自身的绿色创新效率变化不大，但邻近省份的绿色创新效率大幅提升。从空心型到低效型、空心型到高效型跃迁的省份数量次之，说明这些省份在空间作用下，已演变为符合"核心—边缘"理论的空间结构模式。

第四节　中国区域绿色创新效率的收敛趋势

一、σ 收敛分析

根据 σ 收敛的计算公式测算出全国总体及东、中、西部地区绿色创新效率的 σ 收敛指数，其随时间推进而呈现的变化趋势如图 3-5 所示。从图中可以看出，2006~2017 年，中国绿色创新效率的 σ 收敛指数由 0.5203 增加到 0.5371，东、中、西部地区绿色创新效率的 σ 收敛指数分别由 0.4890、0.4495、0.5190 增加到 0.4938、0.4546、0.5469，全国总体及东、中、西部地区绿色创新效率均存在明显的变异系数变大的情况，因此均不具有 σ 收敛特征，即全国总体及东、中、西部地区绿色创新效率均不存在随时间逐渐缩小的趋势。从图中亦可以看出，2006~2017 年，全国总体及东、中、西部地区绿色创新效率 σ 收敛指数并没有明显的阶段性下降趋势，表明全国总体及东、中、西部地区绿色创新效率也不存在明显的阶段性 σ 收敛。

二、绝对 β 收敛分析

鉴于中国区域绿色创新效率存在着显著的空间相关特征，传统的 β 收敛模型很可能由于忽略空间相关而导致设定错误，不能很好地拟合数据。因此，在采用传统 β 收敛模型进行分析的基础上，进一步纳入空间效应进行绝对 β 收敛检验。首先，应用经典面板数据模型（OLS）对不考虑空间效应的中国区域绿色创新效率绝对 β 收敛趋势进行模拟，并检验回归残差的空间相关性，选择合适的空间计量模型（见表 3-5）。其次，构建空间滞后模型（SAR）和空间误差模型（SEM）对考虑了空间效应的中国区域绿色创新效率绝对 β 空间收敛趋势进行空间计量分析（见表 3-6）。

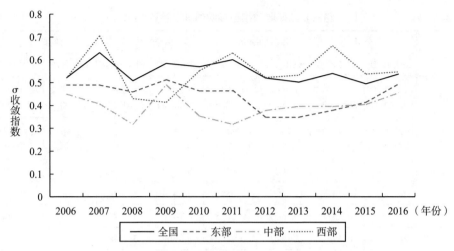

图 3 - 5 中国区域绿色创新效率 σ 收敛指数演变趋势

表 3 - 5　　　　　　传统绝对 β 收敛模型参数估计及检验结果

变量	全国	东部地区	中部地区	西部地区
α	- 0.0449 ** (0.0262)	- 0.0258 (0.2445)	- 0.0596 (0.2164)	- 0.1136 ** (0.0254)
β	- 0.0795 *** (0.0000)	- 0.1017 ** (0.0160)	- 0.1145 ** (0.0344)	- 0.1137 ** (0.0136)
S	0.0075	0.0098	0.0111	0.0110
τ	92.0422	71.0912	62.7010	63.1701
R^2	0.0388	0.0525	0.0561	0.0551
$Rbar - R^2$	0.0355	0.0432	0.0440	0.0463
$Log\ (L)$	32.1328	29.6664	20.2969	- 6.9469
$LM\ (LAG)$	20.3135 *** (0.0000)	11.4233 *** (0.0010)	3.4953 * (0.0620)	4.7786 ** (0.0290)
$R - LM\ (LAG)$	4.4865 ** (0.0340)	1.3692 (0.2420)	0.0921 (0.7620)	0.2452 (0.6200)
$LM\ (ERR)$	23.7195 *** (0.0000)	10.3433 *** (0.0010)	3.4032 * (0.0650)	5.3640 ** (0.0210)
$R - LM\ (ERR)$	7.8925 *** (0.0050)	0.2892 (0.5910)	0.0000 (0.9999)	0.8305 (0.3620)

注：括号内的数值为 p 值；* 、** 和 *** 分别表示在 10% 、5% 和 1% 的水平下显著。

表 3 - 6 绝对 β 空间收敛模型参数估计及检验结果

变量	全国		东部地区		中部地区		西部地区	
	SAR 模型	SEM 模型	SAR 模型	SEM 模型	SAR 模型	SEM 模型	SAR 模型	SEM 模型
β	- 0. 3756 *** (0. 0000)	- 0. 3957 *** (0. 0000)	- 0. 4515 *** (0. 0000)	- 0. 4569 *** (0. 0000)	- 0. 2806 *** (0. 0016)	- 0. 3265 *** (0. 0002)	- 0. 4157 *** (0. 0000)	- 0. 4185 *** (0. 0000)
ρ or λ	0. 2220 *** (0. 0007)	0. 2599 *** (0. 0002)	0. 2269 *** (0. 0083)	0. 2170 ** (0. 0209)	0. 2361 ** (0. 0193)	0. 2330 ** (0. 0165)	0. 2590 ** (0. 0162)	0. 2480 ** (0. 0356)
S	0. 0430	0. 0458	0. 0546	0. 0555	0. 0299	0. 0359	0. 0488	0. 0493
τ	16. 1345	15. 1377	12. 6957	12. 4899	23. 1514	19. 2898	14. 1895	14. 0638
R^2	0. 2756	0. 2377	0. 3479	0. 2873	0. 0470	0. 1723	0. 2917	0. 2452
$Rbar - R^2$	0. 1894	0. 1965	0. 2641	0. 2410	0. 1509	0. 1318	0. 2216	0. 2170
$Log\ (L)$	71. 9581	73. 1208	48. 7658	47. 5302	27. 0672	28. 3287	7. 7355	7. 2787

注：括号内的数值为 p 值；** 和 *** 分别表示在 5% 和 1% 的水平下显著。

从表 3 - 5 可以看出，无论是全国总体还是东、中、西部地区，β 系数都小于 0 且均通过了 5% 的显著性检验，说明在不考虑空间效应的情况下，全国总体及东、中、西部地区均存在绝对 β 收敛，即绿色创新效率低的地区增长率较高，各地区最终将收敛于某一稳态。进一步计算出不同区域的收敛速度 s 和半生命周期 τ，全国总体的收敛速度为 0. 0075，半生命周期为 92. 0422 年；东、中、西部地区的收敛速度分别为 0. 0098、0. 0111、0. 0110，半生命周期分别为 71. 0912、62. 7010、63. 1701 年。可见，东部地区收敛速度较慢，半生命周期相对较长；中、西部地区收敛速度较快，半生命周期相对较短。

拉格朗日乘数（LM）检验结果表明，全国总体及东、中、西部地区的拉格朗日乘子 LM（LAG）和 LM（ERR）均通过了显著性检验，表明全国总体及东、中、西部地区均存在明显的空间效应，需要考虑空间滞后项或空间误差项的影响。对于空间滞后模型（SAR）和空间误差模型（SEM）的选取，通过比较两个拉格朗日乘数 LM（LAG）、LM（ERR）及其稳健形式 R - LM（LAG）、R - LM（ERR）的显著性，由安瑟林等（Anselin et al.，1996）的判定原则确定。在全国总体、西部地区层面，LM（ERR）和 LM（LAG）均通过了显著性检验，但 LM（ERR）更显著且 R - LM（ERR）的显著性高于 R - LM（LAG），可以判断空间误差模型（SEM）是更为合适的模型。对于东部、中部地区，LM（ERR）和 LM（LAG）也均通过了显著性检验，但 LM（LAG）更显著且 R - LM（LAG）的显著性高于 R - LM（ERR），可以判断空间滞后模型（SAR）是更为合适的模型。

进一步纳入空间效应因素，构建空间滞后模型（SAR）和空间误差模型

（SEM）对中国区域绿色创新效率的绝对 β 空间收敛趋势进行分析。从表3-6可知，无论是全国总体还是东、中、西部地区，β 收敛系数均小于0且通过了1%的显著性检验，说明考虑空间效应后，全国总体及东、中、西部地区仍然存在显著的绝对 β 收敛趋势。从对数似然检验值 $Log（L）$ 及拟合优度 R^2 可以看出，无论是全国总体还是东、中、西部地区，空间滞后模型（SAR）和空间误差模型（SEM）的各项检验值均优于传统绝对 β 收敛模型检验结果，表明考虑了空间效应的收敛模型更为科学合理。从收敛速度 s 和半生命周期 τ 来看，全国的收敛速度为0.0458，半生命周期为15.1377年；东、中、西部地区的收敛速度分别为0.0546、0.0299、0.0493，半生命周期分别为12.6957年、23.1514年、14.0638年。可见，将空间效应纳入模型后，中部地区收敛速度较慢，半生命周期相对较长；东、西部地区收敛速度较快，半生命周期相对较短。相较于传统 β 收敛模型测算结果，无论是全国还是东、中、西部地区，考虑空间效应后的收敛速度均明显提高，半生命周期均明显缩短，这在一定程度上说明空间效应对区域绿色创新效率收敛具有明显的促进作用。从空间滞后系数 ρ 和空间误差系数 λ 看，全国总体及东、中、西部地区的系数均显著为正，这在进一步印证空间效应对区域绿色创新效率收敛具有显著正向作用的同时，也表明各地区对共同外生冲击所表现的空间相关性是互补性的关系。

三、条件 β 收敛分析

绝对 β 收敛检验结果显示中国区域绿色创新效率差距正在逐渐减小，并将逐渐收敛到相同的稳态水平，其严格假定各地区具有相同的经济特征。条件 β 收敛放弃了各地区不存在异质性的假设，认为在影响因素会对不同地区产生不同作用的条件下，各地区最终将收敛到各自的稳态水平。因此，在具体考察中国区域绿色创新效率条件 β 收敛趋势时，需要设置相关控制变量，借鉴已有文献的研究，选择的控制变量包括：

政府资助（gov）：政府可以通过直接或间接的财政支持方式，引导各市场主体参与创新活动，优化资源配置，提升落后地区的绿色创新效率（李平和刘利利，2017）；但过度的干预也会扭曲市场机制，使得区域间不平衡性加剧（刘伟和李绍荣，2001）。采用政府科技经费投入占科技经费筹集总额的比例作为政府资助的衡量指标[①]。

金融支持（fin）：金融体系是影响技术创新发展的重要制度安排之一（唐绪兵和钟叶姣，2005），充分利用金融系统实现技术与资本的有效对接，是提升我

---

① 因数据限制，2006~2009年政府资助指标以科技经费筹集总额中政府资金的比例衡量。

国技术创新能力的重要途径。尤其是落后地区通过金融支持，可以直接引入现有的成熟技术，提升绿色创新效率，实现区域收敛。采用 R&D 经费内部支出中金融机构贷款的比例作为金融支持的衡量指标[①]。

产学研合作（*iur*）：企业、高校和科研机构是区域创新系统内的创新主体和创新的基础力量（李林和傅庆，2014），三者之间的交互作用对创新绩效具有重要的影响（Lundvall，1988；Edquist，1997）。企业、高校和科研机构之间通过各种正式或非正式的合作联结关系，一方面促进了创新主体之间信息的流动和知识的共享，弥补了单一创新主体自主研发知识不足的缺陷；另一方面也促进了创新系统内新知识的快速扩散和采用，进而提升了创新系统的整体绩效（白俊红和蒋伏心，2015）。采用高校和研发机构 R&D 经费内部支出中企业资金的比例作为产学研合作的衡量指标[②]。

基础设施投资（*infr*）：基础设施是创新活动顺利开展的重要支撑，基础设施水平的改善对各地区的技术创新能力有着显著的促进作用（梁超，2012）。赖永剑（2013）研究发现，在公路、铁路、通信、能源四类核心基础设施中，通信基础设施对创新可能性的影响最为突出。创新活动需要大量外界信息和知识的传输，这对通信基础设施提出了较高的要求。考虑到信息水平对创新活动的重要性，借鉴张焕明（2007）、李婧等（2009）的做法，采用邮电业务总量占生产总值的比重作为基础设施投资的衡量指标。

外商直接投资（*fdi*）：外商直接投资作为国际技术溢出的重要载体，是发展中国家提高自身创新能力的重要途径（鲁钊阳和廖杉杉，2012）。钟昌标（2010）认为国内企业通过前后产业链拓展合作获得了外资生产率溢出效应。20世纪 90 年代以来，中国的外商直接投资额逐年增加，很多跨国公司都选择在中国建设工厂以及对基础设施进行投资，进而直接或者间接地影响到中国技术创新水平（张文菲和金祥义，2017）。采用外商直接投资额占地区生产总值的比例作为外商直接投资的衡量指标。

技术转移度（*tdd* 和 *tdf*）：在创新活动中，知识技术转移及其转化程度直接影响创新主体之间的关系及创新结果（胡登峰和李丹丹，2012）。通过技术转移，企业能够不断获得有价值的知识并且促进技术扩散，从而减小不同地区间的技术差距（Teece，1977）。技术转移度按照流入来源，可以区分为国内技术转移度（*tdd*）和国外技术转移度（*tdf*）。其中，国内技术转移度指标采用技术市场技术流向地域合同金额占地区生产总值的比例来表征；国外技术转移度指标采用国外技术引进合同金额占地区生产总值的比例来表征。

---

① 因数据限制，2006~2009 年金融支持指标以科技经费筹集总额中金融机构贷款的比例衡量。
② 因数据限制，2006~2009 年产学研合作指标以高校和研发机构科技经费筹集总额中企业资金的比例衡量。

与绝对 β 收敛一样，首先，应用经典面板数据模型（OLS）对不考虑空间效应的中国区域绿色创新效率条件 β 收敛趋势进行模拟，并检验回归残差的空间相关性，选择合适的空间计量模型（见表 3 – 7）。其次，构建空间滞后模型（SAR）和空间误差模型（SEM）对考虑了空间效应的中国区域绿色创新效率条件 β 空间收敛趋势进行空间计量分析（见表 3 – 8）。

表 3 – 7 　　　　　　　传统条件 β 收敛模型参数估计及检验结果

变量	全国	东部地区	中部地区	西部地区
α	– 0. 1172 * (0. 0547)	– 0. 1855 ** (0. 0319)	0. 1033 (0. 3806)	– 0. 1123 (0. 4218)
β	– 0. 1433 *** (0. 0000)	– 0. 1563 *** (0. 0017)	– 0. 2015 *** (0. 0013)	– 0. 1998 *** (0. 0003)
gov	0. 0545 (0. 6196)	– 0. 2963 (0. 1835)	– 0. 4839 * (0. 0730)	0. 2976 (0. 1330)
fin	0. 4357 (0. 4665)	0. 8882 (0. 2930)	– 0. 4332 (0. 7451)	0. 2727 (0. 8162)
iur	0. 4955 ** (0. 0179)	0. 5254 * (0. 0880)	0. 2355 (0. 5661)	0. 5578 (0. 2958)
$infr$	– 1. 676 *** (0. 0017)	– 0. 0584 (0. 9440)	– 2. 6360 ** (0. 0246)	– 2. 7233 *** (0. 0037)
fdi	0. 0586 ** (0. 0278)	0. 0500 * (0. 0971)	– 0. 2364 (0. 4996)	0. 1212 (0. 7699)
tdd	– 2. 7128 (0. 1046)	2. 8666 (0. 2250)	– 8. 0820 (0. 2035)	– 12. 5762 *** (0. 0024)
tdf	5. 6963 ** (0. 0221)	3. 7677 (0. 1941)	40. 2263 * (0. 0569)	7. 0864 (0. 2043)
S	0. 0141	0. 0155	0. 0205	0. 0203
τ	49. 2968	44. 8617	33. 8841	34. 2074
R^2	0. 1188	0. 1433	0. 1812	0. 2212
$Rbar – R^2$	0. 0946	0. 0754	0. 0890	0. 1595
$Log（L）$	45. 1802	35. 2044	25. 9850	3. 6870
$LM（LAG）$	13. 1468 *** (0. 0000)	10. 7078 *** (0. 0010)	2. 2020 (0. 1380)	3. 6499 * (0. 0560)
$R – LM（LAG）$	0. 7931 (0. 3730)	8. 7915 *** (0. 0030)	0. 1941 (0. 6600)	0. 0125 (0. 9110)
$LM（ERR）$	12. 3801 *** (0. 0000)	7. 5063 *** (0. 0060)	2. 9219 * (0. 0870)	4. 5057 ** (0. 0340)
$R – LM（ERR）$	0. 0264 (0. 8710)	5. 5900 ** (0. 0180)	0. 9139 (0. 3390)	0. 8683 (0. 3510)

注：括号内的数值为 p 值；* 、** 和 *** 分别表示在 10% 、5% 和 1% 的水平下显著。

表3-8

条件 β 空间收敛模型参数估计及检验结果

变量	全国 SAR 模型	全国 SEM 模型	东部地区 SAR 模型	东部地区 SEM 模型	中部地区 SAR 模型	中部地区 SEM 模型	西部地区 SAR 模型	西部地区 SEM 模型
β	-0.4279*** (0.0000)	-0.4321*** (0.0000)	-0.4737*** (0.0000)	-0.4797*** (0.0000)	-0.4233*** (0.0000)	-0.4384*** (0.0000)	-0.4370*** (0.0000)	-0.4270*** (0.0000)
ρ or λ	0.1770*** (0.0069)	0.2030*** (0.0051)	0.2220** (0.0101)	0.2280** (0.0146)	0.2361** (0.0123)	0.2580*** (0.0070)	0.2150** (0.0429)	0.2820** (0.0145)
gov	0.2432 (0.4811)	0.3723 (0.2872)	0.3460 (0.5240)	0.1258 (0.8164)	-1.4325** (0.0313)	-0.9833* (0.0993)	1.1302* (0.0615)	1.4046** (0.0275)
fun	-1.0945* (0.0885)	-1.1250* (0.0862)	-0.3678 (0.6699)	-0.3319 (0.7223)	-3.2142** (0.0431)	-3.5655*** (0.0082)	-0.0782 (0.9462)	0.2046 (0.8545)
iur	-0.0461 (0.9104)	0.0642 (0.8722)	0.1546 (0.8445)	0.0634 (0.9378)	0.0400 (0.9563)	0.5724 (0.3203)	-0.6677 (0.3179)	-0.6565 (0.3233)
infr	-1.9498*** (0.0005)	-2.1582*** (0.0009)	-0.5626 (0.5299)	-0.0085 (0.9936)	-2.1524* (0.0874)	-1.5636 (0.2467)	-3.8129*** (0.0002)	-4.3572*** (0.0002)
fdi	0.0602* (0.0722)	0.0594* (0.0792)	0.0549* (0.0742)	0.0505 (0.1153)	-0.5530 (0.3422)	-0.8172 (0.1150)	0.7352 (0.3067)	0.7162 (0.3124)
tdd	-1.3550 (0.6032)	-2.1337 (0.4194)	4.0654 (0.1812)	4.2491 (0.1712)	2.6558 (0.7649)	-0.1584 (0.9839)	-11.6550** (0.0165)	-13.9801*** (0.0040)
tdf	3.0025 (0.3333)	2.8761 (0.3589)	4.9585 (0.1747)	4.8516 (0.1987)	34.1448 (0.2773)	24.7387 (0.3721)	2.1397 (0.7133)	3.4974 (0.5415)
S	0.0508	0.0514	0.0584	0.0594	0.0500	0.0525	0.0522	0.0506
τ	13.6534	13.4756	11.8785	11.6700	13.8520	13.2150	13.2723	13.6919
R^2	0.3249	0.3013	0.3859	0.3246	0.2608	0.3506	0.4013	0.3698
$Rbar-R^2$	0.2637	0.2636	0.3145	0.2800	0.3258	0.3186	0.3430	0.3462
Log(L)	83.2113	83.3799	52.1130	50.7402	37.0289	38.6295	17.2620	17.8619

注：括号内的数值为p值；*、**和***分别表示在10%、5%和1%的水平下显著。

由表 3 - 7 可以看出，无论是全国总体还是东、中、西部地区，β 系数都小于 0 且均通过了 1% 的显著性检验，说明在不考虑空间效应的情况下，全国总体及东、中、西部地区均存在显著的条件 β 收敛趋势，即随着时间的推移，各地区的绿色创新效率会趋向于各自的稳态水平。从收敛速度与半生命周期来看，全国的收敛速度为 0.0141，半生命周期为 49.2968 年；东、中、西部地区的收敛速度分别为 0.0155、0.0205、0.0203，半生命周期分别为 44.8617 年、33.8841 年、34.2074 年。可见，与传统绝对 β 收敛模型所得结果一致，东部地区收敛速度较慢，半生命周期相对较长；中、西部地区收敛速度较快，半生命周期相对较短。但不同的是，加入控制变量后，传统条件 β 收敛模型所得出的收敛速度更快，半生命周期更短，说明所引入的控制变量总体上对区域绿色创新效率收敛性产生促进作用。

拉格朗日乘数（LM）检验结果表明，全国总体和东部地区的 LM（ERR）和 LM（LAG）均通过了 1% 的显著性检验，但 LM（LAG）更显著且 R - LM（LAG）的显著性高于 R - LM（ERR），可以判断空间滞后模型（SAR）是更为合适的模型。中部地区的 LM（ERR）通过了 10% 的显著性检验，而 LM（LAG）不显著可以判断空间误差模型（SEM）是更为合适的模型。西部地区的 LM（ERR）和 LM（LAG）分别通过了 5% 和 10% 的显著性检验，LM（ERR）更显著且 R - LM（ERR）的显著性高于 R - LM（LAG），可以判断空间误差模型（SEM）是更为合适的模型。

进一步纳入空间效应分析条件 β 空间收敛模型的估计结果，从表 3 - 8 可以看出，无论是全国总体还是东、中、西部地区，空间滞后系数 ρ 和空间误差系数 λ 均显著为正，说明空间效应对区域绿色创新效率收敛具有明显的促进作用。而 β 系数都小于 0 且均通过了 1% 的显著性检验，说明全国总体及东、中、西部地区均存在显著的条件 β 收敛趋势。与绝对 β 空间收敛模型（见表 3 - 6）、传统条件 β 收敛模型（见表 3 - 7）估计结果相比，条件 β 空间收敛模型的对数似然检验值 Log（L）、拟合优度 R^2 等各项估计值更大，说明采用条件 β 空间收敛模型更为合适。从收敛速度 s 和半生命周期 τ 来看，全国总体及东、中、西部地区的收敛速度分别为 0.0508、0.0584、0.0525、0.0506，半生命周期分别为 13.6534 年、11.8785 年、13.2150 年、13.6919 年。这一结果比绝对 β 空间收敛模型（见表 3 - 6）、传统条件 β 收敛模型（见表 3 - 7）的收敛速度更快、半生命周期更短，这也说明空间效应和控制变量均对区域绿色创新效率收敛具有明显的促进作用。

从控制变量看，在全国层面，金融支持、基础设施投资、外商直接投资三个变量均通过了显著性检验，系数分别为 - 1.0945、- 1.9498 和 0.0602，表明金融支持、基础设施投资对绿色创新效率增长具有显著的负向影响，而外商直接投资则具有显著的正向作用。

就金融支持而言，企业的创新活动离不开金融体系的有效支持，但在目前的金融体制下，作为创新主力军、急需信贷资金的民营企业或科技型中小微企业很难获得贷款，而资金相对充裕的国有企业和大中型企业却备受银行贷款青睐。银行体系所表现出的"所有制歧视"和"规模歧视"现象，割裂了金融市场的整体性和完整性，导致金融市场扭曲形成金融错配问题（康志勇，2014），抑制了企业的创新活动和绿色创新效率提升。

就基础设施投资而言，基础设施的完善可以为区域创新活动的开展提供有利的条件支撑，促进区域绿色创新效率提升。但由政府主导的基础设施投资对区域创新效率也存在特定的负面效应，即基础设施投资的增加会挤占地方政府对企业绿色创新的补贴和投入，使其对绿色创新效率的影响从"促进效应"向"抑制效应"转变（潘雅茹和罗良文，2019），进而引起区域绿色创新效率的损失。

就外商直接投资而言，FDI 带来了先进知识、技术、管理经验和生产工业，使本地区企业可以近距离地学习、模仿与创新，提升了自身的绿色创新效率。但FDI 也加大了内资企业因市场竞争而从事研发创新的压力，导致内资企业加速科技创新与管理创新，以实现对外资企业先进技术的赶超（李政等，2017），这种竞争效应迫使内资企业提升绿色创新效率。

在区域层面，东部地区的外商直接投资对绿色创新效率增长具有显著的正向影响；中部地区的政府资助和金融支持均对绿色创新效率增长具有显著的负向影响；西部地区的政府资助对绿色创新效率增长具有显著的正向影响，但基础设施投资、国内技术转移度对绿色创新效率增长具有显著的负向影响。这表明由于地理位置、要素禀赋、经济发展水平的差异，各外生性因素对不同地区绿色创新效率增长的影响不尽相同。

第五节　稳健性检验

上述研究基于 SBM – DEA 模型测算中国区域绿色创新效率，进而考察其时空跃迁类型、路径及收敛趋势。但该模型的度量结果通常会存在多个决策单元的效率值同时为 1 而无法进行比较的问题，从而导致研究结果产生偏差。比如北京、天津、上海、广东的绿色创新效率值均为 1，但事实上这些省份的绿色创新效率并不完全相同。为了克服这一弊端，本章进一步基于托恩（2002）提出的 SUPER – SBM 模型重新测算中国区域绿色创新效率，进而分别运用绝对 β 空间收敛模型、条件 β 空间收敛模型考察效率测算误差对参数估计的影响，检验研究结论的稳健性。SUPER – SBM 模型结合了超效率 DEA 模型和 SBM 模型的优势，能够有效对处于前沿面的决策单元进行排序，其模型构建形式为：

$$\rho^* = \min \frac{\frac{1}{m}\sum_{i=1}^{m}\frac{\bar{x}}{x_{i0}}}{\frac{1}{s_1+s_2}\left(\sum_{r=1}^{s_1}\frac{\overline{y_r^g}}{y_{r0}^g}+\sum_{r=1}^{s_2}\frac{\overline{y_r^b}}{y_{r0}^b}\right)}$$

$$\text{s. t.}\begin{cases}\bar{x}\geqslant\sum_{j=1,\neq0}^{n}\lambda_j x_j \\ \overline{y}^g\leqslant\sum_{j=1,\neq0}^{n}\lambda_j y_j^g \\ \overline{y}^b\geqslant\sum_{j=1,\neq0}^{n}\lambda_j y_j^b \\ \bar{x}\geqslant x_0,\ \overline{y}^g\leqslant y_0^g,\ \overline{y}^b\geqslant y_0^g,\ \lambda\geqslant0\end{cases} \quad (3.20)$$

式（3.20）中，ρ^* 为目标效率值，其他变量含义与式（3.1）相同。

另外，在空间计量模型的权重矩阵构造上，出于设定简单便捷的考虑，本章所采用的是最为经典、应用最为广泛的二元连接矩阵，即基于空间相邻的 $0 \sim 1$ 变量构建空间权重矩阵。该权重矩阵假定两个地区之间不相邻则没有联系，但这一设定与现实情况并不完全吻合。事实上，虽然地区之间的经济行为具有显著的空间相关性，但不相邻的地区之间也会存在一定的经济联系。因此，进一步依据施利特和帕斯（Schlitte and Paas，2008）的方法构建反距离空间权重矩阵，对绝对 β 空间收敛模型、条件 β 空间收敛模型进行重新估计，以考察权重设定误差对参数估计的影响，检验估计结果的稳健性。反距离空间权重矩阵借鉴了托布勒（Tobler，1970）提出的地理学第一定律的思想，假定两个地区之间的距离越近，相互之间的影响越大，则赋予较大权重；反之，则赋予较小权重。其表达式为：

$$W_{ij}=\begin{cases}1/d^2 & (i\neq j) \\ 0 & (i=j)\end{cases} \quad (3.21)$$

式（3.21）中，d 为两个地区地理中心位置之间的距离，此距离根据国家基础地理信息系统 $1:400$ 万电子地图，利用 ArcGis 软件测量得到。

综上所述，分别基于 SBM – DEA 模型和反距离空间权重矩阵、SUPER – SBM 模型和反距离空间权重矩阵、SUPER – SBM 模型和 $0 \sim 1$ 空间权重矩阵三种情形对中国绿色创新效率的空间收敛性进行重新估计，三种情形下绝对 β 空间收敛模型、条件 β 空间收敛模型的估计结果分别如表 3 – 9、表 3 – 10 所示。结果显示，无论是空间滞后模型（SAR）还是空间误差模型（SEM），三种情形下的空间滞后系数或空间误差系数均与前文结果接近，且均通过了 5% 的显著性检验，说明绿色创新效率的空间自相关性特征依然显著存在。从绝对 β 收敛和条件 β 收敛的系数来看，三种情形下的系数值均小于 0 且通过了 1% 的显著性检验，表明中国绿色创新效率依然存在显著的绝对 β 收敛和条件 β 收敛趋势。从条件 β 收敛的影响因素看，各控制变量在三种情形下对绿色创新效率收敛的影响与前文基于 SBM – DEA 模型和 0～1 空间权重矩阵情形的估计结果基本一致。这说明虽然效率测度模型、空间权重矩阵的设定形式有所改变，但并没有改变前文的研究结论，回归结果具有稳健性。

表 3 – 9　　　　　　　　　　绝对 β 空间收敛的稳健性检验回归结果

变量	基于 SBM – DEA 模型和反距离空间权重矩阵		基于 SUPER – SBM 模型和反距离空间权重矩阵		基于 SUPER – SBM 模型和 0～1 空间权重矩阵	
	SAR 模型	SEM 模型	SAR 模型	SEM 模型	SAR 模型	SEM 模型
β	– 0. 3828 *** (0. 0000)	– 0. 4137 *** (0. 0000)	– 0. 3733 *** (0. 0000)	– 0. 3906 *** (0. 0000)	– 0. 3786 *** (0. 0000)	– 0. 4053 *** (0. 0000)
ρ or λ	0. 2870 *** (0. 0010)	0. 3430 *** (0. 0003)	0. 2159 *** (0. 0010)	0. 2330 *** (0. 0011)	0. 2990 *** (0. 0006)	0. 3499 *** (0. 0002)
S	0. 0439	0. 0485	0. 0425	0. 0450	0. 0433	0. 0472
τ	15. 8003	14. 2804	16. 3168	15. 3945	16. 0255	14. 6712
R^2	0. 2691	0. 2375	0. 2748	0. 2385	0. 2720	0. 2385
$Rbar – R^2$	0. 1826	0. 1965	0. 1879	0. 1934	0. 1815	0. 1934
$Log（L）$	70. 8757	72. 6965	63. 7921	64. 6701	63. 2323	64. 6337
$LM（LAG）$	16. 0781 *** (0. 0000)		28. 0864 *** (0. 0000)		18. 9246 *** (0. 0000)	
$R – LM（LAG）$	0. 2845 (0. 5940)		0. 0729 (0. 7870)		4. 1980 ** (0. 0400)	
$LM（ERR）$	17. 1580 *** (0. 0000)		29. 6162 *** (0. 0000)		21. 9937 *** (0. 0000)	
$R – LM（ERR）$	1. 3644 (0. 2430)		1. 6027 (0. 2060)		7. 2671 *** (0. 0070)	

注：括号内的数值为 p 值；** 、*** 分别表示在 5%、1% 的水平下显著。

表 3 – 10　　　　　　　　　条件 β 空间收敛的稳健性检验回归结果

变量	基于 SBM – DEA 模型和反距离空间权重矩阵		基于 SUPER – SBM 模型和反距离空间权重矩阵		基于 SUPER – SBM 模型和 0 ~ 1 空间权重矩阵	
	SAR 模型	SEM 模型	SAR 模型	SEM 模型	SAR 模型	SEM 模型
β	– 0.4313 *** (0.0000)	– 0.4400 *** (0.0000)	– 0.4266 *** (0.0000)	– 0.4284 *** (0.0000)	– 0.4283 *** (0.0000)	– 0.4354 *** (0.0000)
ρ or λ	0.2240 ** (0.0146)	0.2050 ** (0.0165)	0.1770 *** (0.0071)	0.2030 *** (0.0051)	0.2350 ** (0.0101)	0.2450 ** (0.0165)
gov	0.2574 (0.4569)	0.3400 (0.3368)	0.2500 (0.4827)	0.3765 (0.2969)	0.2671 (0.4537)	0.3466 (0.3424)
fin	– 1.0689 * (0.0977)	– 1.0833 (0.1009)	– 1.0954 * (0.0993)	– 1.1235 * (0.0976)	– 1.0502 (0.1152)	– 1.0639 (0.1193)
iur	0.0285 (0.9447)	0.0894 (0.8259)	– 0.1120 (0.7904)	0.0069 (0.9866)	– 0.0414 (0.9218)	0.0231 (0.9560)
infr	– 1.9668 *** (0.0004)	– 2.1054 *** (0.0019)	– 1.8959 *** (0.0010)	– 2.0806 *** (0.0019)	– 1.9090 *** (0.0009)	– 2.0405 *** (0.0035)
fdi	0.0641 * (0.0569)	0.0604 * (0.0757)	0.0534 (0.1233)	0.0522 (0.1355)	0.0569 (0.1015)	0.0533 (0.1293)
ktdd	– 1.5313 (0.5591)	– 2.0789 (0.4307)	– 1.3136 (0.6256)	– 2.0667 (0.4492)	– 1.5291 (0.5717)	– 2.0521 (0.4514)
ktdf	2.4427 (0.4344)	2.4244 (0.4429)	3.7333 (0.2437)	3.6220 (0.2633)	3.1625 (0.3260)	3.1895 (0.3280)
S	0.0513	0.0527	0.0506	0.0508	0.0508	0.0520
τ	13.5092	13.1500	13.7091	13.6320	13.6363	13.3382
R^2	0.3189	0.3013	0.3196	0.2960	0.3155	0.2961
$Rbar – R^2$	0.2657	0.2636	0.2556	0.2544	0.2581	0.2544
$Log\ (L)$	82.1004	81.9076	73.9310	73.8649	73.1508	72.7263
LM (LAG)	9.4102 *** (0.0020)		9.9127 *** (0.0020)		12.5579 *** (0.0000)	
R – LM (LAG)	5.6367 ** (0.0180)		6.1562 ** (0.0130)		1.1856 (0.2760)	
LM (ERR)	5.9860 ** (0.0140)		6.3532 ** (0.0120)		11.3909 *** (0.0010)	
R – LM (ERR)	2.2124 (0.1370)		2.5966 (0.1070)		0.0186 (0.8920)	

注：括号内的数值为 p 值；*、** 和 *** 分别表示在 10%、5% 和 1% 的水平下显著。

第六节 本 章 小 结

本章基于 2006～2017 年中国 30 个省级行政区的面板数据，构建 SBM – DEA 模型对各省份的绿色创新效率及其区域差异进行测算，建立空间计量模型进一步探究中国区域绿色创新效率的时空跃迁类型、路径及空间收敛趋势。研究结果表明：

第一，中国区域绿色创新效率存在较大的空间差异性，其空间分布呈现出显著的正向空间相关性。效率测度结果表明，中国区域绿色创新效率表现为从东部向中、西部地区递减的阶梯形分布特征，且东、中部地区之间的差距远高于中、西部地区之间的差距。Moran's I 检验发现，中国区域绿色创新效率呈现出显著的正向空间相关性，表明区域创新活动存在明显的空间溢出和扩散效应，在研究时不应忽视空间效应。

第二，中国区域绿色创新效率时空跃迁类型表现出高度的空间稳定性，时空演变具有较强的路径依赖特征。时空跃迁分析结果表明，中国区域绿色创新效率存在明显的"高高—高效型"和"低低—低效型"各自集聚的空间结构特征和低流动性特征，时空跃迁类型表现出高度的空间稳定性，大多数省份并未脱离其原来的集聚范畴，"核心—边缘"空间分布格局已初步形成并产生"锁定"，时空演变具有较强的路径依赖特征。

第三，中国各地区绿色创新效率不仅存在显著的绝对 β 空间收敛趋势，而且也存在着显著的条件 β 空间收敛趋势。在全国层面，金融支持、基础设施投资对绿色创新效率收敛具有显著的负向影响，而外商直接投资对绿色创新效率收敛具有显著的正向作用；在区域层面，由于地理位置、要素禀赋、经济发展水平的差异，各外生性因素对不同地区绿色创新效率收敛的影响不尽相同。

针对中国区域绿色创新效率时空跃迁及空间收敛的演变趋势，可以通过引导要素合理流动、优化创新资源配置、激发创新活力等方式，缩小区域间绿色创新效率的差距，促进区域经济协调可持续发展。基于上述研究结论，提出以下政策建议：

第一，在国家层面统筹区域绿色创新发展策略，采取差异化的政策措施。由于中国区域绿色创新效率存在较大的空间差异性，且外生性因素对不同地区绿色创新效率增长的影响不尽相同。因此，中央政府应因地制宜采取有针对性的、差异化的政策措施。对于拥有良好外部环境、位于效率前沿面的东部发达地区，政府一方面应鼓励东部地区大力开展自主创新、引进消化吸收再创新以及集成创新，以保持技术领先地位和竞争优势；另一方面还应兼顾环境保护，制定比中、西部地区更为严格的且设计恰当的环境规制政策和标准，促使东部地区绿色创新效率迈向更好的、更健康的发展水平。对于外部环境相对较差、绿色创新效率低下的中、西部地区，政府一方面应加大对中、西部地区的政策倾斜和财政支持，以政策性的优势抵补区域性的劣势，助推中、西部地区绿色创新水平提升；另一方面还应制定更优惠的政策，引导高质量外资更多地投向中、西部地区，鼓励东部地区向中、西部地区转让符合其生态功能定位的先进技术，以填平中、西部地区的"效率洼地"，缩小东部与中、西部地区之间的差距，实现不同区域之间绿色创新效率收敛。

第二，高度重视绿色创新活动的空间相关性和非均衡性特征，充分发挥空间溢出效应。由于中国区域绿色创新效率具有显著的正向空间相关性，各省份的绿色创新水平会受到邻近省份的影响。因此，政府首先应高度重视区域绿色创新活动的空间关联，加强相邻地区之间的合作，搭建跨地区的绿色创新合作平台，建立创新资源的共享机制，以优化绿色创新活动的空间布局，发挥各地区的比较优势，避免同一区域产业同质化和恶性竞争。其次，政府应重点关注 Moran's I 散点图中"低低—低效型"的省份，以防止这些省份陷入路径依赖的陷阱，被"锁定"在低效率状态。对于这些省份，应在其内部率先培育若干有基础和发展潜力的城市，将其建设成全省绿色创新增长极，并通过支配效应、乘数效应和极化与扩散效应，对周边城市绿色创新活动产生辐射带动作用，进而提升这些省份整体绿色创新效率。最后，对于 Moran's I 散点图中"高低—极化型"的省份，政府应深化改革力度，采取富邻措施，通过区域高水平协同创新和专业化产业合作，化"虹吸效应"为"辐射效应"，积极带动周边落后省份，提升落后省份的追赶效应。

第三，切实转变政府职能，充分发挥政府在推进企业绿色技术创新中的引导作用。目前在我国绿色创新投入体系中，政府资助对绿色创新效率的影响并不显著，存在一定的"政府失灵"，而金融支持对绿色创新效率的作用显著为负。因此，首先，政府应营造公平竞争的创新环境和制度保障，坚持以市场调节为主要手段，减少行政对市场的过度干预和垄断。其次，政府在财税政策等方面应多支持那些急需资金且绿色创新能力强的民营和小微企业，并引导银行加大对这类企业的信贷支持。再次，政府应进一步完善科技政策、科技计划（项目）、创新环境等，以绿色科技项目为引导，鼓励企业与高校、科研院所之间进行技术交流和合作，建立以企业为主体的绿色技术创新体系。最后，政府应倾向于使用财政、经济等手段，建立和完善具有"内在约束力量"的环境经济政策体系，形成企业有效配置环境资源的长效机制，并通过建立绿色创新成果转化机制、强化绿色技术知识产权保护等手段，激发企业进行绿色技术创新的积极性。

第四章

协同创新与中国区域绿色创新效率[*]

第一节　问题的提出

一、研究背景

纵观全球，协同创新已经成为创新型国家和地区提高自主创新能力的全新组织模式。随着技术创新复杂性的增强、技术创新速度的加快以及经济全球化的发展，当代技术创新模式已突破传统的线性和链式模式，逐步演变为以多元主体协同互动为基础的协同创新模式（陈劲和阳银娟，2012）。协同创新是以区域创新系统内部企业、高等院校、科研机构、政府、金融中介等创新主体之间通过协同互动等方式，组织创新资源以获得创新成果。其中，企业、高等院校、科研机构是创新的直接主体，政府和金融中介作为间接主体参与创新（白俊红和蒋伏心，2015）。不同创新主体通过思想、知识、专门技术和机会的共享，可以创造跨越企业边界的创新，使企业弥合已有创新水平和所需创新水平之间的差距，提升企业的技术创新能力和绩效（Ketchen et al.，2008）。

近年来，协同创新已成为我国整合创新资源、提高创新效率的有效途径。我国政府高度重视协同创新，并出台了一系列政策措施，有力促进了企业、高校、科研机构、金融机构等创新主体之间开展协同创新。根据世界经济论坛发布的《全球竞争力报告》显示，我国产学研协同创新能力（University-industry collaboration in R&D）已由 2012～2013 年度的第 35 位^①，上升到 2017～2018 年度的第

＊　本章内容及观点已刊登在《中国科技论坛》2021 年第 11 期。
①　World Economic Forum. The global competitiveness report 2012－2013 [R]. Geneva，2012：139.

28 位①，反映出企业从依托内部力量向借助外部资源进行创新的转变。然而也应清醒看到，我国协同创新发展还存在着一些问题和短板，尤其是创新系统各主体在协同创新过程中仍然面临诸多问题，如协同创新体系不够完善、协同创新体制机制滞后、利益分配机制不健全、信息不对称、价值取向不一致、合作方式过于单一、不注重分工协作、各自为战的情形仍然存在等（杨果，2018），导致创新系统主体间难以有效协同。在此背景下，研究协同创新对中国区域绿色创新效率的影响，有助于深入了解我国区域协同创新存在的主要问题，丰富区域协同创新理论，对政府制定科技创新政策也具有重要启示。

二、文献综述

从现有研究来看，国内外关于协同创新对创新绩效影响的研究已经逐步兴起。一方面，学者们从微观层面研究协同创新与创新绩效之间的关系。凯钦等（Ketchen et al.，2008）认为合作创业能使小企业保持创造力和灵活性，而协同创新有利于大企业在现有领域之外寻找机会。解学梅（2010）基于 188 家中小型制造业企业的问卷调查数据，运用结构方程模型探讨不同的协同创新网络和企业创新绩效的关系，发现"企业—企业""企业—中介"和"企业—研究组织"等协同创新网络对企业创新绩效有着显著的正向效应，而"企业—政府"协同创新网络并没有产生直接效应，但却存在显著的间接效应。骑（Marchi，2012）通过控制选择偏差以及计量经济学评估的方法对生产企业进行研究，发现绿色创新中与外部企业的合作非常重要，环境创新型企业与外部合作伙伴在创新方面的合作程度要远高于其他创新型企业。吴悦和顾新（2012）基于知识协同的前提条件从准备、运行、终止三个阶段构建了产学研协同创新的知识协同过程模型，其研究认为企业通过产学研创新链条促进科技成果产业化，促进产业集群创新网络从单个企业研发、企业创新思维沟通、产业创新扩散到产学研结合，从而最大可能地通过协同缩短创新成本和提高创新能力。胡宝贵和庞洁（2016）运用多分类 Logistic 回归模型，以动态 DEA 模型计算所得的技术创新效率值作为因变量，考察不同主体协同创新对农业产业化龙头企业的技术创新绩效影响程度，其研究发现企业与创新各主体进行协同创新过程中存在无效率的情况，企业通过与高校、科研机构建立长期合作可以提高技术创新效率，但效果并不显著，政府在协同创新中发挥着重要作用。康益敏等（2019）实证分析了伙伴关系对协同创新和企业创新绩效的影响，发现伙伴关系对企业创新绩效具有显著正向影响，协同创新在两者关系中起中介作用，认知多样性正向调节了伙伴关系和协同创新之间的关系，

---

① World Economic Forum. The global competitiveness report 2017 – 2018［R］. Geneva, 2017：91.

知识共享正向调节了协同创新与创新绩效之间的关系，且正向调节了协同创新的中介作用。

另一方面，学者们从产业层面研究协同创新对创新绩效的影响。孙（Sun，2002）研究了中国大中型制造业企业的创新行为，认为工业创新是国家创新体系的重要组成部分，中国工业创新的主要来源是内部研发，而不是引进技术。孙玮等（2009）分析了不同 R&D 投入主体对中国高技术产业的创新绩效及其分解变动的影响，发现银行作为金融主体的代表显著促进了中国高技术产业技术进步和技术效率的提升，而政府投入在推动中国高技术产业技术进步的同时，限制了技术效率水平的提高。苏和杜（Sun and Du，2010）分析了企业内部研发、国内外技术转移、外资溢出效应和出口对中国产业技术创新的影响，认为企业内部研发已成为中国产业技术创新最重要的源泉，而国内外技术转移对中国产业技术创新的影响相对较小，外商投资对专利授权溢出效应的影响显著，出口对新产品开发有显著的正向影响。吴佐等（2013）对中国 33 个两位码工业行业面板数据进行研究，发现不同行业的创新机会差异使得政府研发投入的贡献在不同行业之间也存在明显差别，国有企业的弱创新激励以及易获得政府研发资源的特性对中国产业的创新绩效具有两面性，政府研发资源配置过程中的企业寻租行为不利于中国产业创新绩效的改善。

此外，学者们还从宏观区域层面进行了研究。弗里奇和斯拉夫切夫（Fritsch and Slavtchev，2011）的研究发现来自私营部门内部以及大学和其他公共研究机构的溢出效应对私营部门研发效率具有积极影响，尤其是私营部门与公共部门研发之间的互动强度提高了研发效率。樊琦和韩民春（2011）的研究表明我国政府创新 R&D 补贴投入政策对提高国家及区域自主创新产出有十分显著的影响，且我国政府创新 R&D 补贴投入对经济相对发达地区和科研基础较好地区自主创新产出影响的弹性系数整体上明显大于经济相对落后地区。贺灵等（2012）运用协同度模型测度了中国各省级区域创新网络要素间的协同能力，并实证分析了要素及其协同能力对中国各地区科技创新绩效的影响，发现中国各区域创新网络要素间协同度、科技创新绩效呈改善趋势，但总体水平较低；创新主体素质、金融机构及技术中介服务水平、政府支持力度、知识转移与应用效率及创新要素全面协同对中国区域科技创新绩效具有显著的正向影响。特里古罗等（Triguero et al.，2013）从市场供需角度对 23 个欧洲国家中小企业绿色创新效率的影响机制进行研究，发现与大学和研究机构的合作程度、环境管制和补贴对小型企业绿色创新效率提升至关重要。布勒克尔（Broekel，2015）采用于覆盖 270 个德国劳动力市场区域和 4 个产业的面板数据进行研究，发现研发合作补贴是刺激区域创新效率的合适政策措施，创新能力较低的地区从区域企业之间的合作和与非区域公共研究机构的补贴联系中获益最大。而对创新能力较强的地区来说，与非区域大学的合作补贴更为重要。白俊红和蒋伏心（2015）实证考察了协同创新与空间关联对区域创新绩效的影响，发现在协同创新过程中，政府科技资助、企业与高校的联结以及企业与科研机构的联结对中国区域创新绩效有显著的正向影响，而金融机构资助则产生显著的负向影响；区域间创新要素的动态流动有利于知识的空间溢出，从而促进了中国区域创新绩效的提升。蒋伏心等（2015）实证分析了产学研协同创新与中国区域创新绩效的关系，结果表明产学研协同度对中国区域创新绩效短期内有显著的正向影响；中国区域创新绩效水平本身存在明显的动态效应，且人力资本、经济规模与研发资本存量都显著影响中国区域创新绩效的提升；中国东部地区从产学研协同中获得创新绩效的提升要大于中西部地区。刘友金等（2017）实证分析了产学研协同对中国各省市创新绩效的影响，结果表明企业与科研院所各自内部协同、政府的支持对中国区域创新绩效产生了明显的积极影响，且影响系数较大，而产学研全面协同及高校自身内部协同的影响力却不及预期；人力资本、产权制度安排、地区市场化水平在中国区域技术创新中也发挥着重要作用。王雪莹（2018）实证分析了长江经济带协同创新能力与创新绩效的关系，发现长江经济带的整个创新系统虽然处于协同创新的状态，但协同创新度并不高；长江经济带的创新绩效保持在 0.8 左右，并出现下降的趋势；协同创新和经济规模对长江经济带的创新绩效具有正向影响。范斐等（2020）运用门槛回归模型分析在不同经济发展水平条件下区域协同创新对创新绩效的影响机制，发现区域协同创新对于区域创新绩效的提升具有促进作用，区域创新绩效与区域协同创新核心解释变量之间存在着非线性关系，专利合作数对区域创新绩效的影响呈现正向双门槛特征，科技论文合作数对区域创新绩效的影响呈现正向单门槛特征，两者对区域创新绩效的影响都随着经济发展水平的提升呈现出不同程度的下降趋势。

综上所述，国内外学者对协同创新与创新绩效之间的关系等方面进行了深入探索，对本章研究的展开具有重要启示，但在以下几个方面有待进一步研究：一是已有研究主要集中在创新系统主体间协同机理、运行机制、演化博弈与协同能力评价等方面，而就创新系统主体间协同关系对区域创新绩效影响的探讨则相对欠缺。事实上，创新系统各主体具有不同的战略目标，各主体对合作所产生的效益会有不同的预期（Bonaccorsi and Piccalugadua，1994），如何通过政策引导和制度安排，调动创新系统各主体的积极性，进而促进区域创新绩效提升，目前还缺少相关的研究。二是已有研究估算了协同创新的"协同度"及其对区域创新绩效的影响效应，但均未采用面板向量自回归（PVAR 模型）方法分析创新主体间协同关系对创新绩效的动态影响、冲击效应及其区域异质性。且均忽略了在创新绩效水平不同的地区，创新主体间协同关系对创新绩效的影响也可能存在差异。因此，有必要进一步探讨创新主体间协同关系对区域创新绩效的影响规律，以发现隐藏在数据背后的更有价值的结论。

鉴于此，本章基于 2006～2017 年的中国省级面板数据，在对创新系统内各创新主体之间的协同关系进行界定的基础上，运用 DEA - Tobit 回归模型和分位数回归模型分析创新主体间协同关系对绿色创新效率及其条件分布的影响，构建面板向量自回归模型（PVAR 模型）并利用脉冲响应函数探讨了创新主体间协同关系对绿色创新效率的动态冲击影响，基于方差分解方法进一步分析创新主体间协同关系影响绿色创新效率结构冲击的贡献度，以期从协同创新的视角揭示中国区域绿色创新效率提升的关键影响因素，为推动区域创新驱动发展战略实施提供可操作性的政策建议。

第二节　模型、变量与数据

一、模型与方法

（一）DEA - Tobit 两步法

1. SBM - DEA 模型

传统的 DEA 模型大多属于径向和角度的度量，不能充分考虑到投入产出的松弛性问题，也不能准确地度量当存在非期望产出时的效率值。为了克服这些缺陷，托恩（2001）提出了基于松弛变量的非径向、非角度的 SBM - DEA 模型，假设生产系统有 n 个决策单元，每个决策单元均有投入 X、期望产出 Y^g 和非期望产出 Y^b 三个向量，其元素可以表示成 $x \in R^m$，$y^g \in R^{S_1}$ 及 $y^b \in R^{S_2}$，定义矩阵 X，Y^g，Y^b 如下：$X = [x_1, \cdots, x_n] \in R^{m \times n}$，$Y^g = [y_1^g, \cdots, y_n^g] \in R^{S_1 \times n}$，$Y^b = [y_1^b, \cdots, y_n^b] \in R^{S_2 \times n}$，其中，$x_i > 0$，$y_i^g > 0$ 和 $y_i^b > 0$（$i = 1, 2, \cdots, n$）。则基于非期望产出的 SBM - DEA 效率测度模型可以表示成：

$$\rho = \min \frac{1 - \dfrac{1}{m} \sum_{i=1}^{m} \dfrac{s_i^-}{x_{i0}}}{1 + \dfrac{1}{s_1 + s_2} \left(\sum_{r=1}^{s_1} \dfrac{s_r^g}{y_{r0}^g} + \sum_{r=1}^{s_2} \dfrac{s_r^b}{y_{r0}^b} \right)}$$

$$\text{s. t.} \begin{cases} x_0 = X\lambda + s^- \\ y_0^g = Y^g \lambda - s^g \\ y_0^b = Y^b \lambda + s^b \\ s^- \geq 0, \ s^g \geq 0, \ s^b \geq 0, \ \lambda \geq 0 \end{cases} \tag{4.1}$$

式（4.1）中，s^-、s^g 和 s^b 分别表示投入、期望产出和非期望产出的松弛量，λ 表示权重向量，目标函数 ρ 表示绿色创新效率值，其值越大表明效率越高。ρ 表示关于 s^-，s^g，s^b 严格单调递减的，且 $0 \leqslant \rho \leqslant 1$。当 $\rho = 1$，即 s^-、s^g、s^b 均为 0 时，说明决策单元是有效率的；如果 $\rho < 1$，则说明决策单元存在要素冗余，可以通过优化配置来改善效率。

2. Tobit 回归模型

利用 SBM – DEA 模型测算出绿色创新效率值后，为了进一步分析绿色创新效率受到哪些因素的影响，以及这些因素对绿色创新效率的影响方向和影响程度，在 DEA 分析的基础上衍生出一种 "DEA – Tobit 两步法"（Coelli，1998；Schwab and Oates，1991；陈诗一和张军，2008）。第一步先利用 DEA 分析方法测算出决策单元的效率值，第二步以效率值为被解释变量对各种影响因素（解释变量）进行回归，并依据解释变量回归系数判断各影响因素对效率值的影响方向和影响程度。但是通过 SBM – DEA 模型测算出的绿色创新效率值是范围在 0～1 之间的截断数据，若使用普通最小二乘法进行回归，其参数估计值可能会出现有偏性和非一致性。为了解决这个问题，托宾（Tobin，1958）首次提出了截断回归模型（censored regression model），又称为 "Tobit 回归模型"。格林（Greene，1981）指出如果被解释变量是部分连续和部分离散分布的数据时，普通最小二乘法就不再适用于估计回归系数，遵循最大似然法概念的 Tobit 回归模型就成为估计回归系数的一个较好选择。因此，采用 Tobit 回归模型分析创新系统内各创新主体之间的协同关系对绿色创新效率的影响，Tobit 回归模型的基本形式为：

$$\begin{cases} y_i^* = x_i\beta + \varepsilon_i \\ y_i = y_i^*, \quad if y_i^* > 0 \\ y_i = 0, \quad if y_i^* \leqslant 0 \end{cases} \tag{4.2}$$

式（4.2）中，y_i^* 为被解释变量向量，x_i 为解释变量向量，β 为回归系数，ε_i 为随机误差项，$\varepsilon_i \sim (0, \sigma^2)$，$y_i$ 为效率值向量。

当 $y_i = 0$ 时，其概率密度函数表示为：

$$P(y = 0) = P(y_i^* \leqslant 0) = \Phi\left(-\frac{\beta'x_i}{\sigma}\right) = 1 - \Phi\left(\frac{\beta'x_i}{\sigma}\right) \tag{4.3}$$

当 $y_i = y_i^*$ 时，y_i^* 就有 y_i 的密度，因此似然函数表示为：

$$l(\beta) = \sum_{y_i > 0} \ln\left[\frac{1}{\sigma}\phi\left(\frac{y_i - \beta'x_i}{\sigma}\right)\right] + \sum_{y_i = 0} \ln\left[1 - \Phi\left(\frac{\beta'x_i}{\sigma}\right)\right] \tag{4.4}$$

（二）分位数回归模型

分位数回归方法最初是由科恩克和巴塞特（Koenker and Bassett，1978）提出的，它是一种基于被解释变量的条件分布来拟合解释变量的线性函数的回归方法，是在均值回归上的拓展。科恩克（Koenker，2001）、伯纳德和彼得（Bernd and Peter，2007）的研究认为，经典线性回归是拟合被解释变量条件均值与解释变量之间的线性关系，估计的是解释变量对被解释变量的平均边际效果。而分位数回归是通过估计被解释变量取不同分位数时，对特定分布的数据进行估计，估计的则是解释变量对被解释变量的某个特定分位数的边际效果。

因此，分位数回归的估计系数表示解释变量对被解释变量在特定分位点的边际效应。与普通最小二乘回归相比，分位数回归能够充分反映被解释变量的条件分布特点，精确地描述解释变量对于被解释变量的变化范围以及条件分布形状的影响。特别是对分布函数局部信息的有效描述，避免了基于"平均"影响而对研究问题的片面判断（钱水土和周永涛，2010；肖丁丁等，2013）。此外，该方法基于被解释变量 y 的条件分布来拟合解释变量 x，对异常值的敏感度相较于均值回归更小，估计结果也更为稳健。鉴于以上特点，本章采用分位数回归方法，分析在绿色创新效率处于不同水平时，创新系统内各创新主体之间的协同关系对绿色创新效率影响的变化情况，进而探讨创新主体间协同关系对绿色创新效率条件分布的影响规律。

设随机变量 Y 的分布函数形式如下：

$$F(y) = P(Y \leqslant y) \tag{4.5}$$

则 y 的 $\tau(0 < \tau < 1)$ 分位数函数可定义为：

$$Q(\tau) = inf\{y: F(y) \geqslant \tau\} \tag{4.6}$$

式（4.6）中，τ 表示在回归线（平面）以下的数据占全体数据的比例。需要指出的是，在分位数函数中，y 的分布被 τ 分成小于 $Q(\tau)$、大于 $Q(\tau)$ 两个部分，比例为 τ 的部分小于 $Q(\tau)$，而 $1-\tau$ 的部分大于 $Q(\tau)$。

为了求解分位数回归模型，首先定义概率密度函数 $\rho_\tau(\mu)$：

$$\rho_\tau(\mu) = \begin{cases} \tau\mu & \text{当 } Y_i \geqslant X_i'\beta \\ (\tau-1)\mu & \text{当 } Y_i \leqslant X_i'\beta \end{cases} \tag{4.7}$$

式（4.7）中，μ 为反映概率密度函数的参数，$\rho_\tau(\mu)$ 表示 y 的样本点在 τ 分位点以下和 τ 分位点以上时概率密度函数关系。设分位数回归模型为：

$$\hat{y}_Q = \alpha_Q + \beta_Q x \tag{4.8}$$

y 的分位数回归即求 y 在 Q 分位数下的绝对离差和最小，表达式如下：

$$\min_\beta \sum |y_{iQ} - \alpha_Q - \beta_Q x_i| \times \rho_{iQ} \tag{4.9}$$

在实际估计过程中一般假定 $\mu = 1$，则对于任何 τ 分位数回归而言，参数估计就是要使加权误差绝对值平方和最小，表达式如下：

$$\hat{\beta}(t) = argmin \sum_{y_i \geqslant x_i'\beta} \tau |Y_i - X_i'\beta| + \sum_{y_i < x_i'\beta} (1-\tau) |Y_i - X_i'\beta| \tag{4.10}$$

由式（4.10）可知，当 τ 在（0，1）区间取不同的数值时，便可以得到不同的参数估计值。

（三）面板向量自回归模型

面板向量自回归（PVAR）模型最早由任霍尔埃金等（Holtz‒Eakin et al., 1988）提出，后经麦卡斯基和高（Mccuskey and Kao, 1998）、拉维和齐奇诺（Love and Zicchino, 2006）等学者的不断完善与发展日趋成熟。相对于时间序列分析中的向量自回归（VAR）模型需要较长时间跨度的要求，PVAR 模型能够处理时间跨度较短的短面板数据，因而得到广泛的应用。此外，PVAR 模型还能在控制模型中个体异质性的同时，分析面对冲击时模型各变量的动态反应。其基本形式为：

$$y_{i,t} = \beta_o + \sum_{j=1}^{p} \beta_j y_{i,t-j} + \eta_i + \gamma_i + \varepsilon_{i,t} \qquad (4.11)$$

式（4.11）中，$y_{i,t}$ 为 k 维变量向量，i 代表截面个体，t 代表时期，β_0 为截距项向量，β_j 为回归的系数矩阵，p 代表变量的滞后阶数，η_i、γ_t 分别为个体效应、时间效应向量，$\varepsilon_{i,t}$ 为随机扰动项。

由于 PVAR 模型中包含个体效应和时间效应，可能影响面板矩估计系数的准确性，故在矩估计时应将其消除（崔治文等，2016）。采用 Helmert 进行转换，首先采取"组内均值差分法"去除时间效应，其次采取"前向均值差分法"去除个体效应，从而避免因这两种因素造成的系数估计有偏。对于滞后阶数的选取，通过 AIC、BIC 以及 HQIC 准则，并考虑到自由度的限制，确定全国总体及东、中、西部地区的最优滞后阶数。

PVAR 模型的估计主要由两个部分组成：第一是脉冲响应（IRF），考察内生变量对冲击的反映情况，即在随机误差项上施加 1 个单位的冲击后对内生变量当期和未来值的影响。第二是方差分解，分析影响内生变量的结构冲击的贡献度，即衡量引起内生变量变动的误差变异数中每一个内生变量正交单位冲击的贡献比例。脉冲响应函数以及预测误差的方差分解更加直观反映各个变量之间存在的动态关系以及影响程度的大小（黄可人和韦廷柒，2016）。

二、变量与数据

被解释变量：绿色创新效率（*GIE*）。采用 SBM‒DEA 模型测度 2006～2017 年中国各省份绿色创新效率，其中创新投入指标包括 R&D 人员全时当量（反映研发人员投入）和 R&D 资本存量（反映研发资金投入），创新期望产出指标包括技术市场成交额（反映知识技术类产出）和新产品销售收入（反映产品类产出），非期望产出包括工业废水排放量（反映环境污染）、工业废气排放量（反映环境污染)、银行不良贷款率(反映创新失败)。

核心解释变量:创新主体之间的协同关系。协同创新体现在资金、人员以及知识的流动等多个方面。基于数据可得性考虑,本章从资金往来方面对创新系统内各创新主体之间的协同关系进行近似表征。借鉴白俊红和蒋伏心(2015)的思路,分别以 R&D 经费内部支出中政府资金和银行贷款的比例来衡量政府资助(gov)、金融支持(fin),以表征间接主体对直接主体的资助力度。以高校和研发机构 R&D 经费内部支出中企业资金的比例衡量产学研合作(iur),以表征直接主体之间的资金往来。

控制变量。在对文献梳理的基础上,选取国内技术转移度(tdd)、国外技术转移度(tdf)、外商直接投资(fdi)作为控制变量。其中,采用国内技术市场技术流向地域合同金额占地区生产总值的比例来表征国内技术转移度指标;采用国外技术引进合同金额占地区生产总值的比例来表征国外技术转移度指标;采用外商直接投资额占地区生产总值的比例作为外商直接投资的衡量指标。

以 2006~2017 年中国 30 个省级行政区为研究对象(由于数据所限,不含西藏、香港、澳门、台湾地区,下同),所有数据均来源于历年《中国统计年鉴》《中国科技统计年鉴》《中国环境统计年鉴》《中国金融统计年鉴》,以及各省份统计年鉴,数据的描述性统计结果如表 4-1 所示。

表 4-1　　　　　　　　　　数据的描述性统计结果

指标类型	指标	符号	样本量	平均值	标准差	最大值	最小值
被解释变量	绿色创新效率	GIE	330	0.4855	0.3264	1.0000	0.0670
核心解释变量	政府资助	gov	330	0.2392	0.1298	0.6080	0.0690
	金融支持	fin	330	0.0390	0.0232	0.1570	0.0050
	产学研合作	iur	330	0.1367	0.0693	0.3871	0.0070
控制变量	国内技术转移度	tdd	330	0.0097	0.0093	0.0683	0.0012
	国外技术转移度	tdf	330	0.0037	0.0065	0.0478	0.0000
	外商直接投资	fdi	330	0.3802	0.5276	5.7054	0.0473

第三节　协同创新对绿色创新效率的静态影响

一、面板单位根检验

PVAR 模型建立的前提条件是面板数据具有平稳性,因此首先要对面板数据进行平稳性检验，以避免非平稳变量估计时产生"伪回归"问题。目前面板数据的单位根检验方法有多种，大致可分为相同根检验和不同根检验两类，各类检验方法都存在固有的缺陷，为了保证检验结果的稳健性，本章同时选取相同根检验中的 LLC 面板单位根检验、不同根检验中的 ADF – Fisher 和 PP – Fisher 面板单位根检验三种方法进行检验。检验结果如表 4 – 2 所示。从表中可以看出，所有变量的原序列均平稳，可以进一步构造计量回归模型进行分析。

表 4 – 2　　　　　　　　　　　　向量单位根检验结果

向量	LLC 检验		Fisher PP 检验		Fisher ADF 检验	
	t 统计值	p 值	卡方统计值	p 值	卡方统计值	p 值
GIE	– 4. 2337 ***	0. 0000	95. 3580 ***	0. 0025	90. 0310 ***	0. 0073
gov	– 7. 6997 ***	0. 0000	85. 6327 **	0. 0166	112. 5979 ***	0. 0000
fin	– 11. 3067 ***	0. 0000	206. 9092 ***	0. 0000	183. 1577 ***	0. 0000
iur	– 4. 2927 ***	0. 0000	162. 1756 ***	0. 0000	82. 1870 **	0. 0302
tdd	– 7. 9314 ***	0. 0000	125. 3109 ***	0. 0000	116. 5720 ***	0. 0000
tdf	– 6. 7543 ***	0. 0000	186. 9259 ***	0. 0000	114. 1686 ***	0. 0000
fdi	– 11. 1491 ***	0. 0000	242. 3824 ***	0. 0000	156. 2368 ***	0. 0000

注：**、*** 分别表示显著性水平为 5%、1%。

二、Tobit 回归结果与分析

利用中国 30 个省级行政区的面板数据，按照全国总体、东部地区、中部地区、西部地区分组①，采用 Tobit 回归模型对式（4.2）进行回归，以检验创新主体间协同关系对绿色创新效率的影响，回归结果如表 4 – 3 所示。从表中可以看出，政府资助对全国总体及东部、中部和西部地区绿色创新效率均具有负向影响，且在全国总体、东部和中部地区均通过了至少 5% 的显著性水平检验，但在西部地区不显著。金融支持对全国总体及东部、中部和西部地区绿色创新效率也均具有负向影响，且在全国总体通过了 5% 的显著性水平检验，但在东部、中部和西部地区不显著。产学研合作对全国总体及东部、中部和西部地区绿色创新效率均具有正向影响，且在全国总体、东部和西部地区均通过了至少 5% 的显著性

---

① 按照国家对宏观区域经济格局的划分，东部地区包括：北京、天津、河北、辽宁、上海、江苏、浙江、福建、山东、广东、海南；中部地区包括：山西、吉林、黑龙江、安徽、江西、河南、湖北、湖南；西部地区包括：内蒙古、广西、重庆、四川、贵州、云南、陕西、甘肃、青海、宁夏、新疆；西藏、香港、澳门、台湾地区不在统计范围内。

水平检验，但在中部地区不显著。这说明在各创新主体之间的协同关系中，间接主体与直接主体之间的协同关系（政府资助、金融支持）对中国区域绿色创新效率产生抑制作用，而直接主体之间的协同关系（产学研合作）则促进了中国区域绿色创新效率的提升。

表4-3　　创新主体间协同关系对绿色创新效率影响的 Tobit 回归结果

变量	全国	东部	中部	西部
gov	−0.7370 *** (−5.1086)	−1.4886 ** (−2.6043)	−0.9619 *** (−3.3476)	−0.2402 (−1.5987)
fin	−1.6805 ** (−2.3466)	−2.2923 (−1.1891)	−1.7458 (−1.5989)	−0.9926 (−1.1544)
iur	1.3470 *** (5.1230)	1.4802 * (1.9217)	0.3933 (1.0252)	1.5772 *** (3.9885)
tdd	16.1589 *** (6.3556)	23.0224 *** (3.5078)	15.1507 ** (2.2410)	20.4124 *** (6.7299)
tfd	36.2914 *** (7.1155)	37.9764 *** (3.7825)	84.7351 *** (4.2226)	37.5755 *** (3.9490)
fdi	0.1549 *** (4.1717)	0.2011 ** (2.5513)	−0.6361 ** (−2.1538)	0.9439 *** (3.4889)
c	0.2695 *** (4.1437)	0.4100 ** (2.1590)	0.5128 *** (4.5594)	−0.0868 (−1.0720)
N	330	121	88	121

注：括号内的数值为 t 值；* 、** 和 *** 分别表示显著性水平为 10% 、5% 和 1% 。

三、分位数回归结果与分析

Tobit 回归模型仅能解释创新主体间协同关系对绿色创新效率条件均值的影响，存在一定的局限性，因此进一步采用分位数回归分析方法估计创新主体间协同关系对绿色创新效率在 25% 、50% 、75% 这三个分位点条件分布的影响变化情况，回归结果如表4-4所示。从表中可以得出以下结论：

表4-4　　创新主体间协同关系对绿色创新效率影响的分位数回归结果

分位点	25%	50%	75%
gov	−0.2142 * (−1.9153)	−0.4043 *** (−2.6927)	−0.4445 ** (−2.2132)

续表

分位点	25%	50%	75%
fin	−0.6383 (−1.1641)	−0.6725 (−0.9135)	−2.5296 ** (−2.5685)
iur	0.5800 *** (2.8896)	1.2205 *** (4.5283)	2.0540 *** (5.6970)
tdd	7.8509 *** (4.7069)	13.5657 *** (6.0572)	12.8464 *** (4.2881)
tdf	16.0015 *** (6.7999)	18.5660 *** (5.8761)	12.9804 *** (3.0712)
fdi	0.1062 *** (4.1329)	0.1485 *** (4.3047)	0.2134 *** (4.6230)
c	0.1362 *** (2.7623)	0.1446 ** (2.1848)	0.3166 *** (3.5748)
Pseudo R^2	0.1985	0.3013	0.3894
N	330	330	330

注：括号内的数值为 t 值；*、** 和 *** 分别表示显著性水平为10%、5%和1%。

（1）政府资助在25%、50%、75%分位点处的系数分别为−0.2142、−0.4043、−0.4445，且均在至少10%的显著性水平上显著为负。这说明一方面由于政府资助对技术创新投资的挤出效应、政府与企业之间信息的不对称以及政府资助诱发企业的"寻租行为"，导致政府资助对各分位点绿色创新效率均具有显著的抑制作用；另一方面从25%分位点到75%分位点，政府资助系数的绝对值在增大，说明在绿色创新效率较高的地区，政府资助对创新投入的挤出效应更大，政府资助对绿色创新效率的抑制作用也就高于低分点。

（2）金融支持在25%、50%、75%分位点处的系数分别为：−0.6383、−0.6725、−2.5296，但只在75%分位点的系数以5%的显著性水平上显著为负，在其余分位点的系数均不显著。这说明一方面金融机构在选择贷款对象时所表现出的"所有制歧视"和"规模歧视"现象，导致了金融市场扭曲形成金融错配问题（康志勇，2014），从而使得金融支持对各分位点绿色创新效率均具有抑制作用；另一方面从25%分位点到75%分位点，金融支持系数的绝对值呈上升趋势，说明在绿色创新效率较高的地区，中小企业的技术创新活动更为活跃，金融支持对该地区绿色创新效率的抑制作用也更为明显。

（3）产学研合作在25%、50%、75%分位点处的系数分别为0.5800、1.2205、2.0540，且均在1%的显著性水平上显著为正。这说明一方面高校、科研机构与企业通过合作研发、专利技术转让等方式建立联结关系，不仅实现了技术协同效应，还促进了知识在创新系统内的传播、吸收和应用，进而在各分位点均显著提升了绿色创新效率；另一方面从 25% 分位点到 75% 分位点，产学研合作系数的绝对值呈上升趋势，说明绿色创新效率越高的地区创新环境越好，越有利于高校、科研机构与企业的合作创新，产学研合作的质量也越高，对绿色创新效率的促进作用也就越大。

第四节　协同创新对绿色创新效率的动态影响

一、最优滞后阶数的选取

考虑到 PVAR 模型中包含时间效应和个体效应，会影响面板矩系数的准确估计，本章将所有变量均采用 helmert 转换，首先运用均值差分法消除时间效应，而后用一阶向前差分法消除个体效应，以避免因这两个因素造成的系数估计偏误。

对于滞后阶数的选取，通常滞后期越大，越能完整反映模型的动态特征，但滞后期越大，自由度就越小。因此要在滞后期与自由度间寻求平衡。本章综合考虑 AIC（akaike information criterion）准则、BIC（bayesian information criterion）准则以及 HQIC（hannan-quinn information criterion）准则以及 PVAR 模型的收敛趋势，确定全国总体及东部、中部和西部地区的最优滞后阶数分别为 4、2、2 和 2 阶（见表 4-5），进而对 PVAR 模型进行估计。

表 4-5　　　　　　　　　　最优滞后阶数的选取

区域	滞后期	AIC	BIC	HQIC	区域	滞后期	AIC	BIC	HQIC
全国	1	-9.1410	-7.3284	-8.4131	中部	1	-14.9033	-13.3855 *	-14.2991
	2	-10.6574	-8.4530	-9.7691		2	-15.4224 *	-13.2635	-14.5719 *
	3	-9.8472	-7.1695	-8.7647		3	-14.5322	-11.6388	-13.4104
	4	-13.3814 *	-10.1175 *	-12.058 *		4	20.3477	24.0901	21.7619
	5	-4.0196	-0.0055	-2.3888		5	30.193	34.9219	31.9028
东部	1	-12.9371	-11.3643	-12.3007	西部	1	-10.2563	-8.6835	-9.61994
	2	-14.3035 *	-12.164 *	-13.4415 *		2	-11.2993 *	-9.15977 *	-10.4373 *
	3	-13.5152	-10.7148	-12.3951		3	-11.2486	-8.44824	-10.1285
	4	-14.0494	-10.4663	-12.6336		4	-11.2795	-7.69644	-9.86367
	5	24.6657	29.1913	26.4158		5	13.0093	17.535	14.7594

注：* 表示显著性水平为 10%。

　　考虑到 PVAR 模型本身是一个动态模型，模型中解释变量的值是被解释变量和其他变量的滞后值，它们共同构成了一个相互作用的系统，单个变量系数的意义并不大。为了克服 PVAR 模型这一方面的缺陷，在估计了一般模型的参数后要继续考虑 PVAR 模型的脉冲响应和方差分解。

二、脉冲响应结果与分析

　　利用脉冲响应函数，可以直观刻画变量间的动态交互作用及效应，并判断变量间的时滞关系。借助 Stata 16 软件，通过蒙特卡洛（Monte Carlo）实验模拟 500 次，分析全国总体及东部、中部和西部地区创新主体间协同关系各变量加上一个标准差大小的冲击对绿色创新效率变量当前和未来取值的影响轨迹。表 4 - 6 呈现了变量顺序为 GIE、gov、fin、iur 设定下 PVAR 模型的脉冲响应估计结果，图 4 - 1 为 PVAR 模型的脉冲响应图，图中横轴为冲击作用的响应期数，纵轴为绿色创新效率对创新主体间协同关系各变量的响应大小。从表 4 - 6、图 4 - 1 可以得出以下结论：

表 4 - 6　　　　　绿色创新效率对创新主体间协同关系的脉冲响应估计结果

区域	变量	响应强度	响应速度	累计效应
全国	$gov{\rightarrow}GIE$	- 0.0566	1	- 0.1138
	$fin{\rightarrow}GIE$	0.0115	1	0.0042
	$iur{\rightarrow}GIE$	- 0.0200	1	- 0.0231
东部	$gov{\rightarrow}GIE$	0.0469	1	0.1008
	$fin{\rightarrow}GIE$	0.0252	1	0.0297
	$iur{\rightarrow}GIE$	0.0507	2	0.2857
中部	$gov{\rightarrow}GIE$	- 0.0524	6	- 0.4800
	$fin{\rightarrow}GIE$	- 0.0250	1	- 0.0400
	$iur{\rightarrow}GIE$	0.0245	2	0.0011
西部	$gov{\rightarrow}GIE$	0.0752	3	0.2434
	$fin{\rightarrow}GIE$	0.0180	3	0.0671
	$iur{\rightarrow}GIE$	0.0193	5	0.0927

　　注："→"左侧是发生冲击的变量，右侧是对冲击做出反应的变量。响应强度表示响应峰值，其绝对值越大说明响应强度越大；响应速度表示达到峰值的时间，值越小表明反应越快；累积效应表示冲击在考察期内各期脉冲响应值之和。

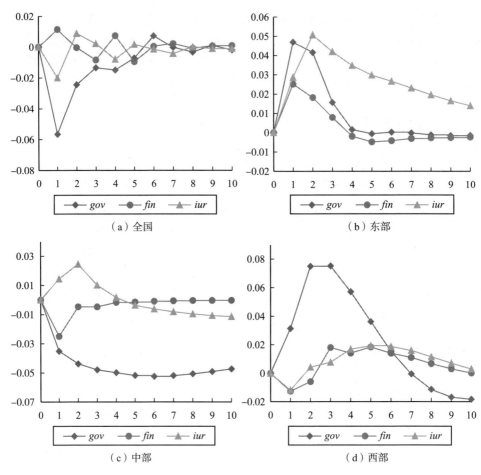

图 4 - 1　绿色创新效率对创新主体间协同关系的脉冲响应分析

（1）绿色创新效率对创新系统主体间协同关系各变量的冲击在响应强度和响应速度上均存在较大的区域差异。

对于政府资助的一个正交化冲击，全国总体及东部、中部和西部地区绿色创新效率的响应峰值分别是 - 0.0566、0.0469、 - 0.0524、0.0752，响应峰值分别出现在第 1 期、第 1 期、第 6 期和第 4 期。对于金融支持的一个正交化冲击，全国总体及东部、中部和西部地区绿色创新效率的响应峰值分别是 0.0115、0.0252、 - 0.0250、0.0180，响应峰值分别出现在第 1 期、第 1 期、第 1 期和第 3 期。对于产学研合作的一个正交化冲击，全国总体及东部、中部和西部地区绿色创新效率的响应峰值分别是 - 0.0200、0.0507、0.0245、0.0193，响应峰值分别出现在第 1 期、第 2 期、第 2 期和第 5 期。

可见，从响应强度看，东部地区绿色创新效率对金融支持和产学研合作冲击的响应强度最大，但对政府资助冲击的响应强度相对较小；中部地区绿色创新效率对政府资助、金融支持和产学研合作冲击的响应强度均较大；西部地区绿色创新效率对政府资助冲击的响应强度最大，但对金融支持和产学研合作冲击的响应强度相对较小。从响应速度看，东部地区绿色创新效率对政府资助的响应速度最快，中部地区绿色创新效率对政府资助的响应速度最慢；东部和中部地区绿色创新效率对金融支持、产学研合作的响应速度最快，西部地区绿色创新效率对金融支持、产学研合作的响应速度最慢。

（2）绿色创新效率对创新系统主体间协同关系各变量冲击的累积效应存在较大的区域差异。

从政府资助对绿色创新效率冲击的累积效应来看，政府资助对全国总体及东部、中部和西部地区绿色创新效率冲击的累积效应分别为 -0.1138、0.1008、-0.4800、0.2434。可见，政府资助对西部地区绿色创新效率冲击的累积效应最大，说明政府资助缓解了西部地区研发经费不足的现状，有助于激励企业的技术创新活动。但对中部地区绿色创新效率冲击的累积效应为负，说明政府资助对中部地区创新投入产生了挤出效应，抑制了绿色创新效率提升。

从金融支持对绿色创新效率冲击的累积效应来看，金融支持对全国总体及东部、中部和西部地区绿色创新效率冲击的累积效应分别为 0.0042、0.0297、-0.0400、0.0671。可见，金融支持对东部地区绿色创新效率冲击的累积效应最大，说明东部地区金融的市场化程度较高，金融机构通过各种金融工具及其组合有效降低了企业的研发创新风险，优化了创新资源配置，在一定程度上提高了绿色创新效率。金融支持对中部地区绿色创新效率冲击的累积效应为负，说明中部地区的金融机构更倾向于选择经营风险低、规模较大、偿债能力较强的企业进行贷款，而忽略了那些急需金融机构贷款的科技型中小企业，抑制了中部地区的绿色创新效率。

从产学研合作对绿色创新效率冲击的累积效应来看，产学研合作对全国总体及东部、中部和西部地区绿色创新效率冲击的累积效应分别为 -0.0231、0.2857、0.0011、0.0927。可见，产学研合作对东部、中部和西部地区绿色创新效率冲击的累积效应均为正，其中对东部地区绿色创新效率冲击的累积效应最大，说明东部地区的优质高校和科研机构数量多、密度大，产学合作相对高效透明，高校为企业提供理论和技术支持，可以有效降低企业的研发风险和成本，有利于提高绿色创新效率。产学研合作对全国总体绿色创新效率冲击的累积效应略小于0，说明绿色创新效率对产学研合作的动态响应存在区域异质性，产学研合作对绿色创新效率冲击的累积效应并非在所有省份都为正，在部分省份也可能为负。

（3）绿色创新效率对创新系统主体间协同关系各变量的冲击响应在各地区均

表现为收敛趋势，但收敛的速度和轨迹不甚相同。

在全国总体，绿色创新效率对政府资助的冲击响应表现为在第 1 期达到负的响应峰值后以较快的速度向零值收敛；绿色创新效率对金融支持的冲击响应表现为在第 1 期达到正的响应峰值后逐渐下降为负，并最终趋向于零值附近；绿色创新效率对产学研合作的冲击响应表现为在第 1 期达到负的响应峰值后，逐渐上升为正，并最终趋向于零值附近。

在东部地区，绿色创新效率对政府资助的冲击响应表现为在第 1 期达到正的响应峰值后以较快的速度向零值收敛；绿色创新效率对金融支持的冲击响应表现为在第 1 期达到正的响应峰值后以较快的速度向零值收敛；绿色创新效率对产学研合作的冲击响应表现为在第 2 期达到正的响应峰值后逐渐向零值收敛。

在中部地区，绿色创新效率对政府资助的冲击响应表现为在第 6 期达到负的响应峰值后逐渐向零值收敛，但收敛速度很慢。绿色创新效率对金融支持的冲击响应表现为在第 1 期达到负的响应峰值后以较快的速度向零值收敛；绿色创新效率对产学研合作的冲击响应表现为在第 2 期达到正的响应峰值后逐渐向零值收敛。

在西部地区，绿色创新效率对政府资助的冲击响应表现为在第 3 期达到正的响应峰值后逐渐向零值收敛；绿色创新效率对金融支持的冲击响应表现为先降后升，在第 3 期达到正的响应峰值后逐渐向零值收敛；绿色创新效率对产学研合作的冲击响应表现为先降后升，在第 5 期达到正的响应峰值后逐渐向零值收敛。

三、方差分解结果与分析

PVAR 模型的方差分解能够反映出对模型中内生变量产生冲击的随机扰动的相对重要性，进而进一步度量结构冲击对内生变量变化的贡献度大小。为了评价创新主体间协同关系各变量对绿色创新效率变化的贡献度，进一步采用方差分解进行分析，全国总体及东部、中部和西部地区的方差分解结果如表 4-7 所示。从表中可以得出如下结论：

表 4-7   绿色创新效率对创新主体间协同关系动态响应的方差分解结果

区域	期数	冲击变量			
		GIE	*gov*	*fin*	*iur*
全国	5	0.839	0.135	0.008	0.018
	10	0.834	0.137	0.011	0.018
	15	0.834	0.137	0.011	0.018
	20	0.834	0.137	0.011	0.018

区域	期数	冲击变量			
		GIE	*gov*	*fin*	*iur*
东部	5	0.718	0.102	0.025	0.155
	10	0.674	0.094	0.025	0.207
	15	0.665	0.093	0.025	0.217
	20	0.664	0.093	0.025	0.218
中部	5	0.765	0.196	0.017	0.023
	10	0.612	0.356	0.011	0.021
	15	0.534	0.43	0.01	0.027
	20	0.494	0.465	0.009	0.032
西部	5	0.643	0.331	0.015	0.011
	10	0.602	0.339	0.028	0.032
	15	0.593	0.348	0.028	0.032
	20	0.592	0.347	0.028	0.033

注：响应变量均为 *GIE*。

（1）无论是全国总体还是东部、中部和西部地区，绿色创新效率在滞后 20 期内受到自身前期积累的影响均为最大。但随着滞后时期的推移，绿色创新效率受到自身前期积累的影响均在逐渐减小，创新主体间协同关系各变量对绿色创新效率的影响越来越大。

（2）在全国总体，政府资助、金融支持对绿色创新效率的贡献度呈现增加趋势，产学研合作对绿色创新效率的贡献度较为稳定。在滞后 20 期，政府资助、金融支持、产学研合作对绿色创新效率的贡献度分别达到 13.7%、1.1% 和 1.8%，可以看出，相比于金融支持和产学研合作，政府资助对全国总体绿色创新效率的影响更大。

（3）在东部地区，政府资助对绿色创新效率的贡献度呈现下降趋势，金融支持对绿色创新效率的贡献度较为稳定。产学研合作对绿色创新效率的贡献度呈现增加趋势。在滞后 20 期，政府资助、金融支持、产学研合作对绿色创新效率的贡献度分别达到 9.3%、2.5% 和 21.8%，可以看出，相比于政府资助和金融支持，产学研合作对东部地区绿色创新效率的影响更大。

（4）在中部地区，政府资助、产学研合作对绿色创新效率的贡献度呈现增加趋势，金融支持对绿色创新效率的贡献度呈现下降趋势。在滞后 20 期，政府资助、金融支持、产学研合作对绿色创新效率的贡献度分别达到 46.5%、0.9% 和

3.2%，可以看出，相比于金融支持和产学研合作，政府资助对中部地区绿色创新效率的影响更大。

（5）在西部地区，政府资助、金融支持产学研合作对绿色创新效率的贡献度均呈现增加趋势。在滞后20期，政府资助、金融支持、产学研合作对绿色创新效率的贡献度分别达到34.7%、2.8%和3.3%，可以看出，相比于金融支持和产学研合作，政府资助对西部地区绿色创新效率的影响更大。

第五节　本章小结

加强协同创新是我国推进创新型国家建设的重大战略。通过有效集成创新资源和要素，促进创新主体间深度融合，可以有效解决科技与经济"两张皮"的问题，提升技术创新整体效能。本章基于2006～2017年的中国省级面板数据，立足于效率视角，在对创新系统内各创新主体之间的协同关系进行界定的基础上，运用DEA - Tobit回归模型和分位数回归模型分析创新主体间协同关系对绿色创新效率及其条件分布的影响，构建面板向量自回归模型（PVAR模型）并利用脉冲响应函数探讨了创新主体间协同关系对绿色创新效率的动态冲击影响，基于方差分解方法进一步分析创新主体间协同关系影响绿色创新效率结构冲击的贡献度，主要得出以下结论：一是间接主体与直接主体之间的协同关系（政府资助、金融支持）对各地区绿色创新效率均产生负向影响，且随着分位点的增加抑制性越来越强；而直接主体之间的协同关系（产学研合作）则促进了各地区绿色创新效率提升，且随着分位点的增加促进作用越来越大。二是绿色创新效率对创新系统主体间协同关系各变量的冲击在响应强度、响应速度和累计效应方面均存在较大的区域差异；绿色创新效率对创新系统主体间协同关系各变量的冲击响应在各地区均表现为逐渐收敛的趋势，但收敛的速度和轨迹不甚相同。三是无论是全国总体还是东部、中部和西部地区，绿色创新效率在滞后20期内受到自身前期积累的影响均为最大。剔除自身影响后，全国总体、中部和西部地区的政府资助、东部地区的产学研合作相较于其他协同关系变量对绿色创新效率影响的贡献度更大。

与已有研究相比，本章的贡献主要体现在：一是丰富了关于协同创新与创新绩效关系的研究成果。已有对协同创新与创新绩效关系的研究多围绕单一维度主体协同展开，或仅探讨了创新系统整体协同度对创新绩效的影响，本章进一步将研究扩展到创新系统主体间协同关系视角，分析了创新系统主体间协同关系对绿色创新效率及条件分布的影响，以及创新系统主体间协同关系对创新绩效的动态冲击效应、贡献度及其区域异质性，这是对已有研究的有益补充。二是为政府如何通过推进协同创新促进绿色创新效率提供了有益的启示。对于东部地区要大力加强产学研密切合作，推进核心技术联合攻关，培育出一批能够引领技术发展方向的国际领先企业和世界知名品牌。对于中部和西部地区要加大政府资金投入及项目倾斜力度，培植创新型人力资本，进而发挥后发优势实现赶超。在强调经济高质量发展的今天，我们完全可以合理适当地运用"政策工具箱"，引导创新要素在区域间合理流动与有效配置，并通过跨区域协同创新的模式，促进创新系统有效整合，带动各地区绿色创新效率提升。

第五章

环境规制与中国区域绿色创新效率[*]

第一节 问题的提出

一、研究背景

改革开放以来，中国经济迅速发展，取得了举世瞩目的成就，但粗放型经济增长方式也造成了严重的环境问题，导致经济发展与环境保护之间的矛盾日益突出。据《世界能源统计年鉴》（2019）和全球碳计划组织（the Global Carbon Project，GCP）数据显示，2018 年，来自中国的一次能源消费量和碳排放量分别占全球的 34% 和 27%，中国仍然为全球最大的能源消费国和碳排放国家。《2019 中国生态环境状况公报》数据显示，2019 年中国 337 个地级及以上城市中仅 46.6% 的城市环境空气质量达标，而出现酸雨的城市比例达 33.3%。21% 的河段水流、30.9% 的重要湖泊水质为Ⅲ类以下的污、废水，无法作为居民生活水使用。

面对如此严峻的环境形势，中国政府近年来逐步加大了对环境规制的力度，先后出台了一系列污染控制政策，并对主要任务和工作重点进行了部署。然而短期内采取严格的环境规制政策虽然能有效约束企业的污染排放行为，但也可能会因为污染治理成本增加而挤占企业的研发资金，进而对技术创新绩效带来不利影响（沈能，2012）。从长期来看，提升环境质量必然要依靠技术进步，唯有大力推进绿色创新，提升企业绿色技术创新绩效，才能实现经济发展和环境改善的双赢目标。那么强化环境规制与提升绿色技术创新绩效之间存在两难选择吗？对于这一问题的研究具有现实意义和重要价值。

---

* 本章内容及观点即将刊登在 *Sustainable Development*。

二、文献综述

学术界围绕这一问题展开了广泛研究与激烈讨论，形成了以下三种观点：一种观点是传统学派的"遵循成本说"，认为环境规制提高了企业的生产成本，在一定程度上对研发资金产生挤出效应，致使企业的技术创新绩效下降。戈洛普和罗伯茨（Gollop and Roberts，1983）、格雷（Gray，1987）、巴贝拉和麦康奈尔（Barbera and Mcconnell，1990）、德马尔舍利耶等（Desmarchelier et al.，2013）、李和吴（Li and Wu，2017）、袁和向（Yuan and Xiang，2018）等学者通过实证分析发现环境规制强度与技术创新之间具有显著的负相关关系。另一种观点则佐证了"波特假说"，认为合理的环境规制能够激发企业进行技术创新的积极性，进而产生"创新补偿效应"，抵消甚至超过环境规制的成本。布兰伦德等（Brannlund et al.，1998）、莫迪（Mody，1996）、谢夫和帕默（Jaffe and Palmer，1997）、直布罗陀和齐奥（Xepapadeas and Zeeuw，1999）、伯曼和布伊（Berman and Bui，2001）、谢夫和纽厄尔（Jaffe and Newell，2002）、布伦纳迈尔和科恩（Brunnermeier and Cohen，2003）、多玛斯利基和韦伯（Domazlicky and Weber，2004）、浜本（Hamamoto，2006）、雷菲尔德等（Rehfeld et al.，2007）、霍巴赫（Horbach，2008）、拉诺伊等（Lanoie et al.，2011）、内斯塔等（Nesta et al.，2014）、伯格克和伯格伦（Bergek and Berggren，2014）、苏普希（Suphi，2015）、赵和孙（Zhao and Sun，2016）等均通过实证分析验证了"波特假说"，发现环境规制促进了企业技术创新。第三种观点认为环境规制与技术创新之间的关系是不确定的。康拉德和瓦斯特（Conrad and Wastl，1995）、博伊德和麦克莱兰（Boyd and Mcclelland，1999）、阿尔派等（Alpay et al.，2002）、钦特拉卡恩（Chintrakarn，2008）、李（Lee，2010）、内勒和曼德森（Kneller and Manderson，2012）、鲁等（Lu et al.，2016）等通过实证分析发现环境规制对技术创新的影响具有约束条件，"遵循成本说"和"波特假说"都无法完全得到实证支撑。

近几年，国内学者针对这一问题也进行了大量的研究，但由于研究方法和样本不同，所得结论存在较大差异。黄德春和刘志彪（2006）、赵红（2008）、王兵等（2008）、李强和聂锐（2009）、王娟茹和张渝（2018）、梁劲锐等（2018）验证了"波特假说"在中国的存在性，发现环境规制正向激励企业技术创新，推动了技术进步。傅京燕和李丽莎（2010）、张成等（2011）、沈能和刘凤朝（2012）、李玲和陶峰（2012）、蒋伏心等（2013）、刘伟等（2017）、李斌和曹万林（2017）、刘和旺等（2018）指出较弱的环境规制会阻碍技术创新，只有环境规制跨过特定的门槛值时，其对技术创新的促进作用才能实现。陈斌和李拓

（2020）认为 2013 年后中国各地环境规制强度提升太快，不利于技术创新。李斌等（2013）、王杰和刘斌（2014）、徐建中和王曼曼（2018）发现环境规制对技术创新的影响存在双重门槛效应，环境规制处于合理的区间才能促进全要素生产率提升。李平和慕绣如（2013）、叶琴等（2018）发现环境规制对技术创新的影响存在滞后性，在当期阻碍技术创新，在滞后期促进技术创新。王国印和王动（2011）发现环境规制对技术创新的影响存在区域异质性，"波特假说"在东部地区得到验证，在中部地区没能得到支持。余东华和胡亚男（2016）发现环境规制对技术创新的影响存在行业异质性，在重度污染行业中影响为负，在中度污染行业影响为正，在轻度污染行业的影响呈 U 形。解垩（2008）、谢荣辉（2017）发现环境规制与技术创新之间并不存在显著的相关关系。

上述文献针对环境规制与技术创新之间的关系展开了卓有成效的研究，为本章的写作提供了借鉴，但仍存在以下有待拓展之处：一是，已有研究大多是以 R&D 投入或专利数量指标代表技术创新（王班班和齐绍洲，2016），进而考察环境规制是否有利于激发 R&D 支出或专利产出。然而 R&D 支出增加仅能说明企业技术创新的努力程度，而专利增加也可能是 R&D 投入增加的结果，二者均不能很好地反映企业的技术创新能力，采用单一指标不足以揭示环境规制对技术创新能力影响的真实情况。二是，已有研究较多探讨了环境规制对技术创新的直接影响，而对环境规制对技术创新影响的传导机制的研究还不够深入。事实上，技术创新是一个多要素相互作用的复杂过程，还受到外商直接投资、对外直接投资和产业结构等因素的综合影响，这些因素在环境规制的约束下，对技术创新的影响可能会发生变化，从而在环境规制与技术创新的关系中起着重要的传导作用（张宗和彭昌奇，2009）。三是，已有研究大多将研究区域视为一个完全同质的封闭系统，忽视了环境规制对技术创新影响的空间溢出效应。但事实上，强化环境规制也会引发污染产业向邻地转移，从而对邻地技术创新产生溢出效应（董直庆和王辉，2019）。为了更加精确地描述环境规制对技术创新影响的空间溢出效应，有必要进一步引入空间因素。

鉴于此，本章基于 2004～2017 年的中国省级面板数据，在详细阐述环境规制对技术创新作用机理的基础上，采用系统广义矩估计模型（SYS - GMM）和面板门槛模型估计环境规制对绿色创新效率的直接影响，运用基于结构方程模型的多重中介效应模型分析环境规制对绿色创新效率的间接影响，并构建空间计量模型进一步探讨了环境规制对绿色创新效率影响的空间溢出效应，这对于制定具有针对性的环境规制政策和区域技术创新政策、推动和实现环境规制与区域技术创新协调发展具有重要的理论价值和实践意义。

第二节　作用机理与研究假设

一、直接作用机制

环境规制从正反两个方面直接影响企业的技术创新活动，其中正面影响是波特提出的"创新补偿效应"，一个合理有效的环境规制政策在增加企业生产成本的同时，也促使企业加大研发投入力度，通过技术创新、改进生产工艺及流程，提高生产率水平，从而获取更多的利润。在这种情况下，企业的污染物排放量虽然可能增加了，但由于新技术也提高了收益，企业在支付污染治理成本后还能剩余额外利润。同时面对环境规制，企业若积极采取严格的污染物排放标准，率先使用先进的生产技术，不仅可以削减污染物的排放量，降低污染物治理成本，而且还能赢得发展先机，形成新的竞争优势，从而减缓、抵消甚至超出环境规制给企业增加的额外成本（Porter，1991；Porter and Linde，1995）。

反面影响是传统学派的"遵循成本效应"。政府实施环境规制后，企业为了达到规定的污染物排放标准，不得不增加末端污染治理投资（如购买环境监测设备的购买、污染治理设施的购买、污染物排放后的治理费用），或者引进先进的生产技术、工艺设备从源头减少污染物排放量（假设此时的生产技术改进不涉及生产效率提高，仅仅是降低污染排放的技术改进）。这些投资无疑增加了企业额外的生产成本，导致企业利润减少，竞争力下降，尤其是在可投入资本有限的情况下，这些投资会挤占企业原本可能投入研发项目的资金，从而对企业的技术创新活动产生挤出效应，降低了企业的技术创新能力。

综上所述，环境规制对技术创新活动的影响存在两面性，影响的最终效果取决于"创新补偿效应"和"遵循成本效应"的相对大小，而在不同的环境规制水平下，起主导作用的效应也不相同。当环境规制强度较低时，污染治理的成本相对较小，出于利润最大化的考量，企业往往缺少技术创新的动力，而选择末端污染治理的方式，将污染物排放量降到环境规制标准以下（李玲和陶锋，2012）。在这种情况下，由于企业污染物治理成本的增加，负向的"遵循成本效应"占据了主导地位。而随着环境规制的增强，企业污染物治理成本占总成本的比重不断上升，进而形成"倒逼机制"，促使企业增加研发投入，改进生产工艺，以减少污染物的排放量，形成新的竞争优势。因此，当环境规制达到一定的强度后，"创新补偿效应"占据了主导地位，对技术创新产生正向影响（蒋伏心等，2013）。基于此，提出假设5－1。

假设5-1：环境规制对技术创新的影响效果依赖于其本身的累积程度，具体表现为非线性的 U 形关系。

二、间接传导机制

环境规制不仅直接影响技术创新活动，还通过外商直接投资、对外直接投资、产业结构间接作用于技术创新。

（一）外商直接投资

外商直接投资会带来显著的技术溢出效应，提升东道国的技术创新水平（Barrell and Pain，1999）。然而，严格的环境规制政策提高了市场的进入壁垒和生产成本，对外商直接投资的流入产生抑制作用（刘建民和陈果，2008），削弱了外商直接投资的技术溢出效应（John and Catherine，2000；吴玉鸣，2006）。近年来，中国政府加大了环保监管力度，企业需要为污染环境买单，这无疑会使部分外资企业转而投资于环境规制水平低的其他国家（陈刚，2009），从而减少了本土企业近距离向外资企业学习先进技术的机会，不利于本土企业的技术创新。基于此，提出假设5-2。

假设5-2：环境规制对外商直接投资的流入产生抑制作用，不利于本土企业的技术创新。

（二）对外直接投资

对外直接投资作为国际逆向技术溢出的主要渠道之一，对母国技术创新有显著的正面效应。而母国环境规制政策可以在很大程度上影响对外直接投资流出，进而影响母国技术创新水平（Bitzer and Kerekes，2008）。已有研究表明发展中国家对外投资的主要目的是获取发达国家先进的生产技术（沙文兵，2012），然而，母国严格的环境规制政策一方面可能导致本土企业倾向于将污染密集型产业迁移到环境规制更宽松的低技术国家（Antweiler et al.，2001），从而不利于产生逆向技术溢出效应。另一方面强化环境规制也会使本土企业用于治理环境污染的资金需求量增加，增加本土企业的生产成本，进而通过替代效应挤占了本土企业的对外直接投资（尹飞霄和朱英明，2017）。基于此，提出假设5-3。

假设5-3：环境规制通过影响对外直接投资的流出，对本土企业技术创新产生负向作用。

（三）产业结构

产业结构升级表面上是三次产业占 GDP 比重的变迁，但实质上是资源、要素的优化配置,即要素从低效率部门转移到高效率部门,这必然会对技术创新水平产生影响(赵庆,2018)。已有研究表明向第二、第三产业升级能够有效带动技术创新水平提升,并且较之于向第二产业转移,向第三产业转移的产业升级过程更能带动技术创新水平提升(吴丰华和刘瑞明,2013)。而环境规制可以通过优胜劣汰机制来驱动产业结构的不断升级,原毅军和谢荣辉(2014)认为环境规制是产业结构升级的新动力,环境规制强度的提高对产业和企业群体将会是强制性的"清洗",当对排污企业施加严格的环境约束时,以服务业为代表的清洁型产业获得了绿色发展的比较优势,而高污染制造业企业则因其较差的成本上涨承受能力而逐渐萎缩。基于此,提出假设5-4。

假设5-4:环境规制能有效驱动产业结构升级,进而促进技术创新水平的提升。

三、空间溢出机制

环境规制在对本地技术创新活动产生影响的同时,也会在不同情境下引致邻地技术创新表现出相似甚至相反的变化。一方面,在中国财政分权和政绩考核背景下,地方政府在环境规制政策制定和执行中主要以"逐底竞争"为主(薄文广等,2018)。当本地环境规制水平较低时,在"遵循成本效应"的主导作用下,强化环境规制对本地技术创新活动产生抑制作用,然而邻地由于实施了"逐底竞争"策略以及承接产业转移,短期内带来了收入水平的提升,进而增加了邻地的研发投入。另一方面,随着本地环境规制水平的提高,"创新补偿效应"将发挥主导作用,但并非所有企业都会选择技术创新,部分企业为了规避过高的污染治理成本,也会将高污染、低技术项目转移到环境规制强度较低的邻地,并导致邻地环境污染扩散化、产业结构低端化,最终抑制邻地技术创新(沈坤荣等,2017)。基于此,提出假设5-5。

假设5-5:环境规制对邻地技术创新的影响表现为先促进后抑制的倒U形关系。

第三节 模型、变量与数据

一、模型与方法

(一)效率测度模型

考虑到传统SBM-DEA模型的测度结果存在多个决策单元的效率值同时为1

而无法比较的问题，托恩（2002）提出 Super – SBM – DEA 模型，使有效决策单元的效率值一般大于 1。但 Super – SBM – DEA 模型测出的效率值只能横向静态比较，无法纵向动态比较。本章进一步结合查恩斯等（Charnes et al.，1984）提出的 DEA 窗口分析法（Windows – DEA），构建 Super – SBM – Windows – DEA 模型测算中国各省份的绿色创新效率。

假设生产系统有 n 个决策单元，每个决策单元均有投入 X、期望产出 Y^g 和非期望产出 Y^b 三个向量，其元素可以表示成 $x \in R^m$，$y^g \in R^{S_1}$ 及 $y^b \in R^{S_2}$，定义矩阵 X，Y^g，Y^b 如下：$X = [x_1, \cdots, x_n] \in R^{m \times n}$，$Y^g = [y_1^g, \cdots, y_n^g] \in R^{S_1 \times n}$，$Y^b = [y_1^b, \cdots, y_n^b] \in R^{S_2 \times n}$，其中，$x_i > 0$，$y_i^g > 0$ 和 $y_i^b > 0 (i = 1, 2, \cdots, n)$。则 Super – SBM – DEA 效率测度模型可以表示成：

$$\rho = \min \frac{\dfrac{1}{m} \sum_{i=1}^{m} \dfrac{\overline{x_i}}{x_{i0}}}{\dfrac{1}{s_1 + s_2} \left(\sum_{r=1}^{s_1} \dfrac{\overline{y_r^g}}{y_{r0}^g} + \sum_{l=1}^{s_2} \dfrac{\overline{y_l^b}}{y_{l0}^b} \right)}$$

$$\text{s. t.} \begin{cases} \overline{x} \geqslant \sum_{j=1, \neq 0}^{n} \lambda_j x_j \\ \overline{y^g} \leqslant \sum_{j=1, \neq 0}^{n} \lambda_j y_j^g \\ \overline{y^b} \leqslant \sum_{j=1, \neq 0}^{n} \lambda_j y_j^b \\ \overline{x} \geqslant x_0, \overline{y^g} \leqslant y_0^g, \overline{y^b} \geqslant y_0^b, \overline{y^g} \geqslant 0, \lambda \geqslant 0 \end{cases} \tag{5.1}$$

式（5.1）中，ρ 表示超效率值，其值越大表明效率越高。$\overline{x}$、$\overline{y^g}$ 和 $\overline{y^b}$ 分别表示投入、期望产出和非期望产出的松弛量，λ 表示权重向量。

使用 DEA 窗口分析法首先需要确定窗口宽度 d，按照文献的普遍做法，选择窗口宽度 $d = 3$。假设研究的总时间为 T，则会建立 $T - d + 1$ 个窗口，每个 DUM 在第 m 个窗口上利用式（5.1）测算 d 次，累计每个 DMU 测算 $(T - d + 1)d$ 次，取每个时点的算术平均值作为该 DMU 每年的效率值。

（二）面板回归模型

考虑到各地区的环境规制水平存在差异，不同地区环境规制对绿色创新效率影响也可能是不同的。因此，利用中国省级面板数据，按照不同区域分组，就环境规制对绿色创新效率的影响进行实证检验，设定基准模型为：

$$\ln GIE_{it} = \delta_0 + \alpha_1 \ln GIE_{it-1} + \alpha_2 \ln GIE_{it-2} + \beta \ln ER_{it} + \gamma \ln X_{it} + \varepsilon_{it} \tag{5.2}$$

式（5.2）中，i 代表省份，t 为时间，GIE 表示绿色创新效率，ER 为环境规制强度。为了解决面板回归过程中的自相关和内生性问题，在解释变量中引入绿色创新效率的一阶、二阶滞后项，并采用滞后一期的环境规制强度作为工具变量。X 表示一系列控制变量，ε_{it} 表示随机干扰项。

（三）门槛回归模型

环境规制对绿色创新效率的影响是把"双刃剑"，其所产生的综合效果可能存在门槛效应。因此，采用汉森（Hansen，1999）提出的面板门槛模型进行分析，以环境规制强度作为门槛变量构建面板门槛模型：

$$\ln GIE_{it} = \delta_0 + \alpha_1 \ln ER_{it} \cdot I(\ln ER_{it} \leq \lambda_1) + \alpha_2 \ln ER_{it} \cdot I(\lambda_1 < \ln ER_{it} \leq \lambda_2)$$
$$+ \cdots + \alpha_n \ln ER_{it} \cdot I(\ln ER_{it} > \lambda_n) + \beta \ln X_{it} + \varepsilon_{it} \tag{5.3}$$

式（5.3）中，i 代表省份，t 为时间，GIE 表示绿色创新效率，ER 表示环境规制强度，同时也表示门槛变量，$I(\cdot)$ 为示性函数，λ 为具体的门槛值，X 为一系列控制变量，ε_{it} 为随机干扰项。

（四）中介效应模型

根据本章的理论分析，环境规制通过外商直接投资、对外直接投资和产业结构等渠道间接作用于技术创新，为了检验这一系列传导机制是否存在，进一步构建中介效应模型进行实证分析。中介效应分析常用的方法是逐步回归法（Baron and Kenny，1986），该方法操作简单，但近年来受到诸多质疑，赵等（Zhao et al.，2010）、温忠麟和叶宝娟（2014）、方杰等（2014）提倡利用结构方程模型进行中介效应分析。结构方程模型可以同时处理多个解释变量和被解释变量的关系，更能体现中介效应的整体性特征，并且对中介路径也有很好的识别作用，还能判断变量间的因果关系。因此，基于结构方程模型构建多重中介效应模型分析环境规制对绿色创新效率的间接影响，构建步骤为：

（1）模型构建。根据理论分析，确定解释变量、中介变量和被解释变量，以及变量之间的因果顺序，设定中介效应的基本模型。

（2）模型适配度检验和模型修正。通过卡方适配度检验和其他相关检验，判断模型的适配情况，并对基本模型进行修正，使修正后的模型和数据实现最佳适配。

（3）中介路径系数估计。通过 Bootstrap 方法计算出子路径系数估计值，并通过子路径系数乘积得出完整路径的中介效应估计值。

（五）空间计量模型

（1）空间相关性检验：使用空间计量模型首先需要检验主要变量是否具有空间相关性，已有研究通常使用莫兰指数（Moran's I）进行检验。其计算公式为：

$$Moran's\ I = \frac{\sum\limits_{i=1}^{n} \sum\limits_{j=1}^{n} W_{ij}(x_i - \overline{x})(x_j - \overline{x})}{S^2 \sum\limits_{i=1}^{n} \sum\limits_{j=1}^{n} W_{ij}} \tag{5.4}$$

式（5.4）中，x_i 表示 i 省份的观测值，$\overline{x}$、S^2 分别为其均值、方差，W 为空间权重矩阵，以地理反距离权重矩阵反映空间关联特征。地理反距离权重矩阵假定两个地区之间的距离越近，相互之间的影响就越大，则赋予较大权重；反之，则赋予较小权重（Schlitte and Paas，2008），其表达式为：

$$W_{ij} = \begin{cases} 1/d^2 & (i \neq j) \\ 0 & (i = j) \end{cases} \tag{5.5}$$

式（5.5）中，d 为两个地区地理中心位置之间的距离，此距离根据国家基础地理信息系统 1:400 万电子地图，利用 ArcGis 软件测量得到。

Moran's I 的取值范围为 $[-1, 1]$，该指数值越趋向于 1，表示数据的高值及低值按类别分别在空间上集聚，空间正相关性越强；指数值越趋向于 -1，表示数据的高值及低值在空间上相互集聚，空间负相关性越强；指数值趋向于 0，表示数据之间相互独立，在空间上随机分布。

（2）空间杜宾模型。考察空间效应常用的模型有空间滞后模型、空间误差模型和空间杜宾模型。鉴于空间杜宾模型同时考虑了被解释变量和解释变量的空间相关性，且能更好地控制潜在的空间溢出变量，选取空间杜宾模型探究环境规制影响绿色创新效率的空间溢出效应。考虑到环境规制对邻近地区技术创新影响的非线性关系，在回归模型中加入环境规制的二次项。构建的空间杜宾模型具体为：

$$GIE_{it} = \rho W_{ij} GIE_{it} + \beta_1 ER_{it} + \beta_2 ER_{it}^2 + \lambda X_{it} + \theta_1 W_{ij} ER_{it} + \theta_2 W_{ij} ER_{jt}^2 + \gamma W_{ij} X_{it} + \varepsilon_{it}$$
$$\tag{5.6}$$

式（5.6）中，i 代表省份，t 为时间，IE 表示绿色创新效率，ER 为环境规制强度，X 为一系列控制变量，ρ 为被解释变量的空间自回归系数，W 为基于地理反距离权重的空间权重矩阵，ε_{it} 为随机扰动项。

根据莱萨奇和佩斯（Lesage and Pace，2009），可利用偏微分方法检验解释变量对被解释变量的直接效应和空间溢出效应，将式（5.6）作差分变换，不难得到关于 ΔIE 关于 X 中第 k 个解释变量的偏导数矩阵：

$$\left[\frac{\partial \Delta GIE}{\partial X_{1k}} \cdots \frac{\partial \Delta GIE}{\partial X_{Nk}} \right] = \begin{bmatrix} \dfrac{\partial \Delta GIE_1}{\partial X_{1k}} & \cdots & \dfrac{\partial \Delta GIE_N}{\partial X_{Nk}} \\ \vdots & \vdots & \vdots \\ \dfrac{\partial \Delta GIE_N}{\partial X_{1k}} & \cdots & \dfrac{\partial \Delta GIE_N}{\partial X_{Nk}} \end{bmatrix}$$

$$= (I - \rho W)^{-1} \begin{bmatrix} \beta_k & W_{12}\theta_k & \cdots & W_{1N}\theta_k \\ W_{21}\theta_k & \beta_k & \cdots & W_{2N}\theta_k \\ \vdots & \vdots & & \vdots \\ W_{N1}\theta_k & W_{N2}\theta_k & \cdots & \beta_k \end{bmatrix} \tag{5.7}$$

式 (5.7) 中, 偏导数矩阵的对角线元素均值代表解释变量对被解释变量的直接效应, 非对角线元素列均值代表解释变量对被解释变量的间接效应, 即空间溢出效应。

二、变量与数据

被解释变量: 绿色创新效率 (GIE)。为了克服传统 SBM - DEA 模型的测算误差, 较好地处理投入产出变量的松弛性问题, 使用非角度、非径向的 Super - SBM - Windows - DEA 模型测算绿色创新效率。在指标选择方面, 选取 R&D 资本存量、R&D 人员全时当量作为技术创新投入, 发明专利申请受理量、新产品销售收入作为技术创新期望产出, 废水排放量、二氧化硫排放量和固体废弃物产生量作为技术创新非期望产出。

核心解释变量: 环境规制强度 (ER)。学术界目前没有形成确定的环境规制强度测量方法。已有测算方法主要有以下几种: 一是采用污染物的排放量或排放强度作为代理变量 (Cole and Elliott, 2003; Domazlicky and Weber, 2004; 傅京燕和李丽莎, 2010; 李玲和陶锋, 2012); 二是采用环境污染治理成本作为衡量指标 (Lanoie et al., 2011; 张成等, 2011; 沈能, 2012); 三是采用人均 GDP 或人均收入作为替代指标 (Antweiler et al., 2001; 陆旸, 2009); 四是采用环境规制政策法规数量来衡量环境规制强度 (Levinson and Taylor, 2008; 李永友和沈坤荣, 2008; Azzam et al., 2015)。考虑到一个地区的污染排放强度越高, 该地区的环境规制措施也越严厉, 本章采用单位产值污染物排放量来衡量环境规制强度, 具体选取废水排放量、二氧化硫排放量和固体废弃物产生量三个单项指标, 构建环境规制强度的综合衡量指标。具体处理过程如下:

首先, 将各地区每年废水排放量、二氧化硫排放量、固体废弃物产生量除以地区生产总值, 计算各地区单位产值污染物排放量, 即污染排放强度。

其次, 对各地区单位产值污染物排放量进行线性标准化处理:

$$U_{ij}^s = [U_{ij} - \min(U_j)] / [\max(U_j) - \min(U_j)] \tag{5.8}$$

式 (5.8) 中, U_{ij}^s 为 i 省份 j 类污染物的单位产值污染物排放量的标准化值, U_{ij} 为 i 省份 j 类污染物的单位产值污染物排放量, $\max(U_j)$ 和 $\min(U_j)$ 分别为 j 类污染物的单位产值污染物排放量的最大值和最小值。

再次, 计算各指标调整系数, 给各地区的不同污染物指标赋予不同的权重。

由于各地区不同污染物的排放比重差异较大，使用调整系数近似反映这种差异。权重计算方法如下：

$$W_j = \frac{E_{ij}}{\sum E_{ij}} \Big/ \frac{Q_i}{\sum Q_i} = \frac{E_{ij}}{Q_i} \Big/ \frac{\sum E_{ij}}{\sum Q_i} = U_{ij} / \overline{U}_{ij} \tag{5.9}$$

式（5.9）中，W_j 为调整系数，其含义为 i 地区 j 污染物的单位产值污染物排放量与全国平均水平之比，E_{ij} 为 i 省份 j 类污染物的排放量，Q_i 为 i 省份的地区生产总值。

最后，依据各单项指标的标准化值和调整系数，计算综合环境规制强度：

$$ER_i = \frac{1}{n} \sum_{j=1}^{n} W_j U_{ij}^s \tag{5.10}$$

中介变量和控制变量。基于上文的理论分析，选取外商直接投资（$IFDI$）、对外直接投资（$OFDI$）、产业结构（$INDU$）作为中介变量，分析环境规制对绿色创新效率影响的传导渠道。外商直接投资指标采用外商投资企业投资总额占地区生产总值的比例衡量；对外直接投资指标采用对外直接投资总额占地区生产总值的比例衡量；产业结构指标采用第二产业增加值占地区生产总值的比例衡量。参考已有研究还选取了经济发展水平（$PGDP$）、基础设施水平（$INFR$）、金融支持水平（FIN）作为控制变量。经济发展水平指标采用人均地区生产总值衡量，并以 2004 年为基期按人均地区生产总值指数进行平减；基础设施水平指标采用邮电业务量占地区生产总值的比例衡量；金融支持水平指标采用 R&D 经费内部支出中金融机构贷款的比重衡量[①]。

以 2004～2017 年中国 30 个省份行政区为研究对象（由于数据所限，不含我国西藏、香港、澳门、台湾地区，下同）。所有数据均来源于历年《中国统计年鉴》《中国科技统计年鉴》《中国环境统计年鉴》《中国对外直接投资统计公报》，以及各省份统计年鉴，数据的描述性统计结果如表 5－1 所示。

表 5－1　　　　　　　　　　数据的描述性统计结果

指标类型	指标	符号	样本量	平均值	标准差	最大值	最小值
被解释变量	绿色创新效率	GIE	420	0.4794	0.2948	1.2711	0.0299
核心解释变量	环境规制强度	ER	420	0.5979	0.8348	6.1136	0.0014
中介变量	外商直接投资	$IFDI$	420	40.0047	50.7590	570.5379	4.7330
	对外直接投资	$OFDI$	420	0.3579	0.7042	6.6631	0.0003
	产业结构	$INDU$	420	46.2965	7.9802	59.0454	18.9663

①　因数据限制，2004～2008 年金融支持水平指标以科技经费筹集总额中金融机构贷款的比例衡量。

续表

指标类型	指标	符号	样本量	平均值	标准差	最大值	最小值
其余控制变量	经济发展水平	PGDP	420	1.7470	1.1067	6.1014	0.4317
	基础设施水平	INFR	420	5.2159	2.4050	11.8990	1.4348
	金融支持水平	FIN	420	4.1424	2.6994	23.3075	0.4573

第四节 环境规制对绿色创新效率的直接影响

一、SYS - GMM 回归结果与分析

根据理论分析和模型构建，利用中国 30 个省级行政区的面板数据，按照全国总体、东部地区、中西部地区分组，采用系统广义矩估计方法对式（5.2）进行回归，以检验环境规制对绿色创新效率的影响。为了保证时间序列数据的平稳性，且考虑到取对数并不改变变量间的关系，对所有变量都进行了对数处理，回归结果如表 5 - 2 所示。从表中可以看出，无论是全国总体、东部还是中西部地区，滞后 1 期的绿色创新效率系数值均为正，且均通过了至少 5% 的显著性水平检验。滞后 2 期的绿色创新效率系数值同样均为正，但在东部地区不显著。Sargan 检验的 p 值均较大，在 10% 的显著性水平上无法拒绝"所有工具变量均有效"的原假设，这表明所引进的工具变量不存在过度识别的问题。Arellano - Bond 序列自相关检验的 AR（1）的 p 值分别为 0.0005、0.0061、0.0005，拒绝不存在一阶自相关的原假设，即变量之间存在一阶自相关。AR（2）的 p 值分别为 0.6331、0.1110、0.1330，说明扰动项不存在二阶自相关的关系。整体上看模型估计效果较好。

表 5 - 2　　　　环境规制对绿色创新效率影响的系统广义矩估计结果

变量	全国	东部	中西部
L1.lnIE	0.5761 *** (6.2692)	0.4148 ** (2.7231)	0.5218 *** (7.3874)
L2.lnIE	0.1031 ** (2.4845)	0.0602 (0.6357)	0.0777 * (1.7340)
ln ER	-0.0939 ** (-2.9093)	-0.0844 ** (-2.0795)	-0.1041 ** (-2.8760)

续表

变量	全国	东部	中西部
ln *IFDI*	0.0767 * (1.9463)	0.0135 (0.1963)	0.1244 (1.3468)
ln *OFDI*	0.0019 (0.0671)	− 0.0581 * (− 1.9115)	0.0568 * (1.7401)
ln *INDU*	0.2260 (1.2086)	− 0.5452 ** (− 2.1995)	0.0016 (0.0057)
ln *PGDP*	− 0.0471 (− 0.3067)	0.1961 ** (2.1034)	− 0.5059 ** (− 2.0192)
ln *INFR*	0.2711 * (1.7390)	− 0.1123 *** (− 3.6897)	− 0.2675 *** (− 4.2797)
ln *FIN*	− 0.0910 ** (− 2.7069)	− 0.0738 ** (− 3.1129)	− 0.1065 ** (− 2.0922)
常数项	0.3767 (0.8095)	− 1.4788 (− 5.3450)	− 1.4924 (− 3.6086)
Sargan 检验	1.0000	1.0000	1.0000
AR（1）	0.0005	0.0061	0.0005
AR（2）	0.6331	0.1110	0.1330

注：（1）＊、＊＊和＊＊＊分别表示显著性水平为10%、5%和1%，括号内的数值为 t 值或 z 值；（2）Sargan 检验一栏中列出的为过度识别的检验值，AR（1）、AR（2）分别表示一阶和二阶差分残差序列的 Arellano – Bond 自相关检验。

从环境规制变量估计系数的方向来看，环境规制对全国总体、东部、中西部地区绿色创新效率均产生负向影响，且均在 1% 的水平上显著，说明环境规制对绿色创新效率的影响目前在我国主要表现为"遵循成本效应"，即环境规制促使企业增加用于治理末端污染的资金，进而对研发支出产生挤出效应，导致企业技术创新能力下降。从环境规制变量估计系数的大小来看，东部地区环境规制变量回归系数的绝对值（− 0.0844）明显小于中西部地区（− 0.1041），这可能是由于东部地区部分省份环境规制强度很高，环境规制对这些省份绿色创新效率的"创新补偿效应"在一定程度上抵消了遵循成本的负效应，从而使得东部地区环境规制对绿色创新效率的负向影响相对较弱。

综上所述，系统广义矩估计回归结果表明，环境规制对绿色创新效率的影响存在较大的区域差异。产生这种差异的原因可能在于环境规制对绿色创新效率的影响并非线性的，而是存在着门槛效应。只有跨过特定的"拐点"，才能发挥环境规制的"创新补偿效应"，进而提升绿色创新效率。因此接下来将进一步探究环境规制对绿色创新效率影响的门槛值及其在不同区间内的影响系数。

二、门槛效应回归结果与分析

在进行门槛回归之前，首先需要检验门槛效应的存在性以及门槛值的个数，并以此选择面板门槛模型的具体形式。因此，利用汉森（Hansen，2000）提出的"Bootstrap"（自举法），通过 1000 次的 Bootstrap 似然比检验，分别对单一门槛、双重门槛、三重门槛进行检验，检验结果如表 5 - 3 所示。从表中可以看出，环境规制门槛变量在 1% 的显著性水平下通过了单一门槛检验，门槛值为 0.3041，而双重门槛、三重门槛检验均不显著，说明环境规制对绿色创新效率的影响存在单一门槛效应，在门槛值之前和门槛值之后，环境规制对绿色创新效率的影响是显著不同的。

表 5 - 3　　　　　　　　环境规制对绿色创新效率的门槛效应检验结果

门槛变量	门槛类型	门槛值	p 值	F 值	不同显著水平临界值		
					10%	5%	1%
ln ER	单一门槛	0.3041 ***	0.0020	53.33	24.3570	29.3742	41.8325
	双重门槛	0.0075	0.2330	16.45	21.9397	26.7163	33.0424
	三重门槛	0.7208	0.8070	7.15	25.0524	30.7626	41.2832

注：*** 表示显著性水平为 1%。

确定门槛值以后，对式（5.3）进行门槛参数估计，表 5 - 4 报告了环境规制为门槛变量下的回归结果。从表中可以看出，在不同的环境规制强度下，环境规制对绿色创新效率的影响效果也是不同的，二者之间并不是简单的线性关系。当环境规制强度小于 0.3041 时，环境规制对绿色创新效率具有显著的负向作用，其系数为 - 0.1970 且在 1% 的水平上显著，说明当环境规制水平较低时，政府加大环境规制力度不仅不会增加企业技术创新的动力，还会因治污成本增加对研发资金产生挤出效应，降低了绿色创新效率。当环境规制强度大于 0.3041 时，环境规制对绿色创新效率具有显著的正向作用，其系数为 0.1564 且在 1% 的水平上显著，说明当环境规制水平较高时，政府加大环境规制力度会倒逼企业增加研发投入、进行技术创新，以提高污染治理水平和减少污染物排放，达到保持利润率的目的。可见，环境规制对绿色创新效率的影响是随着环境规制强度的增加逐渐发生变化，呈现出先下降后上升的 U 形特征。验证了假设 5 - 1。

表 5 - 4　　　　　　　　　环境规制对绿色创新效率的门槛回归结果

变量	系数	标准差	t 值
ln ER（当 0 < ER ≤ 0.3041）	-0.1970 ***	0.0375	-5.2500
ln ER（当 ER > 0.3041）	0.1564 ***	0.0052	2.8300
ln IFDI	0.2918 ***	0.0600	4.8600
ln OFDI	-0.0116	0.0185	-0.6300
ln INDU	-0.5643 ***	0.2024	-2.7900
ln PGDP	0.9855 ***	0.2310	4.2700
ln INFR	-0.1893 ***	0.0515	-3.6800
ln FIN	-0.1055 ***	0.0307	-3.4400
常数项	-2.5489 ***	0.2113	-12.0600
R^2	0.5627		

注：*** 分别表示显著性水平为 1%。

第五节　环境规制对绿色创新效率的传导机制

根据上文的理论机制，环境规制对绿色创新效率的影响还通过外商直接投资、对外直接投资、产业结构三个传导渠道发挥作用，这里将通过基于结构方程模型的多重中介效应模型检验这三个传导渠道是否成立。

一、模型的适配性检验

将外商直接投资、对外直接投资、产业结构设定为环境规制影响绿色创新效率的中介变量，在 Amos 软件中设定基本的中介效应模型，模型涉及"环境规制→外商直接投资→绿色创新效率""环境规制→对外直接投资→绿色创新效率""环境规制→产业结构→绿色创新效率"三条路径。结合模型与数据的适配情况，对基本模型进行修正，修正后的模型如图 5 - 1 所示。

图 5 - 1 中，矩形框表示观测变量，圆形框表示残差项，箭头表示变量间的影响路径，数字为路径的标准化估计系数。为保证修正后的多重中介效应模型与数据的适配性，在进行中介效应分析之前首先对模型的拟合情况进行检验，检验结果如表 5 - 5 所示。从表中可以看出，模型整体适配度的卡方值为 0.9065，p 值为 0.3411，大于 0.05，不能拒绝"模型的协方差矩阵等于样本协方差矩阵"这一原假设，即环境规制与绿色创新效率的结构方程模型与实际的样本数据是适

配的。*RMSEA* 值为 0.0000，明显小于 0.05，*GFI*、*AGFI*、*CFI*、*NFI*、*TLI*、*IFI* 的值都大于 0.90。这说明本章所设定的结构方程模型是可以接受的，所有检验指数均达到了评价标准，模型与数据的整体拟合效果良好，可以使用该修正模型进行传导路径估计。

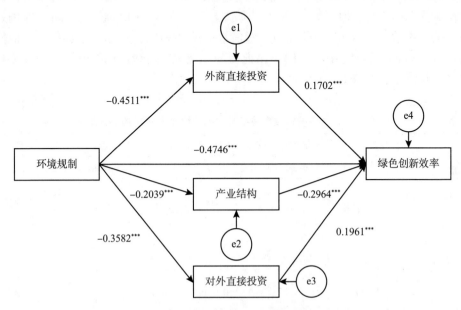

图 5 - 1　环境规制与绿色创新效率的多重中介效应模型

表 5 - 5　　　　　　　　　　　多重中介效应模型的适配结果

评价指标	指标值	评价标准
整体适配度卡方值	0.9065	—
卡方值显著性概率值 p	0.3411	> 0.05
RMSEA	0.0000	< 0.05
GFI	0.9991	> 0.90
AGFI	0.9870	> 0.90
CFI	1.0000	> 0.90
NFI	0.9985	> 0.90
TLI	1.0016	> 0.90
IFI	1.0002	> 0.90

注：*RMSEA* 表示近似误差均方根，*GFI* 表示拟合优度指数，*AGFI* 表示调整的拟合优度指数，*CFI* 表示比较拟合指数，*NFI* 表示规范拟合指数，*TLI* 表示 Tucker - Lewis 拟合指数，*IFI* 表示递增拟合指数。

二、分段传导路径系数估计结果与分析

对于分段传导路径系数的估计，借鉴赵等（Zhao et al.，2010）的思路，采用 Amos 软件的 Bootstrap 模拟方法检验系数乘积的显著性，设定的重复随机抽样的次数为 2000 次，使用检验力更高的偏差校正后的 Bootstrap 置信区间（即偏差校正的非参数百分位 Bootstrap 法），置信水平设为95%，估计方法选择最大似然估计（maximum likeliheod，ML），由此得到环境规制对绿色创新效率的分段传导路径估计结果，如表5-6所示。

表5-6　　　　环境规制对绿色创新效率间接影响的分段传导路径的估计结果

作用路径	标准化估计系数			非标准化估计系数		
	估计值	Bootstrap 置信区间	p 值	估计值	Bootstrap 置信区间	p 值
环境规制→外商直接投资	-0.4511 ***	[-0.5341, -0.3668]	0.0009	-0.2878 ***	[-0.3420, -0.2397]	0.0009
环境规制→对外直接投资	-0.3582 ***	[-0.4404, -0.2643]	0.0009	-0.4422 ***	[-0.5657, -0.3219]	0.0009
环境规制→产业结构	-0.2039 ***	[-0.2833, -0.1221]	0.0014	-0.0309 ***	[-0.0434, -0.0182]	0.0016
外商直接投资→绿色创新效率	0.1702 ***	[0.0869, 0.2534]	0.0010	0.1303 ***	[0.0672, 0.1958]	0.0010
对外直接投资→绿色创新效率	0.1961 ***	[0.1157, 0.2769]	0.0012	0.0776 ***	[0.0450, 0.1136]	0.0012
产业结构→绿色创新效率	-0.2964 ***	[-0.3740, -0.2156]	0.0010	-0.9553 ***	[-1.2219, -0.7037]	0.0010
环境规制→绿色创新效率	-0.4746 ***	[-0.5513, -0.3930]	0.0011	-0.2319 ***	[-0.2718, -0.1895]	0.0013

注：*** 表示显著性水平为1%。

表中的估计值即为图5-1多重中介效应模型中箭头所表示的环境规制对绿色创新效率分段传导路径估计系数，估计区间即为偏差校正后的 Bootstrap 置信区间。运用 Bootstrap 方法检验中介效应需观测置信区间是否包含0，不包含0意味着中介效应显著，反之则不显著。以标准化估计系数及其 Bootstrap 置信区间作为判断分段传导路径的主要依据，以非标准化估计系数及其 Bootstrap 置信区间作为

参考，可以得出以下结论：

（1）环境规制显著抑制外商直接投资流入。表5-6结果显示两者的路径估计值为-0.4511，在1%的水平上显著，95%置信水平下的Bootstrap置信区间为[-0.5341，-0.3668]，说明环境规制对中国外商直接投资流入产生抑制作用。根据"污染避难所"假说，环境规制水平的差异是决定外商直接投资是否流入的重要影响因素（Walter and Ugelow，1979），发达国家严格的环境规制政策会使污染产业迁移到环境规制相对宽松的发展中国家。对于中国而言，经过多年粗放型的招商引资，学者们普遍认为"污染避难所"假说在中国是成立的。近年来，中国环境规制水平逐渐增强，这在一定程度上对外商直接投资流入产生了负向影响（曾贤刚，2010；李国平等，2013）。

（2）环境规制显著抑制对外直接投资流出。表5-6结果显示两者的路径估计值为-0.3582，在1%的水平上显著，95%置信水平下的Bootstrap置信区间为[-0.4404，-0.2643]，说明环境规制对中国对外直接投资流出具有显著的抑制作用。这是因为，一方面，中国环境规制水平较低，本土企业对外直接投资主要是为了获取发达国家先进生产技术，并不存在污染转移动机，也不会促使本土企业向环境规制更宽松的国家转移投资。另一方面，强化环境规制会使本土企业用于治理环境污染的资金需求量增加，导致生产成本增加，挤占了对外直接投资（尹飞霄和朱英明，2017）。

（3）环境规制显著促进产业结构升级。表5-6结果显示两者的路径估计值为-0.2039，在1%的水平上显著，95%置信水平下的Bootstrap置信区间为[-0.2833，-0.1221]，说明环境规制对中国产业结构升级产生显著的促进作用①。这是因为第三产业具有较低的边际污染成本，环境规制将使以低污染服务业企业为代表的第三产业获得绿色发展的比较优势，促进其规模扩大（原毅军和谢荣辉，2014）；而第二产业边际污染成本较高，以高污染制造业企业为代表的第二产业将逐渐被环境规制政策所淘汰，规模扩张受到抑制（李强，2013；李虹和邹庆，2018）。因此，环境规制会提高第三产业相对于第二产业的比重，从而促进产业结构升级。

（4）外商直接投资显著促进绿色创新效率提升。表5-6结果显示两者的路径估计值为0.1702，在1%的水平上显著，95%置信水平下的Bootstrap置信区间为[0.0869，0.2534]，说明外商直接投资对绿色创新效率产生显著的促进作用。一方面，外商直接投资作为国际技术溢出的重要渠道，为中国企业带来了国外的先进技术、管理方法和经验，提升了国内企业绿色创新效率（李晓钟和张小蒂，2008）。另一方面，外商直接投资无疑会对国内市场造成一定的冲击并起到导向

---

① 本章采用第二产业增加值占地区生产总值的比例作为产业结构水平指标的代理变量，回归系数为负说明环境规制导致第二产业产值比重相对下降，第三产业产值比重相对上升。

作用，使国内市场竞争日趋激烈，从而刺激国内企业主动进行技术创新，以保持自己的核心竞争力（陈涛涛，2003）。因此，外商直接投资通过技术溢出效应、示范效应、竞争效应有效提高了中国各地区的绿色创新效率。

（5）对外直接投资显著促进绿色创新效率提升。表5-6结果显示两者的路径估计值为0.1961，在1%的水平上显著，95%置信水平下的Bootstrap置信区间为［0.1157，0.2769］，说明对外直接投资对绿色创新效率产生显著的促进作用。对外直接投资作为在国际上寻求先进技术的有力手段，为处于技术劣势的发展中国家提供了"干中学"的技术吸收渠道。已有研究普遍认为发展中国家的对外直接投资具有明显的技术获取意图，目的是提升本国企业的绿色创新效率（李娟等，2017）。近年来，随着中国在高科技领域追赶步伐的加快，越来越多的国内企业通过对外直接投资嵌入到先进国家的技术创新网络，并利用当地的研发资源、获取技术知识、学习的机会（杨锐和刘志彪，2015），提升自身的绿色创新效率。

（6）产业结构升级显著促进绿色创新效率提升。表5-6结果显示两者的路径估计值为-0.2964，在1%的水平上显著，95%置信水平下的Bootstrap置信区间为［-0.3740，-0.2156］，说明第二产业比重增加对绿色创新效率产生显著的负向影响，而第三产业比重增加有助于绿色创新效率的提升。已有研究表明，产业结构升级的过程就是生产要素从低效率生产部门向高效率生产部门转移和流动的过程（王鹏和赵捷，2011），这一过程必然会使得金融、技术服务、教育和科学研究、文化创意等创新性能强的第三产业在区域技术创新体系中的作用日益重要。区域创新主体也将逐渐由制造业企业转向服务业企业（李健等，2015），进而促进绿色创新效率提升。

三、完整传导路径系数估计结果与分析

通过对表5-6的结果分析，可以发现模型适配的分段传导路径在理论和实践上均具有合理性。进一步将表5-6中各分段传导路径连接起来，组成环境规制影响绿色创新效率的完整传导路径（见表5-7），将分段传导路径标准化估计系数估计值相乘，得到每条完整传导路径的回归系数估计值，系数估计值的显著性水平由$1-(1-a_1)\times(1-a_2)$测算得出[①]，通过系数估计值的绝对值比重，还可以计算出每条完整传导路径的贡献率，具体结果如表5-7所示。

---

① a_1、a_2分别表示组成分段传导路径估计系数的显著性水平。

表 5 – 7　　　环境规制对绿色创新效率间接影响的完整传导路径的估计结果

中介路径	回归系数	贡献率（%）	p 值
环境规制→外商直接投资→绿色创新效率	– 0.0768 ***	37.0299	0.0019
环境规制→对外直接投资→绿色创新效率	– 0.0702 ***	33.8476	0.0021
环境规制→产业结构→绿色创新效率	0.0604 ***	29.1225	0.0024

注：*** 表示显著性水平为 1%。

从表 5 – 7 中可以看出，环境规制分别通过外商直接投资、对外直接投资、产业结构三条完整传导路径对绿色创新效率产生影响。其中环境规制→外商直接投资→绿色创新效率路径的系数估计值为 – 0.0768，且在 1% 的水平上通过了显著性检验，说明环境规制通过抑制外商直接投资流入，对绿色创新效率产生负向影响。验证了假设 5 – 2。环境规制→对外直接投资→绿色创新效率路径的系数估计值为 – 0.0702，且在 1% 的水平上通过了显著性检验，说明环境规制通过抑制对外直接投资流出，对绿色创新效率产生负向影响。验证了假设 5 – 3。环境规制→产业结构→绿色创新效率路径的系数估计值为 0.0604，且在 1% 的水平上通过了显著性检验，说明环境规制通过促进产业结构升级，对绿色创新效率产生正向影响。验证了假设 5 – 4。

对比三条完整传导路径对绿色创新效率影响的贡献率可以发现，环境规制→外商直接投资→绿色创新效率路径的贡献率最大，占总中介效应的 37.0299%。其次为环境规制→对外直接投资→绿色创新效率路径，其贡献率占总中介效应的 33.8476%。环境规制→产业结构→绿色创新效率路径的贡献率最小，占总中介效应的 29.1225%。这说明现阶段环境规制主要是通过外商直接投资、对外直接投资渠道对绿色创新效率产生负向影响，而通过产业结构升级渠道对绿色创新效率产生正向影响的效果相对而言还比较有限。

第六节　环境规制对绿色创新效率的空间效应

一、空间计量模型的识别与检验

在进行空间计量分析前，首先考察数据的空间相关性。为此利用 Stata 软件测算出 2004 ~ 2017 年环境规制和绿色创新效率的 Moran's I（见表 5 – 8）。考察期内环境规制强度指标除了在 2010 年、2011 年和 2012 年不显著外，在其余所有年份的 Moran's I 均大于 0 且通过了至少 10% 的显著性水平检验。而绿色创新效率指标仅在 2004 年不显著，其余所有年份的 Moran's I 同样均大于 0 且通过了至少 10% 的显著性水平检验。这表明两个变量在空间上的分布并不是随机的，而是呈现出明显的正向空间相关性特征，因此适合采取空间面板计量模型进行分析。

表 5-8　　　　　环境规制强度和绿色创新效率 Moran's I 及其检验结果

年份	环境规制强度		绿色创新效率	
	Moran's I	Z 值	Moran's I	Z 值
2004	0.1730 *	1.7660	0.1530	1.5360
2005	0.1880 *	1.8990	0.3410 ***	3.1140
2006	0.1640 *	1.8870	0.3870 ***	3.4750
2007	0.1820 **	2.0230	0.4020 ***	3.6150
2008	0.2020 **	2.1000	0.4570 ***	4.0620
2009	0.1700 *	1.8250	0.2420 **	2.3680
2010	0.1310	1.5030	0.4120 ***	3.6370
2011	0.0770	1.0530	0.3840 ***	3.4050
2012	0.1140	1.4250	0.4010 ***	3.5620
2013	0.1540 *	1.8820	0.4580 ***	4.0290
2014	0.1580 *	1.9390	0.3560 ***	3.1880
2015	0.2330 ***	2.8630	0.3010 ***	2.7450
2016	0.2060 **	2.4320	0.3570 ***	3.1560
2017	0.1730 **	2.4300	0.1750 *	1.7020

注：*、** 和 *** 分别表示显著性水平为 10%、5% 和 1%。

对于空间面板计量模型的选择，参考莱萨奇和佩斯（LeSage and Pace，2009）的方法，基于非空间面板模型的 OLS 回归，通过构建残差的拉格朗日乘子（LM）及其稳健形式（Robust LM）的统计量，检验是否存在空间自相关性。在此基础上，基于空间面板杜宾模型，采用 Wald 统计量、LR 统计量检验空间面板杜宾模型是否可以简化为空间误差模型或空间滞后模型。采用基于时空固定效应模型的联合显著性似然比 LR 检验确定是选择空间固定效应、时间固定效应还是时空双固定效应，检验结果如表 5-9 所示。

表 5 – 9   空间面板计量模型的识别与检验结果

统计量	系数	P 值
LM （LAG）	188.604***	0.000
R – LM （LAG）	4.600**	0.032
LM （ERR）	263.123***	0.000
R – LM （ERR）	79.119***	0.000
Wald （LAG）	16.99**	0.0302
Wald （ERR）	19.04**	0.0147
LR （LAG）	18.54**	0.0175
LR （ERR）	309.41***	0.0000
LR – test joint significance spatial fixed effects	256.220**	0.0132
LR – test joint significance time – period fixed effects	33.840***	0.0000

注：**、***分别表示显著性水平为5%、1%。

从表中可以看出，估计结果显示空间误差模型和空间滞后模型至少有一个通过了 LM 统计量及其稳健形式的检验，可以考虑选用空间杜宾模型（Elhorst，2014）。Wald 统计量、LR 统计量检验结果均在至少5%的水平上分别拒绝了原假设，表明空间杜宾模型不能退化为空间误差模型和空间滞后模型，即空间杜宾模型是更好的模型。基于固定效应模型的联合显著性似然比 LR 检验在至少5%的水平上拒绝了时间和空间固定效应联合不显著的原假设，说明模型应该包含时间和空间固定效应。综上所述，本章选择基于时空双固定效应的空间杜宾模型具有较好的合理性。

二、空间溢出效应回归结果与分析

鉴于环境规制和绿色创新效率均存在显著的空间正相关性，进一步纳入空间因素，运用基于时空双固定效应的空间杜宾模型分析环境规制对绿色创新效率的空间溢出效应，回归结果如表 5 – 10 所示。从表中可以得出以下结论：

表 5 – 10   环境规制对绿色创新效率空间效应的参数估计结果

变量	本地效应	邻地效应
ER	−0.1959*** (−3.9098)	0.4628** (2.4620)

续表

变量	本地效应	邻地效应
$(ER)^2$	0.0249 *** (2.7324)	− 0.0599 * (− 1.6496)
IFDI	0.0718 *** (3.3955)	0.0203 (0.1293)
OFDI	− 0.0004 *** (− 3.2589)	− 0.0002 (− 0.6639)
INDU	0.3961 (1.5241)	1.5147 * (1.6533)
PGDP	0.0559 (0.8981)	− 0.0948 (− 0.7774)
INFR	2.7786 ** (1.9871)	− 2.2388 (− 0.6573)
FIN	− 1.3265 *** (− 4.5629)	− 0.8329 (− 0.8337)
ρ	− 0.2466 ** (− 2.0462)	
Log − L	249.9931	
AIC	− 463.9862	
BIC	− 391.2616	
N	420	

注：括号内的数值为 t 值；*、** 和 *** 分别表示显著性水平为10%、5%和1%。

（1）环境规制对本地绿色创新效率的影响呈现出 U 形特征。在环境规制对绿色创新效率本地效应的回归结果中，环境规制的一次项系数为 − 0.1959，二次项系数为 0.0249，二者均在 1% 的水平上显著，说明环境规制对本地绿色创新效率的影响表现为先抑制后促进的 U 形关系。当本地环境规制水平较低时，强化环境规制会加重企业生产负担，进而挤占研发投入，抑制绿色创新效率提升。当本地环境规制水平较高时，强化环境规制会形成"倒逼机制"，促使企业改进生产工艺，有利于绿色创新效率提升。这也进一步验证了假设 5 − 1。

（2）环境规制对邻地绿色创新效率的影响与本地差异明显。在环境规制对绿色创新效率邻地效应的回归结果中，环境规制的一次项系数为 0.4628，在 5% 的水平上显著，二次项系数为 − 0.0599，在 10% 的水平上显著，说明环境规制对邻地绿色创新效率的影响效应明显有别于本地效应，表现为先促进后抑制的倒 U 形关系。当本地环境规制水平较低时，强化环境规制会促使邻地实施"逐底竞争"策略以及承接产业转移，短期内增加了邻地的收入水平，有利于邻地加大研发投入、提升绿色创新效率。而从长期看，随着本地环境规制水平的提高，邻地将成为高污染、低技术产业的承接地，进而使邻地产业结构低端化，最终抑制邻地绿色创新效率提升。同时还可以发现，邻地环境规制的一次项系数、二次项系数的绝对值均显著高于本地，表明环境规制对邻地绿色创新效率的影响更为突出。验证了假设5-5。

第七节 稳健性检验

为了保证研究结论的可靠性，本章进行了如下两项稳健性检验：一是改变空间权重矩阵形式。借鉴李婧等（2010）的做法，构建经济距离权重矩阵，通过空间杜宾模型重新检验环境规制对"本地—邻地"绿色创新效率的影响，进而考察前文环境规制对绿色创新效率直接影响、空间效应回归结果的稳健性。二是改变中介效应的测算方法。借鉴巴伦和肯尼（Baron and Kenny，1986）的研究成果，运用逐步回归法重新检验环境规制通过外商直接投资、对外直接投资和产业结构对绿色创新效率的影响，进而考察前文环境规制对绿色创新效率间接影响回归结果的稳健性。

首先，构建经济距离权重矩阵，对空间杜宾模型进行重新估计。经济距离权重矩阵以各省份国内生产总值的差异表征经济距离，具体形式为：

$$W' = W \times diag(\overline{GDP_1}/\overline{GDP}, \ \overline{GDP_2}/\overline{GDP}, \ \cdots, \ \overline{GDP_n}/\overline{GDP}) \qquad (5.11)$$

式（5.11）中，W'为经济距离权重矩阵，W为地理反距离权重矩阵，$\overline{GDP_i}$为i省份历年GDP的均值，$\overline{GDP}$为全样本的GDP均值。

采用经济距离权重矩阵的空间杜宾模型估计结果如表5-11所示。结果显示，在环境规制对绿色创新效率本地效应的回归结果中，环境规制的一次项系数为-0.1791，二次项系数为0.0233，二者均在1%的水平上显著；在环境规制对绿色创新效率邻地效应的回归结果中，环境规制的一次项系数为0.6973，在10%的水平上显著，环境规制的二次项系数为-0.0956，但不显著。可见，改变空间权重矩阵形式后，环境规制对本地绿色创新效率的影响仍然呈现出U形特征，环境规制对邻地绿色创新效率的影响仍然表现为先促进后抑制的倒U形关系，各变量回归系数在大小上与前文估计结果略有差异，但符号方向与前文估计结果完全一致，说明前文关于环境规制对绿色创新效率直接影响、空间效应的回归结果具有稳健性。

表 5 – 11　　　　环境规制对绿色创新效率直接影响、空间效应的稳健性检验

变量	本地效应	邻地效应
ER	-0.1791^{***} (-3.5929)	0.6973^{*} (1.7672)
$(ER)^2$	0.0233^{***} (2.6041)	-0.0956 (-0.8469)
IFDI	0.0747^{***} (3.4613)	0.2021 (1.0404)
OFDI	-0.0004^{***} (-3.2777)	-0.0005 (-1.2629)
INDU	0.3747 (1.4301)	2.9073^{**} (2.0695)
PGDP	0.0113 (0.1748)	-0.0740 (-0.5251)
INFR	1.9350 (1.4159)	3.5786 (0.9560)
FIN	-1.2501^{***} (-4.2558)	-1.1603 (-1.0021)
ρ	-0.2089^{*} (-1.6669)	
Log – L	247.4870	
AIC	-458.974	
BIC	-386.2494	
N	420	

注：括号内的数值为 t 值；*、** 和 *** 分别表示显著性水平为 10%、5% 和 1%。

　　其次，运用逐步回归法构建中介效应模型，对环境规制对绿色创新效率的间接影响进行重新检验，考察中介效应的存在性。逐步回归法检验中介效应的基本步骤是：首先检验解释变量对被解释变量的总效应，其次检验解释变量和中介变量的关系，最后控制中介变量后，进一步检验解释变量对被解释变量的影响。由此，采用逐步回归法构建的中介效应模型如下：

$$\ln IE_{it} = c\ln ER_{it} + \varepsilon_{it} \tag{5.12}$$

$$\ln M_{it} = a\ln ER_{it} + \varepsilon_{it} \tag{5.13}$$

$$\ln IE_{it} = c'\ln ER_{it} + b\ln M_{it} + \varepsilon_{it} \tag{5.14}$$

式（5.12）、式（5.13）和式（5.14）中，i 代表省份，t 为时间，IE 表示

绿色创新效率，*ER* 为环境规制强度，*M* 为中介变量，*X* 为一系列控制变量，*a*、*b*、*c*、*c′* 均为回归系数，ε_{it} 为随机干扰项。如果系数 *c*、系数 *a*、系数 *b*、系数 *c′* 显著，则存在部分中介效应，如果系数 *a*、系数 *b*、系数 *c* 显著，系数 *c′* 不显著，则存在完全中介效应。如果系数 *c* 显著，系数 *a*、系数 *b* 一个显著一个不显著，则通过 Sobel 检验来判定是否存在中介效应（温忠麟等，2004）。

结果显示（见表 5 - 12），环境规制对绿色创新效率的总效应为 - 0. 2742，在 1% 的水平上显著，环境规制对外商直接投资、对外直接投资、产业结构的作用系数分别为 - 0. 2878、- 0. 4422、- 0. 0309，均在 1% 的水平显著；外商直接投资、对外直接投资、产业结构对绿色创新效率的作用系数分别为 0. 2379、0. 1141、- 1. 3173，均在 1% 的水平显著。可见，采用逐步回归法所得到的各变量回归系数在符号方向上与前文估计结果完全一致，无论是采用结构方程模型还是采用逐步回归法，均能得出环境规制通过外商直接投资、对外直接投资对绿色创新效率产生负向作用，通过产业结构升级促进绿色创新效率提升。可见，环境规制对绿色创新效率的影响效应中有一部分是通过外商直接投资、对外直接投资、产业结构路径传导实现的。

表 5 - 12　　　　　　　　环境规制对绿色创新效率间接影响的稳健性检验

作用路径		回归系数	*t* 值
环境规制	→ 绿色创新效率	- 0. 2742 ***	- 13. 7986
环境规制	→ 外商直接投资	- 0. 2878 ***	- 10. 3351
环境规制	→ 对外直接投资	- 0. 4422 ***	- 7. 8431
环境规制	→ 产业结构	- 0. 0309 ***	- 4. 2384
外商直接投资	→ 绿色创新效率	0. 2379 ***	7. 2197
对外直接投资	→ 绿色创新效率	0. 1141 ***	6. 9877
产业结构	→ 绿色创新效率	- 1. 3173 ***	- 11. 2790

注：*** 表示显著性水平为 1% 。

在验证了中介效应存在性后，进一步通过公式 $|a \times b|/c$ 的方法判断外商直接投资、对外直接投资和产业结构变量在中介效应中的相对重要性[①]。计算结果如表 5 - 13 所示。表中结果表明，环境规制通过外商直接投资、对外直接投资和产业结构变量影响绿色创新效率的中介效应量分别为 - 0. 0685、- 0. 0505、0. 0407，其中，环境规制→外商直接投资→绿色创新效率路径的贡献率最大，占

[①] 系数 *a* 为环境规制对中介变量的影响效应，系数 *b* 为中介变量对绿色创新效率的影响效应系数，系数 *c* 为环境规制对绿色创新效率的总效应。

总中介效应的 42.8929%。其次为环境规制→对外直接投资→绿色创新效率路径，其贡献率占总中介效应的 31.6216%。环境规制→产业结构→绿色创新效率路径的贡献率最小，占总中介效应的 25.4853%。与前文结构方程模型估计结果一致，运用逐步回归法同样得出现阶段环境规制主要是通过外商直接投资、对外直接投资渠道对绿色创新效率产生负向影响，而通过产业结构升级渠道对绿色创新效率产生正向影响的效果相对而言还比较有限。可见，前文关于环境规制对绿色创新效率间接影响估计结果具有稳健性。

表 5-13　　　　　　　　　中介变量贡献度的稳健性检验

中介变量	环境规制→ 中介变量	中介变量→ 绿色创新效率	效应量	贡献率（%）
外商直接投资	-0.2878	0.2379	-0.0685	42.8929
对外直接投资	-0.4422	0.1141	-0.0505	31.6216
产业结构	-0.0309	-1.3173	0.0407	25.4853

第八节　本章小结

本章在详细阐述环境规制对技术创新作用机理的基础上，基于 2004～2017 年中国 30 个省级行政区的面板数据，构建 Super-SBM-Windows-DEA 模型对中国各省份的绿色创新效率进行测算，采用系统广义矩估计模型和面板门槛模型分析环境规制对绿色创新效率的直接影响，运用基于结构方程模型的多重中介效应模型对环境规制通过外商直接投资、对外直接投资、产业结构传导渠道对绿色创新效率的间接影响进行检验，并进一步构建空间计量模型探讨了环境规制对绿色创新效率影响的空间溢出效应。结果表明：

首先，在不同的环境规制强度下，环境规制对绿色创新效率的影响效果是不同的，二者之间呈现 U 形关系。直接影响估计结果表明，当环境规制强度小于 0.3041 时，环境规制对绿色创新效率具有显著的负向作用，当环境规制强度大于 0.3041 时，环境规制对绿色创新效率具有显著的正向作用，这说明环境规制对绿色创新效率的影响存在单一门槛效应，只有跨过环境规制强度的"拐点"，强化环境规制才会提升绿色创新效率。

其次，环境规制通过外商直接投资、对外直接投资、产业结构三条传导路径对绿色创新效率产生间接影响。间接影响估计结果表明，环境规制→外商直接投资→绿色创新效率、环境规制→对外直接投资→绿色创新效率路径的系数估计值显著为负，且贡献率很大。环境规制→产业结构→绿色创新效率路径的系数估计值显著为正,但贡献率很小。说明环境规制主要是通过外商直接投资、对外直接投资渠道对绿色创新效率产生负向影响,而通过产业结构升级渠道对绿色创新效率产生正向影响的效果十分有限。

最后,环境规制对邻地绿色创新效率的影响效应明显有别于本地效应,表现为先促进后抑制的倒 U 形关系。空间效应估计结果表明,进一步纳入空间因素后,环境规制对邻地绿色创新效率影响的一次项系数显著为正,二次项系数则显著为负,说明环境规制对绿色创新效率的影响具有明显的空间溢出效应。并且环境规制对邻地绿色创新效率影响的一次项系数、二次项系数的绝对值均显著高于本地效应的估计系数,说明环境规制对邻地绿色创新效率的影响更为突出。

基于上述研究结论,为了实现环境保护与区域技术创新的"双赢",进一步提出以下政策建议:

首先,统筹区域环境规制策略,采取分区域差别化的政策措施。当前,中国正处在经济由高速增长向高质量发展的转型阶段,制定适宜的环境规制措施有利于区域技术创新活动的有效开展,进而也有利于经济高质量发展。本章的实证结果表明环境规制与绿色创新效率之间呈现 U 形特征,但大部分地区的环境规制尚未跨过"拐点",对绿色创新效率的影响更多表现出"遵循成本"引致的创新抑制效应。为此,政府应依据各地区环境规制的实际状况及其对绿色创新效率的影响效果,合理调整各地区的环境规制力度,进而选择政策实施的适宜时机和强度,使得环境规制实施效果达到最优。例如,对于尚未跨过环境规制"拐点"的大多数省份应以市场手段为主,采取"市场交易型"的环境规制工具,通过环境保护税、排污权交易、政府补贴等措施实现资源的优化配置,激励企业提升治污能力和生产技术创新。对于环境规制水平较高的小部分省份,则应以行政手段为主,采取"命令控制型"的环境规制工具,通过设定污染物排放标准、技术规定、要求安装污染物减排设备、限制污染物作为要素投入等措施,以更为严格的环境规制标准,刺激企业进一步加大研发力度,提升绿色创新效率。

其次,注重发挥政策导向,优化环境规制作用于绿色创新效率的传导渠道。鉴于外商直接投资、对外直接投资、产业结构在环境规制与绿色创新效率的关系中起到重要传导作用。一是政府应优化外商直接投资的引资、用资策略,增强外商直接投资的技术溢出效应。虽然高强度的环境规制会抑制外商直接投资流入,进而对绿色创新效率产生负向作用,但政府不应为了引资而放松环境规制和忽视外资质量,而应转变过去"重规模轻质量"的引资方式,通过引进高质量外资提高本地技术创新水平。二是政府应鼓励和支持本土企业"走出去",引导并扶持对外投资项目发展。本章的实证结果表明强化环境规制会挤占本土企业对外直接投资,进而抑制绿色创新效率,因此政府应积极支持有条件、有能力的本土企业开展真实合规的对外直接投资,尤其是对发达国家的投资,以吸收、学习东道国的先进技术，实现逆向技术溢出效应。三是政府应大力发展以服务业为代表的清洁型产业，以促进产业结构升级。当前，虽然环境规制通过优胜劣汰机制驱动产业结构升级，进而对绿色创新效率产生正向作用，但正向影响的效果还十分有限。这说明中国产业结构仍不够合理，尤其是第三产业发展仍显不足，应加速向生产率较高的第三产业升级，以带动中国各地区技术创新发展。

最后，结合不同地区的实际特征，建立地区间环境规制的协同联动机制。地区间环境规制差异和地方政府"逐底竞争"是中国环境规制政策实施的重要特征。环境规制在对本地技术创新产生影响的同时，也会对邻地技术创新活动带来干扰。本章的实证结果表明环境规制对邻地绿色创新效率的影响表现为先促进后抑制的倒 U 形关系，即不同强度的环境规制对邻地绿色创新效率的影响具有截然不同的效果。因此，一是政府应综合考量本地及邻地环境规制的形式及强度，精准定位环境规制政策的着力点与调控方向，建立地区间环境协同治理的制度体系，进而提高环境规制政策实施的有效性。二是环境规制会引致污染密集型产业向邻地转移，并最终对绿色创新效率产生抑制作用。因此，政府在制定环境规制政策时，应提前考量不同产业特征类型（污染密集型产业和低污染产业）可能发生的改变，进而根据产业特征类型实施分产业差异化的环境规制政策，尤其是提高污染密集型产业的迁移成本，激励其加大研发投入和技术改造升级。三是政府还应建立不同地区环境规制政策监管体制，推动本地—邻地环境规制政策的同步匹配，以减弱强化环境规制给对邻地绿色创新效率所带来的不利影响。

第六章

数字金融与中国区域绿色创新效率[*]

第一节　问题的提出

一、研究背景

自新冠肺炎疫情席卷全球以来，世界各国经济均受到了不同程度的冲击。如何在错综复杂的国际形势、新冠肺炎疫情的严重冲击下实现创新驱动经济高质量发展是中国当前面临的一项艰巨任务。中共中央"十四五"规划明确指出，我国创新能力不适应高质量发展要求，必须坚持创新在我国现代化建设全局中的核心地位，深入实施创新驱动发展战略。可见，创新驱动已成为推动中国经济高质量发展的内在要求和必然选择。创新驱动发展的关键在于绿色创新能力和效率提升（沈能和周晶晶，2018），这就需要各类企业加大研发力度，推动创新成果市场化。然而，研发创新特别是绿色创新活动不同于其他投资项目，高投入、高风险、信息不对称以及缺乏抵押资产等问题导致了企业创新项目往往难以获得稳定的外部融资，内部融资又因为企业自身资金不足、经营周期长等因素无法持续满足企业研发投入需要。因此，在传统金融运行模式下，科技创新型企业长期面临融资难和融资贵等问题。

在此背景下，凭借"互联网＋"、大数据、人工智能等技术发展出的数字金融迅速成为传统金融的有力补充。据《北京大学数字普惠金融指数（2011—2020)》报告显示，我国数字金融指数在 2011～2020 年年均增长速度达 29.1%，

数字金融业务发展十分迅速，并且有跨越"胡焕庸线"的趋势①。与传统金融相比，数字金融因其所具有的普惠性、低成本、高效率、包容性和数字化特征，可以有效缓解金融资源的错配程度，为科技创新型企业解决其融资约束问题提供一条新的、有效的路径，进而为其技术创新活动提供良好的财务环境。

二、文献综述

近年来，伴随着数字金融的迅猛发展，相关文献也不断涌现。大量研究表明数字金融作为传统金融的有力补充，直接影响到技术创新活动的开展。德默茨等（Demertzis et al.，2018）探讨了资本市场联盟与金融科技的机遇，发现数字金融能够凭借精准化风险定价及集约化业务流程促进企业技术创新。弗罗斯特等（Frost et al.，2019）分析了大数据引起的金融机构的结构性变化，发现人工智能、大数据等数字技术提高了金融机构贷款审批效率，降低了企业融资成本，从而推动企业创新。梁榜和张建华（2019）考察了中国数字金融的发展和推广对技术创新的激励效应，发现不管是城市层面还是微观企业层面，数字金融的发展及其覆盖广度、使用深度和数字支持服务程度均对技术创新具有显著的正向影响。万佳彧等（2020）实证检验了融资约束在数字金融与企业创新活动之间的中介效应，发现数字金融发展会显著缓解企业的融资约束，而融资约束放松会对企业创新产生显著正向影响。杜传忠和张远（2020）基于直接和间接的双重维度探讨了数字金融影响区域创新的作用机制，并结合 2011 ～ 2016 年中国 267 个城市数字金融指数和城市创新力数据对提出的理论假说进行实证检验，发现数字金融发展具有显著的创新效应，能够成为提高区域创新水平的新动能。唐松等（2020）基于 2011 ～ 2017 年沪深两市 A 股上市公司数据，探讨了数字金融发展对企业技术创新的影响及其内在机理，发现数字金融的发展能够有效校正传统金融中存在的"属性错配""领域错配""阶段错配"问题，并且在金融发展禀赋较差的地区，数字金融展现出更强的企业技术创新驱动效果。汪亚楠等（2020）运用 2011 ～ 2017 年我国 280 个地级市的面板数据，研究数字金融对我国城市创新发展的影响，发现数字金融能够显著地驱动我国城市创新，收入效应和人力资本效应是其重要的传导机制；数字金融的覆盖广度和使用深度对城市创新起到了显著的促进作用，但数字化程度的效应不显著；数字金融对东部地区城市创新的驱动效应强于中西部地区。徐子尧（2020）运用动态面板系统 GMM 估计方法实证检验了数字金融发展对区域创

---

① 郭峰，王靖一，王芳，孔涛，张勋，程志云. 测度中国数字普惠金融发展：指数编制与空间特征[J]. 经济学（季刊），2020，19（4）：1401 – 1418.

新的影响与作用机制，发现数字金融发展显著促进了区域创新能力提升，且这种作用因城市地理区位、行政级别和初始创新水平不同而具有明显的地区异质性；数字金融发展通过地区信贷资源配置状况改善和居民消费数量增加及消费质量提高促进了区域创新能力提升。蔡乐才和朱盛艳（2020）采用 Probit 模型和工具变量方法从微观层面研究数字金融对小微企业创新发展的影响，发现数字金融具有普惠性特征，数字金融的发展能够显著地促进小微企业的创新倾向。此外，数字金融服务的覆盖广度、使用深度、数字化程度的提升均有利于推动小微企业的创新发展。潘爽（2021）实证检验数字金融是否能够在城市创新层面发挥普惠作用，发现数字金融能够显著提升城市创新水平，且覆盖广度和使用深度具有同样重要的作用；数字金融具有填平城市间创新鸿沟的普惠作用，其对中小城市的作用更显著；数字金融可以通过提高银行业竞争、提高市场化水平以及提升市场潜力三条渠道促进城市创新。

综上所述，上述文献针对数字金融与技术创新之间的关系展开了卓有成效的研究，为本章的写作提供了借鉴，但仍存在以下有待拓展之处：一是已有研究大多是从创新投入或产出角度选择 R&D 支出、专利数量等指标代表技术创新，进而考察数字金融是否有利于激发技术创新。然而创新投入增加仅能说明技术创新的努力程度，创新产出增加也可能是创新投入增加的结果，二者均不能很好地反映技术创新能力。二是已有研究大多将研究区域视为一个完全同质的封闭系统，忽视了数字金融对技术创新影响的空间效应。但事实上，数字金融存在较强的空间相关性以及集聚效应，数字金融在影响本地技术创新活动的同时，也会通过"联系效应"影响邻地技术创新活动。三是已有研究对数字金融影响技术创新的传导渠道、传导机制的研究还不够深入。技术创新是一个多要素相互作用的复杂过程，还受到多种因素的综合影响，这些因素在数字金融的约束下，对技术创新的影响可能会发生变化，从而在数字金融与技术创新的关系中起着重要的传导作用。

鉴于此，本章基于 2011～2019 年的中国省级面板数据，在对绿色创新效率进行测算的基础上，分别构建普通面板计量模型、空间面板计量模型估计在不考虑空间效应、考虑空间效应条件下数字金融对绿色创新效率的影响效应，并运用逐步回归法和 Bootstrap 方法检验数字金融通过促进金融发展、刺激消费需求和提升人力资本渠道对绿色创新效率的传导机制，以揭开数字金融影响绿色创新效率内在逻辑的黑箱。对这一问题的研究，不仅可以为科技型企业破解融资约束难题、提升技术创新能力提供可行路径，同时也为政府制定有针对性的政策、推动数字金融和创新驱动发展提供决策参考。

第二节　模型、变量与数据

一、模型与方法

（一）效率测度模型

考虑到传统 SBM – DEA 模型测度结果存在多个决策单元（DMU）效率值同时为 1 且无法纵向比较的问题，借鉴托恩（2002）提出的 Super – SBM – DEA 模型和查恩斯等（Charnes et al., 1985）提出的 Windows – DEA 模型，构建 Super – SBM – Windows – DEA 模型测算中国各省份绿色创新效率。假设生产系统有 n 个 DMU，每个 DMU 都有投入 X、期望产出 Y^g 和非期望产出 Y^b 三个元素，并且 $x \in R^m$，$y^g \in R^{S_1}$，$y^b \in R^{S_2}$，定义矩阵 X，Y^g，Y^b 如下：$X = [x_1, \cdots, x_n] \in R^{m \times n}$，$Y^g = [y_1^g, \cdots, y_n^g] \in R^{S_1 \times n}$，$Y^b = [y_1^b, \cdots, y_n^b] \in R^{S_2 \times n}$，其中，$x_i > 0$，$y_i^g > 0$ 和 $y_i^b > 0 (i = 1, 2, \cdots, n)$。则 Super – SBM – DEA 效率测度模型表示成：

$$\rho^* = \min \frac{\dfrac{1}{m} \sum_{i=1}^{m} \dfrac{\overline{x_i}}{x_{i0}}}{\dfrac{1}{s_1 + s_2} \left(\sum_{r=1}^{s_1} \dfrac{\overline{y_r^g}}{y_{r0}^g} + \sum_{l=1}^{s_2} \dfrac{\overline{y_l^b}}{y_{l0}^b} \right)}$$

$$\text{s. t.} \begin{cases} \overline{x} \geq \sum_{j=1, \neq 0}^{n} \lambda_j x_j \\ \overline{y^g} \leq \sum_{j=1, \neq 0}^{n} \lambda_j y_j^g \\ \overline{y^b} \leq \sum_{j=1, \neq 0}^{n} \lambda_j y_j^b \\ \overline{x} \geq x_0, \overline{y^g} \leq y_0^g, \overline{y^b} \geq y_0^b, \overline{y^g} \geq 0, \lambda \geq 0 \end{cases} \quad (6.1)$$

式（6.1）中，ρ^* 表示绿色创新效率超效率值，其值越大表明效率越高。$\overline{x}$、$\overline{y^g}$ 和 $\overline{y^b}$ 分别为投入、期望产出和非期望产出的松弛量，λ 为权重向量。

使用 Windows – DEA 模型首先需要确定窗口宽度 d，按照文献的普遍做法，选择窗口宽度 $d = 3$。假设研究的总时间为 T，则会建立 $T - d + 1$ 个窗口，每个 DMU 在第 m 个窗口上利用式（6.1）测算 d 次，累计每个 DMU 测算 $(T - d + 1)$ d 次，取每个时点的算术平均值作为该 DMU 每年的绿色创新效率。

（二）普通面板计量模型

为研究数字金融对绿色创新效率的影响，构建普通面板固定效应（FE）模型如下：

$$\ln GIE_{it} = cons + c\ln df_{it} + k\ln cv_{it} + v_i + \varepsilon_{it} \tag{6.2}$$

式（6.2）中，i 为省份，t 为时间，GIE_{it} 表示被解释变量绿色创新效率，df_{it} 表示核心解释变量数字金融，cv_{it} 为一系列控制变量，$cons$ 为截距项，c 和 k 分别为解释变量和控制变量的待估参数，v_i 为个体效应，ε_i 为随机扰动项。

针对式（6.2）中可能存在的内生性问题，本章在运用普通最小二乘估计法（OLS，不考虑个体效应 v_i）、普通面板固定效应模型（FE，考虑个体效应 v_i）分析的基础上，进一步采用广义矩估计法（GMM）估计回归方程。GMM 估计能够解决滞后一期绿色创新效率的一次差分带来的内生性问题，其包含两种方法：一阶差分广义矩估计（DIF – GMM）和系统广义矩估计（SYS – GMM），两者的主要区别是 DIF – GMM 估计量采用水平值的滞后项作为差分变量的工具变量，而 SYS – GMM 估计量则联立了差分方程和水平方程，采用水平值的滞后项作为差分方程的工具变量，同时采用差分变量的滞后项作为水平方程的工具变量。这不仅相当于增加了可用的工具变量，更为重要的是，当时序连续而观测期较短时，DIF – GMM 估计量的工具变量往往是弱工具变量，采用 DIF – GMM 会引致有偏估计，而 SYS – GMM 估计量能有效避免该问题，相对而言更加稳健。考虑到本章使用的是截面较大而时序较短的面板数据，引入绿色创新效率的一阶时间滞后项，采用 SYS – GMM 估计方法对式（6.3）进行估计，并通过 Sargan 检验和 AR（2）检验判断模型设定的有效性。

$$\ln GIE_{it} = cons + \gamma \ln GIE_{it-1} + c\ln df_{it} + k\ln cv_{it} + \varepsilon_{it} \tag{6.3}$$

（三）空间面板计量模型

数字金融与绿色创新效率存在较强的空间关联性，在模型设定时应考虑空间因素。常用的空间面板计量模型有空间滞后模型、空间误差模型和空间杜宾模型。空间滞后模型考察被解释变量的空间溢出效应，空间误差模型则考察误差项的空间溢出效应。考虑到现实中往往同时存在空间滞后和空间误差，因此使用更具一般性的空间面板杜宾模型，表达式为：

$$\ln GIE_{it} = cons + \rho \sum_{j=1}^{N} W_{ij}\ln GIE_{it} + \beta\ln X_{it} + \theta \sum_{j=1}^{N} W_{ij}\ln X_{it} + v_i + \varphi_t + \varepsilon_{it} \tag{6.4}$$

式（6.4）中，i 为省份，t 为时间，GIE_{it} 表示被解释变量绿色创新效率，X_{it} 为解释变量，包括核心解释变量数字金融和其他控制变量，$cons$ 为截距项，β 为待估参数，ρ 为被解释变量的空间回归系数，θ 为解释变量的空间回归系数，v_i

为个体效应，φ 为时间效应，ε_{it} 为随机扰动项。W 为空间权重矩阵，分别从地理距离维度和经济距离维度两个维度构建。其中，基于地理距离维度的空间权重矩阵构建借鉴了托布勒（Tobler，1970）提出的地理学第一定律的思想，假定两个地区之间的距离越近，相互之间的影响就越大，则赋予较大权重。公式为：

$$W1_{ij} = \begin{cases} 1/d^2 & (i \neq j) \\ 0 & (i = j) \end{cases} \tag{6.5}$$

式（6.5）中，d 为两个省份地理中心位置之间的距离，此距离根据国家基础地理信息系统 1:400 万电子地图，利用 ArcGis 软件测量得到。

基于经济距离维度的空间权重矩阵构建参考了李婧等（2010）的研究，其认为空间联系除了受地理邻近特征影响外，还受社会经济特征影响，当一个地区的物质资本存量占总量比重越大，其对周边地区的影响也越大，则赋予较大权重。公式为：

$$W2_{ij} = W1_{ij} \times \mathrm{diag}(\overline{ed_1}/\overline{ed}, \ \overline{ed_2}/\overline{ed}, \ \cdots, \ \overline{ed_n}/\overline{ed}) \tag{6.6}$$

式（6.6）中，ed_i 为第 i 省份物质资本存量，其数值参照张军等（2004）、李婧等（2010）的做法计算得到，$\overline{ed_i}$ 为考察期内第 i 省份物质资本存量均值，$\overline{ed}$ 为考察期内所有省份物质资本存量均值。

在式（6.4）的基础上，考虑到被解释变量可能存在时间滞后效应和时空滞后效应，进一步构建动态空间面板杜宾模型，埃洛斯特和弗雷特（Elhorst and Freret，2009）的研究认为，如果模型中存在遗失变量，且这些变量又恰好和解释变量相关，那么该模型只有包括了空间滞后解释变量才能得到无偏估计。动态空间面板数据模型的表达式为：

$$\ln GIE_{it} = cons + \tau \ln GIE_{i,t-1} + \eta \sum_{j=1}^{N} W_{ij} \ln GIE_{i,t-1} + \rho \sum_{j=1}^{N} W_{ij} \ln GIE_{it}$$

$$+ \beta \ln X_{it} + \theta \sum_{j=1}^{N} W_{ij} \ln X_{it} + v_i + \varphi_t + \varepsilon_{it} \tag{6.7}$$

式（6.7）中，τ 表示被解释变量绿色创新效率的时间滞后系数，η 表示被解释变量绿色创新效率的时空滞后系数，其他符号含义同式（6.4）。与式（6.4）相比，考虑了时间滞后效应、空间滞后效应和时空滞后效应的动态空间面板杜宾模型能够更好地控制解释变量对被解释变量影响过程中的时间和空间因素，估计结果也更为稳健。

不仅如此，根据莱萨奇和佩斯（Lesage and Pace，2009）的建议，还可利用偏微分方法检验解释变量对被解释变量的直接效应和空间溢出效应，将式（6.7）作差分变换，不难得到关于 $\Delta \ln GIE$ 关于 $\ln X$ 中第 k 个解释变量的偏导数矩阵：

$$\left[\frac{\partial\Delta\mathrm{ln}GIE}{\partial\mathrm{ln}X_{1k}}\cdots\frac{\partial\Delta\mathrm{ln}GIE}{\partial\mathrm{ln}X_{Nk}}\right]=\begin{bmatrix}\dfrac{\partial\Delta\mathrm{ln}GIE_1}{\partial\mathrm{ln}X_{1k}}&\cdots&\dfrac{\partial\Delta\mathrm{ln}GIE_N}{\partial\mathrm{ln}X_{Nk}}\\\vdots&\vdots&\vdots\\\dfrac{\partial\Delta\mathrm{ln}GIE_N}{\partial\mathrm{ln}X_{1k}}&\cdots&\dfrac{\partial\Delta\mathrm{ln}GIE_N}{\partial\mathrm{ln}X_{Nk}}\end{bmatrix}$$

$$=(I-\rho W)^{-1}\begin{bmatrix}\beta_k&W_{12}\theta_k&\cdots&W_{1N}\theta_k\\W_{21}\theta_k&\beta_k&\cdots&W_{2N}\theta_k\\\vdots&\vdots&\vdots&\vdots\\W_{N1}\theta_k&W_{N2}\theta_k&\cdots&\beta_k\end{bmatrix}\quad(6.8)$$

式（6.8）中，偏导数矩阵的对角线元素均值代表解释变量对被解释变量的直接效应，非对角线元素列均值代表解释变量对被解释变量的间接效应，即空间溢出效应。

（四）多重中介效应模型

数字金融不仅对绿色创新效率有直接影响，而且可能通过促进金融发展、刺激消费需求和提升人力资本渠道对绿色创新效率存在间接传导机制。因此，借鉴巴伦和肯尼（Baron and Kenny，1986）提出的逐步回归法构建多重中介效应模型进行实证分析。逐步回归法的思路是首先检验解释变量对被解释变量的总效应，其次检验解释变量和中介变量的关系，最后检验控制中介变量后解释变量对被解释变量的影响。由此构建的多重中介效应模型如下：

$$\mathrm{ln}GIE_{it}=cons+c\mathrm{ln}df_{it}+k\mathrm{ln}cv_{it}+\varepsilon_{it}\qquad(6.9)$$

$$\mathrm{ln}M_{it}=cons+a\mathrm{ln}df_{it}+k\mathrm{ln}cv_{it}+\varepsilon_{it}\qquad(6.10)$$

$$\mathrm{ln}GIE_{it}=cons+c'\mathrm{ln}df_{it}+bM_{it}+k\mathrm{ln}cv_{it}+\varepsilon_{it}\qquad(6.11)$$

式（6.9）、式（6.10）和式（6.11）中，i 为省份，t 为时间，GIE_{it} 表示被解释变量绿色创新效率，df_{it} 表示核心解释变量数字金融，cv_{it} 为一系列控制变量，M_{it} 为中介变量，$cons$ 为截距项，ε_{it} 为随机扰动项。系数 c 为数字金融对绿色创新效率的总影响效应；系数 a 为数字金融对中介变量的影响效应，中介变量有三个，分别为金融发展水平、消费水平和人力资本水平；系数 c' 是控制了中介变量的影响后，数字金融对绿色创新效率的影响效应，系数 b 是中介变量对绿色创新效率的影响效应。如果系数 c、系数 a、系数 b、系数 c' 显著，则存在部分中介效应，如果系数 a、系数 b、系数 c 显著，系数 c' 不显著，则存在完全中介效应。如果系数 c 显著，系数 a、系数 b 一个显著一个不显著，则通过 Sobel 检验来判定是否存在中介效应。

二、变量与数据

被解释变量:绿色创新效率(GIE)。采用 Super – SBM – Windows – DEA 模型测度 2011 ~ 2019 年中国各省份绿色创新效率。在指标选择方面,选取 R&D 资本存量、R&D 人员全时当量表征创新投入,发明专利申请受理量、新产品销售收入表征创新期望产出,废水排放量、二氧化硫排放量和工业固体废弃物产生量表征创新非期望产出。

核心解释变量:数字金融指数(df)。参考多数学者的做法,采用北京大学数字金融研究中心课题组 2021 年发布的数字普惠金融指数来表征。该指数主要包含数字金融覆盖广度、数字金融使用深度和普惠金融数字化程度三个维度,指标体系兼具横向和纵向可比性,同时体现了数字金融服务的多层次性和多元化,很好地衡量了我国数字金融的发展特点和水平。

中介变量:参考已有研究,选取金融发展水平(fin)、消费水平(exp)和人力资本水平(hr)作为中介变量。其中,金融发展水平(fin)以各省金融机构存贷款总额与地区生产总值的比值来表征;消费水平(exp)以各省最终消费支出占地区生产总值的比例来表征;人力资本水平(hr)以每 10 万人高等学校在校人数来表征。

控制变量。参考已有研究,选取政府支出(gov)、国外技术引进(tif)、产学研合作(iur)、产业结构($indu$)和经济发展水平(gdp)作为控制变量。其中,政府支出(gov)采用政府财政一般预算支出与地区生产总值的比值来表征;国外技术引进(tif)采用国外技术引进合同金额与地区生产总值的比值来表征;产学研合作(iur)采用高校和研发机构科技经费筹集总额中企业资金的比例来表征;产业结构($indu$)采用产业结构合理化指标来表征,具体计算参照干春晖等(2011)利用泰尔指数度量产业结构合理化。经济发展水平(gdp)采用地区生产总值来表征,并用生产总值指数平减为以 2011 年为基期的实际值。

以 2011 ~ 2019 年中国 30 个省级行政区为研究对象(由于数据所限,不含我国西藏、香港、澳门、台湾地区),所有数据均来源于历年《中国统计年鉴》《中国科技统计年鉴》《中国环境统计年鉴》《北京大学数字普惠金融指数》,以及 Wind 数据库,数据的描述性统计结果如表 6 – 1 所示。

表 6 – 1　　　　　　　　　数据的描述性统计结果

变量	指标	符号	样本量	平均值	标准差	最小值	最大值
被解释变量	绿色创新效率	GIE	270	0.5109	0.2668	0.0701	1.2372

续表

变量	指标	符号	样本量	平均值	标准差	最小值	最大值
核心解释变量	数字金融指数	*df*	270	203.3576	91.5675	18.3300	410.2814
中介变量	金融发展水平	*fin*	270	3.1738	1.1341	1.5175	8.1310
	消费水平	*exp*	270	51.9799	8.6547	37.4958	85.8126
	人力资本水平	*hr*	270	2589.2960	796.2383	1082.0000	5613.0000
控制变量	政府支出	*gov*	270	24.9350	10.3148	11.0270	62.8379
	国外技术引进	*tif*	270	28.2058	51.9225	0.0189	455.4982
	产学研合作	*iur*	270	12.9576	6.6981	1.3179	32.1447
	经济发展水平	*gdp*	270	24572.39	18883.17	1670.44	95325.21
	产业结构	*indus*	270	0.2075	0.1394	0.0175	0.7290

第三节　数字金融对绿色创新效率的直接影响

一、不考虑空间效应的回归结果与分析

已有研究表明数字金融（王刚贞和陈梦洁，2020）、绿色创新效率（吕岩威等，2020）均存在较强的空间相关性特征，本章拟采用空间面板计量模型进行参数估计。为了便于比较，首先分别运用非空间普通最小二乘模型（OLS）、非空间普通面板回归模型（FE）、非空间动态面板回归模型（SYS - GMM）估计不考虑空间效应条件下数字金融对绿色创新效率的影响。对于非空间普通面板回归模型，经过豪斯曼（Hausman）检验后确定采用固定效应模型进行估计。

表6-2报告了不考虑空间效应条件下模型的估计结果，从表中可以看出，无论是运用OLS、FE还是SYS - GMM模型，数字金融对绿色创新效率的影响系数均显著为正，表明数字金融显著促进了绿色创新效率提升。但没有考虑内生性问题的OLS、FE模型估计系数的 t 值均小于考虑了内生性问题的SYS - GMM模型估计系数的 t 值，表明考虑了内生性问题的SYS - GMM模型的估计结果表现出更为优良的统计特征，由表中的Sargan检验和AR（2）检验结果也可以看出，Sargan检验的原假设为工具变量的过度识别检验是有效的，AR（2）检验的原假设是差分后的残差项不存在二阶自相关，两项检验结果均通过了工具变量的有效性检验。因此，SYS - GMM模型的设定是有效的，要得到更稳健的回归结果，对内生性的考虑不可或缺。

表 6 - 2　　　不考虑空间效应条件下数字金融对绿色创新效率影响的估计结果

变量	非空间普通最小二乘模型（OLS）	非空间普通面板回归模型（FE）	非空间动态面板回归模型（SYS - GMM）
	模型 1	模型 2	模型 3
$L. \ln gie$	—	—	0. 3038 *** (4. 7443)
$\ln df$	0. 2953 *** (7. 4018)	0. 4234 *** (3. 2816)	0. 2310 *** (13. 6863)
$\ln gov$	- 0. 2855 *** (- 3. 4600)	0. 3093 * (1. 8409)	0. 3457 *** (5. 8445)
$\ln tif$	0. 0555 *** (2. 8796)	- 0. 0497 *** (- 3. 1727)	0. 0020 (0. 2622)
$\ln iur$	0. 1165 ** (2. 4298)	0. 1830 ** (2. 5322)	0. 2000 *** (8. 2546)
$\ln gdp$	0. 0322 (1. 1000)	0. 0567 *** (2. 9941)	0. 0420 *** (5. 1461)
$\ln indus$	- 0. 1433 *** (- 3. 3614)	0. 1621 (1. 6310)	- 0. 0291 (- 1. 3567)
$cons$	2. 8538 *** (5. 8127)	- 0. 3074 (- 0. 3717)	- 0. 4381 * (- 1. 7450)
$Ind/Year$	—	Yes	—
σ^2	0. 1603	0. 0456	
N	270	270	240
R^2	0. 4603	0. 5018	
AR（2）	—	—	0. 1444 [0. 8852]
$Sargan$	—	—	24. 6263 [0. 4263]

注：$L. \ln gie$ 表示绿色创新效率自然对数的一阶时间滞后项，*、** 和 *** 分别表示显著性水平为 10%、5% 和 1%，括号内的值为 t 值或 z 值，方括号内的值为系数的 p 值。

此外，考虑到非空间面板回归模型很可能由于忽略空间效应而导致模型设定错误，从而得到有偏的估计结果。因此，在应用非空间面板回归模型估计数字金融对绿色创新效率影响的基础上，应进一步纳入空间效应因素，通过检验回归残差的空间相关性，选择合适的空间计量模型，进而构建空间面板计量模型分析考虑了空间效应条件下数字金融对绿色创新效率的影响效应。

二、空间计量模型的识别与检验

在对空间面板计量模型进行参数估计之前，首先应考察数据是否存在空间相关性。为此利用莫兰指数（Moran's I）对数字金融和绿色创新效率的空间相关性进行检验，其表达式为：

$$Moran's\ I = \frac{\sum_{i=1}^{n}\sum_{j=1}^{n}W_{ij}(x_i - \bar{x})(x_j - \bar{x})}{S^2\sum_{i=1}^{n}\sum_{j=1}^{n}W_{ij}} \qquad (6.12)$$

式（6.12）中，x_i 表示第 i 个省份的变量值，S^2 为样本方差，$\bar{x}$ 为平均值，W_{ij} 为空间权重矩阵的元素。Moran's I 的取值范围为 [-1, 1]，指数值大于 0 表示存在空间正相关，指数值小于 0 表示存在空间负相关，指数值趋向于 0 表示不存在空间自相关。

表 6-3 报告了 2011~2019 年数字金融和绿色创新效率的 Moran's I 指数，可以看出无论是采用地理距离空间权重矩阵还是经济距离空间权重矩阵，数字金融、绿色创新效率的 Moran's I 在绝大多数年份均显著大于 0，表明这两个变量在空间上的分布并不是随机的，而是呈现出明显的正向空间相关性特征，因此适合运用空间面板计量模型进行分析。

表 6-3　　　2011~2019 年数字金融和绿色创新效率的 Moran's I 检验结果

年份	数字金融的 Moran's I 指数		绿色创新效率的 Moran's I 指数	
	地理距离空间权重矩阵	经济距离空间权重矩阵	地理距离空间权重矩阵	经济距离空间权重矩阵
2011	0.068 (1.392)	0.033 (0.951)	0.153 ** (2.525)	0.079 (1.584)
2012	0.179 *** (2.869)	0.132 ** (2.334)	0.180 *** (2.920)	0.091 * (1.772)
2013	0.159 *** (2.579)	0.113 ** (2.048)	0.183 *** (2.974)	0.102 * (1.939)
2014	0.153 ** (2.482)	0.114 ** (2.045)	0.142 ** (2.418)	0.060 (1.348)
2015	0.084 (1.574)	0.074 (1.507)	0.092 * (1.738)	0.031 (0.928)
2016	0.106 * (1.852)	0.063 (1.343)	0.140 ** (2.404)	0.053 (1.242)

续表

年份	数字金融的 Moran's I 指数		绿色创新效率的 Moran's I 指数	
	地理距离空间权重矩阵	经济距离空间权重矩阵	地理距离空间权重矩阵	经济距离空间权重矩阵
2017	0.085 (1.578)	0.060 (1.300)	0.178 *** (2.923)	0.106 ** (2.008)
2018	0.180 *** (2.905)	0.130 ** (2.322)	0.194 *** (3.118)	0.125 ** (2.254)
2019	0.166 *** (2.690)	0.112 ** (2.047)	0.203 *** (3.236)	0.131 ** (2.339)

注：括号内的数值为 t 值；*、** 和 *** 分别表示显著性水平为 10%、5% 和 1%。

对于空间面板计量模型的选择，参考莱萨奇和佩斯（2009）的方法，基于非空间面板模型的 OLS 回归，通过构建残差的拉格朗日乘子（LM）及其稳健形式（Robust LM）的统计量，检验是否存在空间自相关性。在此基础上，基于空间面板杜宾模型，采用 Wald 统计量检验空间面板杜宾模型是否可以简化为空间误差模型或空间滞后模型。采用基于固定效应模型的联合显著性似然比 LR 检验确定是选择空间固定效应、时间固定效应还是时空双固定效应，检验结果如表 6-4 所示。

表 6-4　　　　　　　　　　空间面板计量模型的识别与检验结果

统计量	地理距离空间权重矩阵		经济距离空间权重矩阵	
	系数	p 值	系数	p 值
LM（LAG）	141.765 ***	0.000	7.498 ***	0.006
R-LM（LAG）	7.899 ***	0.005	0.266	0.606
LM（ERR）	149.079 ***	0.000	141.095 ***	0.000
R-LM（ERR）	15.213 ***	0.000	133.864 ***	0.000
Wald（LAG）	21.75 ***	0.0013	55.63 ***	0.0000
Wald（ERR）	20.29 ***	0.0025	48.69 ***	0.0000
LR-test joint significance spatial fixed effects	88.04	0.0000	84.47	0.0000
LR-test joint significance time-period fixed effects	18.53	0.2938	8.74	0.9239

注：*** 表示显著性水平为 1%。

从表中可以看出，无论是选择地理距离空间权重矩阵还是经济距离空间权重矩阵，估计结果均显示空间误差模型和空间滞后模型至少有一个通过了 LM 统计量及其稳健形式的检验，可以考虑选用空间杜宾模型（Elhorst，2014）。Wald 统计量检验结果均在 1% 的水平上分别拒绝了原假设，表明空间杜宾模型不能退化为空间误差模型和空间滞后模型，即空间杜宾模型是更好的模型。基于固定效应模型的联合显著性似然比 LR 检验结果拒绝了空间效应不显著的原假设，但未拒绝时间效应不显著的原假设。考虑到本章是基于 2011～2019 年的短面板数据展开研究，时间区间较短且着重研究空间效应，故将空间面板计量模型确定为考虑空间固定效应的空间面板杜宾模型。

三、考虑空间效应的回归结果与分析

进一步纳入空间效应因素，分别构建静态、动态空间面板杜宾模型估计考虑空间效应条件下数字金融对绿色创新效率的影响效应。按照莱萨奇和佩斯（2009）的方法将数字金融对绿色创新效率的影响效应分解为直接效应和溢出效应，其分解结果如表 6-5 所示。从表中可以看出，模型 4 至模型 7 的绿色创新效率空间滞后项系数 ρ 均在至少 10% 的水平上显著为正，这表明在控制了一系列相关变量后，绿色创新效率仍然具有明显的正向空间溢出效应，即邻近地区绿色创新效率水平越高，对本地区的示范、拉动效应就越强，本地区绿色创新效率发展状况也越好。可见，在以往研究中经常被忽视的空间外部性因素对绿色创新效率具有重要影响。

表 6-5　考虑空间效应条件下数字金融对绿色创新效率影响的估计结果

变量	静态空间面板杜宾模型		动态空间面板杜宾模型	
	地理距离空间权重矩阵（模型 4）	经济距离空间权重矩阵（模型 5）	地理距离空间权重矩阵（模型 6）	经济距离空间权重矩阵（模型 7）
τ	—	—	0.5729 *** (10.1507)	0.6117 *** (10.9202)
ρ	0.3728 *** (3.7266)	0.4038 *** (3.7130)	0.2075 * (1.7834)	0.2921 ** (2.2188)
η			0.3354 ** (2.1974)	1.2109 *** (6.5717)
$\ln df$	0.3764 *** (2.7684)	0.3865 *** (3.0226)	0.7816 ** (2.5360)	0.8213 *** (2.8186)

续表

变量	静态空间面板杜宾模型		动态空间面板杜宾模型	
	地理距离空间权重矩阵（模型4）	经济距离空间权重矩阵（模型5）	地理距离空间权重矩阵（模型6）	经济距离空间权重矩阵（模型7）
lngov	0.2970 (1.6352)	0.3018 * (1.6892)	0.1926 (1.1785)	0.2052 (1.2919)
lntif	− 0.0522 *** （− 3.5362）	− 0.0541 *** （− 3.6828）	− 0.0263 * （− 1.9257）	− 0.0201 （− 1.5074）
lniur	0.1436 ** (2.0764)	0.1361 ** (1.9885)	0.1419 ** (2.1526)	0.1698 *** (2.6423)
lngdp	0.0568 *** (3.0031)	0.0536 *** (2.8740)	0.0207 (1.1568)	0.0034 (0.1970)
ln$indus$	0.1181 (1.2523)	0.0943 (1.0062)	0.1569 (1.4963)	0.1415 (1.3783)
$W \times$ lndf	− 0.3294 ** （− 2.2212）	− 0.3550 ** （− 2.4234）	− 0.9825 *** （− 3.0712）	− 1.4912 *** （− 4.9104）
$W \times$ lngov	0.2889 (0.8352)	0.4018 (1.1102)	0.8575 *** (2.5774)	1.1577 *** (3.2016)
$W \times$ lntif	− 0.0055 （− 0.1199）	0.0038 (0.0585)	0.0399 (0.9114)	− 0.1063 （− 1.6189）
$W \times$ lniur	− 0.1827 （− 0.7573）	− 0.1017 （− 0.3819）	− 0.3183 （− 1.4546）	− 0.3268 （− 1.3585）
$W \times$ lngdp	− 0.0487 （− 0.7519）	− 0.0940 * （− 1.6567）	− 0.1991 *** （− 2.9972）	− 0.2979 *** （− 5.4033）
$W \times$ ln$indus$	− 0.2415 （− 0.8445）	− 0.2878 （− 0.9013）	− 0.1926 （− 0.5418）	− 0.1933 （− 0.5018）
σ^2	0.0421 *** (11.5317)	0.0419 *** (11.5197)	0.0337 *** (12.2910)	0.0323 *** (12.2743)
N	270	270	240	240
R^2	0.4130	0.4175	0.5383	0.5108

注：括号内的数值为 t 值；＊、＊＊ 和 ＊＊＊ 分别表示显著性水平为10%、5%和1%。

从静态空间面板杜宾模型（模型4、模型5）和动态空间面板杜宾模型（模型6、模型7）回归结果的比较来看，模型6、模型7的绿色创新效率时间滞后项系数 τ 在1%的水平上均显著为正，表明在地理距离、经济距离两种空间权重矩阵下，中国区域绿色创新效率均存在显著的"时间惯性"，即中国区域绿色创新效率变化具有时间上的路径依赖特征，表现出明显的"滚雪球"效应，上一期绿色创新效率如果处于较高水平，那么下一期的绿色创新效率也可能持续走高，这意味着中国区域绿色创新效率的差距将越拉越大。

不仅如此，模型6、模型7的绿色创新效率时空滞后项系数 η 在至少5%的水平上也均显著为正，表明在地区间经济联系日益密切的背景下，上一期邻近地区绿色创新效率提升越快，对本地区当期的绿色创新效率促进作用就越大，本地区当期的绿色创新效率发展状况也就越好，这也验证了绿色创新效率同时具有显著的时间滞后效应和空间溢出效应，即中国区域绿色创新效率同时存在跨时间和跨区域关联的特征。

另外，与模型1至模型5相比，基于动态空间面板杜宾模型的模型6、模型7在 R^2 和 σ^2 等指标上总体均明显优于表6-2中非空间普通最小二乘模型（模型1）和非空间普通面板回归模型（模型2）的回归结果，也优于表6-5中基于静态空间面板杜宾模型的模型4、模型5的回归结果，表明动态空间面板杜宾模型同时考虑了空间关联性、变量内生性的问题，具有更为优良的计量技术表现。

从解释变量的回归系数来看，模型6、模型7的数字金融对本地绿色创新效率的影响系数均在至少5%的水平上显著为正，与模型1至模型5的估计结果完全一致，表明数字金融促进了本地绿色创新效率的提升。数字金融一方面很好地满足了绿色创新的资金需求，缓解了创新型企业尤其是中小创新型企业的融资约束，另一方面通过联结产品的生产端口与消费终端，将消费者的产品需求直接反馈给生产者，提高了创新产品推向市场的效率。数字金融对邻地绿色创新效率的影响则在至少5%的水平上显著为负，表明数字金融对邻地绿色创新效率产生显著的抑制作用。我国数字金融发展存在巨大的区域差异（熊雯婕和殷凤，2020），区域性数字金融高地凭借其技术、资本等优势吸引着周边地区的创新资源，导致周边地区创新发展受到严重制约，数字金融发展所产生的虹吸效应，抑制了周边地区绿色创新效率提升。

第四节　数字金融对绿色创新效率的传导机制

进一步构建多重中介效应模型，从促进金融发展、刺激消费需求和提升人力资本渠道考察数字金融对绿色创新效率影响的传导机制。考察多重中介效应最常用的方法为逐步回归法和 Bootstrap 法，相较于 Bootstrap 法，逐步回归法的分析逻辑更为直观，但对中介效应存在性的判定存在缺陷。而 Bootstrap 法放松了假设，可靠性更高。因此，本章运用逐步回归法判断回归系数是否显著，并配合使用 Bootstrap 法验证中介效应的存在性，以求达到最优的检验效果。

一、逐步回归法的估计结果与分析

表 6-6 的总效应的 $lngie$ 列报告了数字金融对绿色创新效率影响的总效应，回归结果显示数字金融对绿色创新效率的影响系数为 0.2953，且在 1% 水平上显著，表明数字金融对绿色创新效率产生了显著的正向影响。$lnfin$ 列、$lnexp$ 列和 $lnhr$ 列分别报告了数字金融对中介变量金融发展水平、消费水平和人力资本水平的回归结果，可以发现，数字金融对金融发展水平的回归系数为 0.1178，且在 1% 水平上显著，表明数字金融在金融领域的应用和发展，拓展了传统金融服务的边界，降低了金融服务的门槛和成本，改变了金融市场的竞争格局，带动了金融业数字化转型和发展。数字金融对消费水平的回归系数为 0.0514，且在 1% 水平上显著，表明数字金融提升了支付的便利性，放松了消费者流动性的约束，在一定程度上刺激了消费需求，促进了消费水平提升。数字金融对人力资本水平的回归系数为 0.1296，且在 1% 水平上显著，表明数字金融一方面增加了人力资本投资，促进了人力资本水平的提升，另一方面根据资本技能互补假设，数字金融也提高了企业融资便利性，增加了市场对高技能劳动力的需求。

表 6-6　　　　　　数字金融对绿色创新效率传导机制的估计结果

变量	总效应	促进金融发展		刺激消费需求		提升人力资本	
	$lngie$	$lnfin$	$lngie$	$lnexp$	$lngie$	$lnhr$	$lngie$
$lndf$	0.2953 *** (7.4018)	0.1178 *** (5.9915)	0.2275 *** (5.5678)	0.0514 *** (4.7629)	0.2595 *** (6.3423)	0.1296 *** (6.2360)	0.2605 *** (6.1428)
$lnfin$			0.5752 *** (4.7861)				
$lnexp$					0.6963 *** (3.1066)		
$lnhr$							0.2687 ** (2.2882)
$lngov$	−0.2855 *** (−3.4600)	0.5264 *** (12.9425)	−0.5883 *** (−5.8002)	0.3339 *** (14.9491)	−0.5180 *** (−4.6911)	−0.1353 *** (−3.1481)	−0.2491 *** (−2.9878)
$lntifor$	0.0555 *** (2.8796)	0.0291 *** (3.0609)	0.0388 ** (2.0574)	−0.0148 *** (−2.8447)	0.0658 *** (3.4192)	0.0580 *** (5.7795)	0.0399 * (1.9660)

续表

变量	总效应	促进金融发展		刺激消费需求		提升人力资本	
	lngie	lnfin	lngie	lnexp	lngie	lnhr	lngie
lniur	0.1165 ** (2.4298)	0.0036 (0.1502)	0.1145 ** (2.4845)	0.0426 *** (3.2809)	0.0869 * (1.8044)	0.0152 (0.6095)	0.1124 ** (2.3616)
lngdp	0.0322 (1.1000)	−0.0111 (−0.7721)	0.0386 (1.3712)	0.0016 (0.2063)	0.0310 (1.0784)	−0.0265 * (−1.7383)	0.0393 (1.3464)
lnindus	−0.1433 *** (−3.3614)	−0.2131 *** (−10.1417)	−0.0207 (−0.4286)	−0.0615 *** (−5.3272)	−0.1005 ** (−2.2761)	−0.0617 *** (−2.7797)	−0.1267 *** (−2.9531)
cons	2.8538 *** (5.8127)	−0.5292 ** (−2.1867)	3.1582 *** (6.6353)	2.7072 *** (20.3696)	0.9688 (1.2492)	7.8441 *** (30.6649)	0.7464 (0.7165)
R^2	0.4603	0.6030	0.5037	0.5619	0.4795	0.4713	0.4709
N	270	270	270	270	270	270	270
Sobel		3.74 ***		2.60 ***		2.15 **	

注：括号内的数值为 t 值；*、** 和 *** 分别表示显著性水平为 10%、5% 和 1%。

　　促进金融发展的 lngie 列、刺激消费需求的 lngie 列、提升人力资本的 lngie 列报告了数字金融和中介变量对绿色创新效率的共同影响，从中介变量的影响系数看，金融发展水平对绿色创新效率的影响系数为 0.5752，且在 1% 水平上显著，表明金融作为创新活动的坚定后盾，不仅为创新活动提供资金支持，还通过其资本形成机制、风险分散机制、激励约束机制促进了绿色创新效率提升。消费水平对绿色创新效率的影响系数为 0.6963，且在 1% 水平上显著，表明随着消费水平提升，消费者对产品的要求也越来越高，倒逼企业加大研发投入与技术创新，促进了绿色创新效率提升。人力资本水平对绿色创新效率的影响系数为 0.2687，且在 1% 水平上显著，表明人力资本作为知识、技术的重要载体，是影响企业技术创新的重要因素，其水平的提升对绿色创新效率具有改善作用。从数字金融的影响系数看，数字金融对绿色创新效率的影响系数在加入中介变量后依然在 1% 水平上显著为正，分别为 0.2275、0.2595 和 0.2605，但影响的程度较总效应（0.2953）明显降低，表明数字金融通过金融发展水平、消费水平和人力资本水平变量产生的中介效应为部分中介效应。此外，Sobel 检验也均在至少 5% 水平上拒绝了不存在中介效应的原假设，验证了数字金融对绿色创新效率的影响效应中有一部分是通过促进金融发展、刺激消费需求和提升人力资本路径传导实现的。

　　在验证了中介效应的存在性之后，进一步根据温忠麟和叶宝娟（2014）提出的新的中介效应检验流程，通过公式 ab/c 的方法①计算出数字金融通过金融发展水平、消费水平和人力资本水平变量影响绿色创新效率的中介效应比例。计算结果如表6-7所示。表中结果表明，数字金融通过金融发展水平、消费水平和人力资本水平变量影响绿色创新效率的中介效应量分别为 0.0678、0.0358、0.0348②，从传导机制的相对重要性看，在数字金融对绿色创新效率的总影响效应中，有22.9597%是通过促进金融发展间接影响绿色创新效率的，刺激消费需求的相对贡献份额为12.1233%，提升人力资本解释了数字金融与绿色创新效率因果链条中的11.7846%③，印证了促进金融发展是数字金融影响绿色创新效率的重要渠道，但也不能忽视刺激消费需求和提升人力资本产生的中介效应。

表6-7　　　　　数字金融对绿色创新效率传导机制的贡献分解结果

中介变量	数字金融→中介变量	中介变量→绿色创新效率	效应量	占总效应的比重（%）
lnfin	0.1178	0.5752	0.0678	22.9597
lnexp	0.0514	0.6963	0.0358	12.1233
lnhr	0.1296	0.2687	0.0348	11.7846

二、Bootstrap 方法的估计结果与分析

逐步回归分析方法估计结果表明数字金融通过促进金融发展、刺激消费需求和提升人力资本影响绿色创新效率，Sobel 检验也验证了数字金融与绿色创新效率之间中介效应的存在性。但 Sobel 检验假设 a 与 b 估计值的乘积符合正态分布，事实上，即使 a 和 b 的估计值均符合正态分布，其乘积也未必符合。而 Bootstrap 方法放松了这一假设，检验的精确度更高（温忠麟和叶宝娟，2014），因此通过非参数百分位 Bootstrap 方法（nonparametric percentile Bootstrap method）和偏差校正的（bias-corrected）非参数百分位 Bootstrap 方法分别对数字金融与绿色创新效率之间的中介效应进一步验证，设定随机抽取的样本量1000，并将置信水平设置为95%，检验结果如表6-8所示。

---

　　①　系数 a 为数字金融对中介变量的影响效应，系数 b 为中介变量对绿色创新效率的影响效应系数，c 为数字金融对绿色创新效率的总效应。
　　②　$0.0678 = 0.1178 \times 0.5752$，$0.0358 = 0.0514 \times 0.6963$，$0.0348 = 0.1296 \times 0.2687$。
　　③　$22.9597\% = 0.0678/0.2953 \times 100\%$，$12.1233\% = 0.0358/0.2953 \times 100\%$，$11.7846\% = 0.0348/0.2953 \times 100\%$。

表 6 - 8　　　　　　　　　基于 Bootstrap 方法的中介效应检验结果

中介变量	效应类型	系数	标准误	置信区间（P）	置信区间（BC）
ln*fin*	直接效应	0. 2275 ***	0. 0411	[0. 1481，0. 3103]	[0. 1527，0. 3136]
ln*fin*	间接效应	0. 0678 ***	0. 0186	[0. 0329，0. 1048]	[0. 0342，0. 1068]
ln*exp*	直接效应	0. 2595 ***	0. 0406	[0. 1805，0. 3426]	[0. 1792，0. 3374]
ln*exp*	间接效应	0. 0358 **	0. 0160	[0. 0073，0. 0729]	[0. 0108，0. 0776]
ln*hr*	直接效应	0. 2605 ***	0. 0421	[0. 1825，0. 3464]	[0. 1828，0. 3465]
ln*hr*	间接效应	0. 0348 **	0. 0178	[0. 0021，0. 0723]	[0. 0040，0. 0738]

注：置信区间（P）为基于非参数百分位 Bootstrap 方法的估计结果，置信区间（BC）为基于偏差校正的非参数百分位 Bootstrap 方法的估计结果，＊、＊＊＊分别表示显著性水平为 10%、1%。

运用 Bootstrap 方法检验中介效应需观测中介效应置信区间的区间范围是否包含 0，如果不包含 0，意味着中介效应显著，反之则不显著。表中的检验结果显示，采用非参数百分位 Bootstrap 方法和偏差校正的非参数百分位 Bootstrap 方法，数字金融通过促进金融发展产生的中介效应置信区间分别为 [0. 0329，0. 1048] 和 [0. 0342，0. 1068]，均明显不包含 0，同样，在两种 Bootstrap 方法下，通过刺激消费需求和提升人力资本产生的中介效应置信区间也均明显不包含 0，且置信区间上下限均大于 0，即促进金融发展、刺激消费需求和提升人力资本这三个中介变量的中介效应是显著的。对比表 6 - 6 和表 6 - 8 的估计结果发现，逐步回归法和 Bootstrap 方法均验证了本章设定的多重中介效应模型的有效性，结果是稳健的。

第五节　本章小结

本章基于 2011 ~ 2019 年中国省级面板数据，在对绿色创新效率进行测算的基础上，分别构建普通面板计量模型、空间面板计量模型估计在不考虑空间效应、考虑空间效应条件下数字金融对绿色创新效率的影响效应，并运用逐步回归法和 Bootstrap 方法检验数字金融对绿色创新效率的传导机制，以揭开数字金融影响绿色创新效率内在逻辑的黑箱。结果表明：

第一，数字金融促进了本地绿色创新效率提升，但对邻地绿色创新效率产生显著的抑制作用。无论是采用普通面板计量模型还是空间面板计量模型，数字金融对本地绿色创新效率均存在正向影响，且均在 1% 的水平上显著，表明数字金融缓解了创新型企业的融资约束，降低了传统的信息不对称，有助于本地绿色创新效率提升。但是静态、动态空间面板杜宾模型均显示数字金融对邻地绿色创新效率的影响在至少 5% 的水平上显著为负，表明数字金融发展所产生的虹吸效应，抑制了周边地区绿色创新效率提升。

第二，数字金融通过促进金融发展、刺激消费需求和提升人力资本三条传导渠道显著促进绿色创新效率提升。其中，通过促进金融发展路径影响绿色创新效率的中介效应量为 0.0678，表明数字金融通过促进金融发展对绿色创新效率产生正向影响；通过刺激消费需求路径影响绿色创新效率的中介效应量为 0.0358，表明数字金融通过刺激消费需求促进绿色创新效率提升；通过提升人力资本路径影响绿色创新效率的中介效应量为 0.0348，表明数字金融有助于提升人力资本水平，进而推动绿色创新效率提升。

第三，数字金融主要通过促进金融发展传导渠道对绿色创新效率产生促进作用，通过刺激消费需求和提升人力资本传导渠道的促进作用相对有限。在数字金融对绿色创新效率的总影响效应中，有 22.9597% 是通过促进金融发展间接影响绿色创新效率的，刺激消费需求的相对贡献份额为 12.1233%，提升人力资本解释了数字金融与绿色创新效率因果链条中的 11.7846%，印证了促进金融发展是数字金融影响绿色创新效率的重要渠道，但也不能忽视刺激消费需求和提升人力资本产生的中介效应。

基于上述研究结论，为促进数字金融发展与绿色创新效率提升，进一步提出以下政策建议：

第一，加快数字基础设施建设，强化数字金融对技术创新的支撑作用。本章实证结果表明数字金融显著促进本地绿色创新效率的提升。因此，一方面应借助国家推行"新基建"对冲新冠肺炎疫情短期冲击的机遇，加大对数字经济领域的投资，夯实数字金融发展的基础，为数字金融进一步服务经济发展提供保障。另一方面应积极创新数字金融服务模式，打造数字金融服务新生态，充分发挥数字金融对技术创新的促进作用。此外，在大力发展数字金融的同时，也要防范数字金融可能存在的市场风险，以数字技术构建数字金融风险防控体系，强化大数据风控、实时风控和智能风控，严守风险底线，维护数字金融的持续稳定发展。

第二，统筹规划，因地制宜，实施差异化的数字金融发展策略，缩小区域之间的差距。本章实证结果表明数字金融发展所产生的虹吸效应，抑制了邻近地区绿色创新效率水平的提升。因此，在政策制定中应考虑不同地区数字金融发展水平的差异性，分类实施精准施策，以促进区域间数字金融协同发展。其中，对于东部地区应充分发挥比较优势，以创新引领为目标，着重于"质"的提升，辐射并带动中西部地区数字金融发展；对于中西部地区应夯实发展基础，以产业化应用为重点，突出经济导向作用，加快弥补数字金融发展的短板，缩小与东部地区数字金融发展水平的差距。

第三，深化数字金融改革创新，畅通数字金融对绿色创新效率的传导渠道。

本章实证结果表明数字金融通过促进金融发展、刺激消费需求和提升人力资本渠道显著促进绿色创新效率。因此，一是应继续推进金融市场的改革开放，鼓励传统金融机构的数字化转型，提升金融业发展水平；二是应继续挖掘数字金融在支付便利性、信贷服务和风险管理等方面的优势，充分发挥数字金融对扩大消费需求的重要作用，推动消费结构升级的递进式发展；三是在推进数字金融快速发展的同时，还要注重数字金融对人力资本的提升作用，通过加速人力资本积累，进一步提升绿色创新效率。

第七章

研发资本要素市场扭曲
与中国区域绿色创新效率

第一节 问题的提出

一、研究背景

近年来，中国经济正由高速增长向高质量发展转型，创新成为推动经济高质量发展的重要力量。党的十九大报告指出创新是引领发展的第一动力，必须把创新摆在国家发展全局的核心位置。与此同时，一个不容忽视的重要问题是，创新活动需要大量的研发资本投入，但中国研发资本要素市场发育并不完善，信贷歧视、利率管制和政府干预等所导致的研发资本要素市场扭曲对创新产生不可低估的抑制作用，使得国家创新效率低下，不符合经济高质量高速发展的要求。因此，矫正研发资本要素市场扭曲是现阶段中国创新驱动发展进程中的一项艰巨而迫切的任务。在这一背景下，以研发资本要素市场扭曲为切入点，探讨其对区域创新效率的影响及其所带来的创新效率损失，对于优化中国研发资本要素配置、提升区域创新效率和实现经济高质量发展具有重要意义。

二、文献综述

从已有研究来看，大量文献从影响效应和效率损失层面探讨了要素市场扭曲对技术创新的抑制作用，但关于研发资本要素市场扭曲与绿色创新效率之间关系的研究相对较少。在影响效应方面，张杰等（2011）使用2001～2007年工业企业样本分析要素市场扭曲是否抑制了中国企业 R&D 投入，结果发现：在要素市场扭曲程度越深的地区，要素市场扭曲对中国企业 R&D 投入的抑制效应就越大；要素市场扭曲对不同特征企业 R&D 投入的抑制效应存在显著差异，要素市场扭曲所带来的寻租机会可能会削弱或抑制企业 R&D 投入。戴魁早和刘友金（2016）利用中国高技术产业 1997~2009 年省级面板数据建立实证模型分析了要素市场扭曲如何影响创新效率，研究发现：要素市场扭曲显著地抑制了企业或产业创新效率的提高，而要素市场扭曲对创新效率产生的抑制效应存在边际贡献递减规律。当扭曲程度较高时，要素市场改善对创新效率的边际效应较小；而随着扭曲程度的逐渐下降，要素市场改善对创新效率的边际效应则不断上升。白俊红和卞元超（2016）采用中国分省份面板数据，实证研究了劳动力要素市场扭曲和资本要素市场扭曲对中国创新生产效率损失的影响效应。研究发现：考察期内，中国劳动力要素市场和资本要素市场均呈现出较强的扭曲态势；劳动力要素市场扭曲和资本要素市场扭曲对创新生产效率损失均具有显著的正向影响，即二者均显著抑制了中国创新生产活动的开展及其效率的提升。李等（Li et al.，2017）利用 1999~2012 年《中国科技统计年鉴》数据，计算出创新资源错配指数，并探讨了创新资源错配对创新效率的影响，研究发现：虽然先进的金融市场有利于创新效率提升，但政府对交通基础设施的广泛发展以及对国有企业和外商投资企业的优惠待遇却与创新效率呈负相关。因此，对于正在经历研发投入扩张的新兴经济体，如中国，应该谨慎行事。杨等（Yang et al.，2020）利用 2001~2015 年中国 28 个制造业的面板数据，估算了技术创新效率、R&D 投入的产出弹性、技术创新要素偏向和 R&D 投入之间的替代弹性等指标，并探讨了缓解研发资源配置不当的方法。研究发现：中国制造业技术创新效率低于 1，研发投入严重配置不当；研发资本的产出弹性呈持续下降趋势，而研发人员的产出弹性呈稳定上升趋势；技术创新在 2002~2013 年偏向于研发人员，在 2014~2015 年呈现出波动的变化；为缓解不同行业研发资源配置不当，有必要调整技术创新要素偏向水平，以更高的产出弹性增加研发投入。陈经伟和姜能鹏（2020）综合运用系统 GMM 和工具变量法分析了资本要素市场扭曲对中国企业自主创新能力的干扰问题。研究发现：资本要素市场扭曲主要通过企业要素密集度转变、管理效率与生产效率三个机制及其渠道对企业研发投入和研发人才有效配置产生干扰或误置，对企业的研发活动和研发效率产生影响并最终抑制企业技术创新能力提升。中国资本要素市场扭曲程度的提升不仅会抑制企业技术创新，而且对企业创新机制具有一定的持续性负向影响。因此，加快中国资本要素市场化改革步伐和优化资本要素配置效率已成迫切之举。刘冬冬等（2020）基于中国制造业面板数据，利用可行广义最小二乘法考察研发要素价格扭曲是否提高了制造业创新效率，并关注全球价值链参与度和行业异质性带来的影响。研究发现：中国制造业研发资本价格、研发劳动力价格和进口中间品价格均存在不同程度的扭曲；研发资本价格扭曲和进口中间品价格扭曲均对制造业创新效率有显著的抑制作用，研发劳动力价格扭曲却表现为显著的促进作用，但在高技术制造业中的影响存在差异；随着中国制造业参与全球价值链的程度不断提高，上述作用均具有增强趋势。乔等（Qiao et al.，2021）基于 2010 ~ 2019 年中国可再生能源行业的面板数据，利用科布 - 道格拉斯生产函数计算出要素价格扭曲，并采用 SYS - GMM 方法分析要素价格扭曲对创新效率的影响。研究发现：要素价格扭曲显著抑制创新效率，如果将要素价格扭曲分为资本价格扭曲和劳动力价格扭曲，资本要素价格扭曲对创新效率的抑制作用大于劳动力价格扭曲。

在效率损失方面，最有影响的当属谢长泰和克莱诺（Hsieh and Klenow，2009）的研究，开启了从资源配置角度分析企业全要素生产率及经济增长的先河，其在构建垄断竞争模型的基础上，使用制造业企业微观数据量化了中国和印度的资源配置扭曲程度。研究发现，如果中印两国资本和劳动的配置效率达到美国的水平，中国制造业全要素生产率将提高 30% 至 50%，而印度制造业全要素生产率将提高 40% 至 60%。勃兰特等（Brandt et al.，2013）测度了 1985 ~ 2007 年中国各省份和部门与资本、劳动力误置相关的非农业全要素生产率损失，并将总体损失分解为省内要素市场扭曲（国有和非国有部门之间）的损失和省间要素市场扭曲（部门内部）的损失。研究表明：考察期内，资本和劳动力误置使非农业全要素生产率总量平均降低了 20%；从 20 世纪 90 年代中期开始，省内国有和非国有部门资本分配不当不断增加，导致非农业全要素生产率损失也随之明显增加；资本要素市场扭曲的加剧与政府以损害非国有部门为代价的鼓励国有部门投资的政策有关。龚关和胡关亮（2013）在谢长泰和克莱诺（2009）模型的基础上，提出以投入要素的边际产出价值的离散程度作为衡量资源配置效率的指标，并利用 1998 ~ 2007 年中国制造业微观数据，采用莱文索恩·佩特林（Levinsohn - Petrin，2003）半参数估计方法估计出行业的要素产出弹性，并结合垄断竞争模型计算得到：若资本和劳动均为有效的配置，1998 年我国的制造业全要素生产率将提高 57.1%，而 2007 年将提高 30.1%；在这 10 年里，资本配置效率的改善促进全要素生产率提高了 10.1%，而劳动配置效率的改善促进全要素生产率提高了 7.3%。杨震宇（2015）将要素错配理论扩展至含有研发资本的情形，并利用中国工业企业数据库 2005 ~ 2007 年含有研究开发费用统计科目的面板数据测算我国研发型企业生产资本、劳动力与研发资本 3 项要素的错配。研究发现：我国中西部地区研发错配较为严重，重工业比轻工业的研发资本错配严重，国有成分企业比私营企业错配严重。因为资源错配导致的研发型企业生产效率损失达到了 38% 以上，并且研发资本错配的分布与企业生产效率损失分布一致。白俊红和卞元超（2016）采用中国分省份面板数据，基于反事实检验考察了要素市场扭曲造成的创新生产效率损失缺口。研究发现：如果消除了劳动力要素市场扭曲和资本要素市场扭曲，中国创新生产效率将分别提升 10.46% 和 20.55%。靳来群等（2019）构建了部门间资源错配程度测算模型，并利用 2005～2015 年的中国工业数据测算了创新资源的结构性错配。研究发现：首先是创新资源的区域结构性错配最为严重，其导致创新效率及产出损失 17.4%；其次是创新资源的所有制结构错配，在国有部门创新资源投入严重过度的情况下，其导致创新效率及产出损失 6.56%；最后是高技术产业与非高技术产业间的错配，其导致创新效率及产出损失 0.53%。进一步分析发现，三类结构性错配都表现出研发物质资本错配比研发人力资本错配严重的局面。张贵和王岩（2019）运用 2008～2016 年中国 29 个地区面板数据，测度资本要素市场和劳动力要素市场扭曲程度，采用基于超越对数生产函数的随机前沿模型，分析要素市场扭曲对我国高技术产业技术研发效率的影响。研究发现：资本要素市场扭曲是制约我国高技术产业技术研发效率提升的重要方面，如果同时消除资本和劳动力要素市场扭曲的影响，我国高技术产业的技术研发效率将提高 15.91%；仅消除资本要素市场扭曲的影响，技术研发效率将提高 2.4%；仅消除劳动力要素市场扭曲的影响，技术研发效率将提高 0.4%。董直庆和胡晟明（2020）利用中国省级面板数据测算创新要素错配及其引发的创新效率损失，研究发现：中国创新要素空间错配显著且对创新效率影响突出，创新要素错配的改善将会促使整体创新效率年均提升约 0.7%；不同类型创新要素错配及其引发的创新效率损失差异显著，资本错配引发的创新效率损失明显更大；相对于基础研究和应用研究，试验发展类 R&D 资本错配情况更突出且对创新效率影响更大；R&D 人员类型中的低技能人员易发生更高程度的错配。

上述文献为本章的进一步研究提供了启发，但仍存在以下有待拓展之处：一是已有文献大部分将资本要素市场扭曲作为一个整体进行研究，鲜有从细分的研发资本要素扭曲视角考察其对创新效率的影响及其所带来的损失。事实上，资本要素为企业生产经营提供有效的资金支持，而研发资本要素对企业技术创新的影响更为直接，研发资本要素市场扭曲对创新效率的影响更大，所带来的创新效率损失更高。二是仅有的几篇关于研发资本要素市场扭曲对技术创新影响的研究，大多是从创新产出角度选择新产品销售收入指标代表技术创新，进而考察研发资本要素市场扭曲对技术创新的影响。然而创新产出并不能很好地反映出技术创新能力，创新效率则是一个更好的指标。刘冬冬等（2020）虽然采用 DEA 模型测算出中国制造业创新效率，并探讨了研发资本要素市场扭曲如何影响制造业创新效率，但其对于创新效率的测算并未考虑环境因素，也未从区域层面分析研发资本要素市场扭曲对创新效率的影响及其所带来的损失。

鉴于此，本章基于 2004～2019 年中国省级面板数据，测算中国各省份研发资本要素市场扭曲程度和绿色创新效率水平，运用面板计量模型检验研发资本要素市场扭曲对绿色创新效率的影响，基于反事实检验方法估计研发资本要素市场扭曲所带来的绿色创新效率损失缺口及比例，并提出有针对性的政策建议，以期为政府有关部门进一步深化研发资本要素市场改革、促进绿色创新效率提升提供政策依据和决策参考。

第二节　模型、变量与数据

一、模型与方法

（一）效率测度模型

考虑到传统 SBM – DEA 模型测度结果存在多个决策单元（DMU）效率值同时为 1 且无法纵向比较的问题，借鉴托恩（2002）提出的 Super – SBM – DEA 模型和查恩斯等（1984）提出的 Windows – DEA 模型，构建 Super – SBM – Windows – DEA 模型测算绿色创新效率。假设生产系统有 n 个 DMU，每个 DMU 都有投入 X、期望产出 Y^g 和非期望产出 Y^b 三个元素，并且 $x \in R^m$，$y^g \in R^{S_1}$，$y^b \in R^{S_2}$，定义矩阵 X，Y^g，Y^b 如下：$X = [x_1, \cdots, x_n] \in R^{m \times n}$，$Y^g = [y_1^g, \cdots, y_n^g] \in R^{S_1 \times n}$，$Y^b = [y_1^b, \cdots, y_n^b] \in R^{S_2 \times n}$，其中，$x_i > 0$，$y_i^g > 0$ 和 $y_i^b > 0 (i = 1, 2, \cdots, n)$。则 Super – SBM – DEA 模型可以表示成：

$$\rho^* = \min \frac{\dfrac{1}{m} \sum_{i=1}^{m} \dfrac{\overline{x_i}}{x_{i0}}}{\dfrac{1}{s_1 + s_2} \left(\sum_{r=1}^{s_1} \dfrac{\overrightarrow{y_r^g}}{y_{r0}^g} + \sum_{l=1}^{s_2} \dfrac{\overrightarrow{y_l^b}}{y_{l0}^b} \right)}$$

$$\text{s. t.} \begin{cases} \overline{x} \geq \sum\limits_{j=1, \neq 0}^{n} \lambda_j x_j \\ \overline{y}^g \leq \sum\limits_{j=1, \neq 0}^{n} \lambda_j y_j^g \\ \overline{y}^b \leq \sum\limits_{j=1, \neq 0}^{n} \lambda_j y_j^b \\ \overline{x} \geq x_0, \overline{y}^g \leq y_0^g, \overline{y}^b \geq y_0^b, \overline{y}^g \geq 0, \lambda \geq 0 \end{cases} \tag{7.1}$$

式（7.1）中，ρ^* 表示绿色创新效率超效率值，其值越大表明效率越高。$\overline{x}$、$\overline{y}^g$ 和 $\overline{y}^b$ 分别为投入、期望产出和非期望产出的松弛量，λ 为权重向量。

使用 Windows – DEA 首先需要确定窗口宽度 d，按照文献的普遍做法，选择窗口宽度 $d = 3$。假设研究的总时间为 T，则会建立 $T - d + 1$ 个窗口，每个 DMU

在第 m 个窗口上利用式（7.1）测算 d 次，累计每个 DMU 测算 $(T-d+1)d$ 次，取每个时点的算术平均值作为该 DMU 每年的绿色创新效率。

（二）面板计量模型

为检验研发资本要素市场扭曲对绿色创新效率的影响，构建面板固定效应（FE）模型如下：

$$gie_{it} = \alpha_0 + \alpha_1 distk_{it} + \beta X_{it} + \mu_i + \varepsilon_{it} \tag{7.2}$$

式（7.2）中，i 和 t 分别表示省份和年份；gie_{it} 为被解释变量绿色创新效率；$distk_{it}$ 表示核心解释变量研发资本要素市场扭曲；X_{it} 为一系列控制变量，包括人力资本水平（hr）、对外贸易水平（tra）、基础设施建设（fac）和金融发展水平（fin）；α_0 为截距项，α_1 和 β 分别为解释变量和控制变量的待估参数，μ_i 表示不可观测的个体效应，ε_{it} 为随机扰动项；

针对式（7.2）中可能存在的内生性问题，进一步采用广义矩估计法（GMM）估计回归方程。GMM 包含两种方法：一阶差分广义矩估计（DIF – GMM）和系统广义矩估计（SYS – GMM）。两者的主要区别在于 DIF – GMM 估计量采用水平值的滞后项作为差分变量的工具变量，而 SYS – GMM 估计量联立了差分方程和水平方程，采用水平值的滞后项作为差分方程的工具变量，同时采用差分变量的滞后项作为水平方程的工具变量。当时序连续而观测期较短时，水平滞后项往往是差分方程中内生变量的弱工具变量，采用 DIF – GMM 会引致有偏估计，而 SYS – GMM 能有效避免该问题。因此，考虑到本章使用的是截面较大而时序较短的面板数据，引入绿色创新效率的一阶滞后项，采用 SYS – GMM 方法对式（7.3）进行估计，并通过 Hansen 检验和 AR（2）检验判断模型设定的有效性。

$$gie_{it} = \alpha_0 + \delta gie_{it-1} + \alpha_1 distk_{it} + \beta X_{it} + \varepsilon_{it} \tag{7.3}$$

二、变量与数据

被解释变量：绿色创新效率（GIE）。采用 Super – SBM – Windows – DEA 模型测度 2004～2019 年中国各省份绿色创新效率。在指标选择方面，选取 R&D 资本存量和 R&D 人员全时当量表征创新投入，专利申请授权数和新产品销售收入表征创新期望产出，废水排放量、二氧化硫排放量和工业固体废弃物产生量表征创新非期望产出。

核心解释变量：研发资本要素市场扭曲（$distk$）。借鉴陈永伟和胡伟明（2011）、白俊红和刘宇英（2018）的做法计算 2004～2019 年中国各省份研发资本要素市场扭曲指数，并以此刻画研发资本要素市场扭曲的程度。公式为：

$$distk_{it} = \left(\frac{K_{it}}{K_t}\right) \bigg/ \left(\frac{s_{it}\beta_i}{\beta}\right) \tag{7.4}$$

式（7.4）中，i 和 t 分别表示省份和年份，K_{it} 和 K_t 分别为各省研发资本存量和全国研发资本存量，$s_{it} = \dfrac{Y_{it}}{Y_t}$ 为各省新产品销售收入占全国新产品销售收入的比重，β_i 为研发资本产出弹性，表征各省研发资本存量对新产品产出的贡献值，其计算借鉴白俊红和刘宇英（2018）的研究，使用最小二乘虚拟变量法（LSDV）对规模报酬不变的 C–D 生产函数进行估计得到。$\beta = \sum\limits_{i=1}^{n} s_{it}\beta_i$ 为新产品销售收入加权的研发资本贡献值。因此，分子 K_{it}/K_t 表示各省研发资本存量占全国研发资本存量的实际比例，分母 $s_{it}\beta_i/\beta$ 表示研发资本有效配置时各省研发资本的理论最佳比例。两者的比值可以反映各省实际使用的研发资本存量与有效配置时的偏离程度，即衡量各省研发资本要素市场扭曲程度。若比值大于 1，表明该省研发资本价格相对较低，研发资本配置过度；若比值小于 1，表明该省研发资本价格相对较高，研发资本配置不足；若比值等于 1，表明该省研发资本配置已达到最优状态，不存在扭曲。

控制变量。参考已有文献，选取人力资本水平（hr）、对外贸易水平（tra）、基础设施建设（fac）、金融发展水平（fin）作为控制变量。其中，人力资本水平（hr）以劳动力人口平均受教育年限表征；对外贸易水平（tra）以进出口贸易总额占地区生产总值的比重表征；基础设施建设（fac）以邮电业务总量占地区生产总值（GDP）的比重表征；金融发展水平（fin）以非国有部门的总贷款额占 GDP 的比重表征，计算公式为：

$$非国有部门贷款比重 = \frac{总贷款}{GDP} \times \left(1 - \frac{国有企业固定资产投资额}{全社会固定资产投资额}\right) \quad (7.5)$$

以 2004～2019 年中国 30 个省级行政区（不含西藏、香港、澳门、台湾地区）为研究对象，上述数据均来源于历年《中国统计年鉴》《中国科技统计年鉴》《中国环境统计年鉴》《中国金融统计年鉴》，变量的描述性统计如表 7–1 所示。

表 7–1　　　　　　　　　　变量的描述性统计

变量	符号	样本量	均值	标准差	最小值	最大值
绿色创新效率	GIE	480	0.483	0.269	0.079	1.119
研发资本要素市场扭曲	$distk$	480	2.300	2.695	0.298	23.667
对外贸易水平	tra	480	0.299	0.342	0.011	1.709
人力资本水平	hr	480	8.765	1.017	6.378	12.782
基础设施建设	fac	480	0.061	0.035	0.143	0.236
金融发展水平	fin	480	0.867	0.350	0.322	2.319

第三节　研发资本要素市场扭曲对绿色创新效率的影响

一、研发资本要素市场扭曲和绿色创新效率的测度与分析

分别测算中国各省份 2004～2019 年研发资本要素市场扭曲指数和绿色创新效率水平，测算结果如表 7－2 所示①。从表中可以看出，在研发资本要素市场扭曲方面，考察期内中国研发资本要素市场扭曲指数均值为 2.300，说明中国研发资本要素市场总体上存在研发资本配置过度的问题。从各地区看，东部、中部、西部和东北地区研发资本要素市场扭曲指数的均值分别为 2.224、0.974、2.775 和 3.465②，说明中部地区整体上研发资本配置不足，东部、西部和东北地区整体上研发资本要素配置过度。从各省情况看，浙江、广东、安徽、和江苏等研发资本要素市场扭曲指数均明显小于 1，研发资本要素配置不足。天津、青海、黑龙江和内蒙古等研发资本要素市场扭曲指数均远大于 1，研发资本要素配置过度。河南、江西、河北和湖北等研发资本要素市场扭曲指数均接近于 1，研发资本要素配置较优。

表 7－2　　　　　2004～2019 年中国各省份研发资本要素市场扭曲和
绿色创新效率均值的测度结果

地区	研发资本要素市场扭曲	绿色创新效率	地区	研发资本要素市场扭曲	绿色创新效率
北京	3.385	0.945	吉林	1.170	0.511
天津	8.063	0.915	黑龙江	7.596	0.319
河北	0.898	0.306	上海	2.373	0.951
山西	1.757	0.295	江苏	0.652	0.565
内蒙古	5.661	0.267	浙江	0.442	0.764
辽宁	1.630	0.362	安徽	0.558	0.506

①　限于篇幅，表 7－2 仅给出中国各省份研发资本要素市场扭曲和绿色创新效率均值的测度结果，未列出历年测度结果，感兴趣的读者可向笔者索要。

②　按照国家对宏观区域经济格局的划分，东部地区包括：北京、天津、河北、上海、江苏、浙江、福建、山东、广东、海南；中部地区包括：山西、安徽、江西、河南、湖北、湖南；西部地区包括：内蒙古、广西、重庆、四川、贵州、云南、陕西、甘肃、青海、宁夏、新疆；东北地区包括辽宁、吉林、黑龙江；西藏、香港、澳门、台湾地区不在统计范围内。

地区	研发资本要素市场扭曲	绿色创新效率	地区	研发资本要素市场扭曲	绿色创新效率
福建	2.127	0.426	云南	1.885	0.485
江西	0.901	0.282	陕西	3.193	0.299
山东	1.802	0.463	甘肃	2.767	0.258
河南	1.090	0.310	青海	7.630	0.177
湖北	0.886	0.477	宁夏	1.126	0.305
湖南	0.653	0.524	新疆	1.786	0.257
广东	0.524	0.822	标准差	2.107	0.224
广西	1.289	0.477	全国	2.300	0.483
海南	1.972	0.705	东部	2.224	0.686
重庆	0.802	0.715	中部	0.974	0.398
四川	2.294	0.352	西部	2.775	0.368
贵州	2.089	0.458	东北	3.465	0.397

在绿色创新效率方面，考察期内中国绿色创新效率均值为 0.483，说明中国绿色创新效率水平总体不高，有较大的提升空间。从各地区看，东部、中部、东北和西部地区绿色创新效率均值分别为 0.686、0.398、0.397 和 0.368，呈现出东部、中部、东北、西部地区依次递减的特征，并且东部地区绿色创新效率水平远高于中部、西部和东北地区。这说明东部地区作为全国创新驱动发展的领头羊，近年来绿色创新效率较高，起到了示范带头作用。中部、西部和东北地区由于经济相对落后，尚未摆脱粗放型经济增长模式，仍面临经济发展与生态环境保护的两难矛盾，绿色创新效率较低。从各省情况看，上海、北京、天津和广东等绿色创新效率均值较高，引领创新驱动发展。青海、新疆、甘肃和内蒙古等绿色创新效率均值较低，发展模式亟待转变。

二、面板计量模型的估计结果与分析

首先分别运用普通最小二乘模型（OLS）和面板固定效应模型（FE）[①] 考察研发资本要素市场扭曲对绿色创新效率的影响，估计结果如表 7 - 3 第（1）、

---

　① 构建 F 统计量检验模型是否存在个体和时间效应，结果显示个体效应显著（$F = 13.48$，$p < 0.01$）而时间效应不显著（$F = 0.74$，$p > 0.01$），且 Hausman 检验结果支持固定效应模型，即面板个体固定效应模型要优于随机效应模型和混合 OLS 回归模型，因此选择面板个体固定效应模型进行估计。

（2）列所示。从表中可以看出，OLS 模型和 FE 模型中研发资本要素市场扭曲的估计系数分别为 -0.030 和 -0.032，且均在 1% 的显著性水平上显著，说明研发资本要素市场扭曲显著抑制了绿色创新效率提升。这是因为创新活动需要大量的研发资本投入，但中国情景下的研发资本要素市场发育并不完善，在歧视效应、挤出效应和创新扶持政策的虚假信号效应的共同作用下[①]，研发资本要素市场扭曲对绿色创新效率产生了不可低估的负向影响。

表 7 - 3　　　　研发资本要素市场扭曲对绿色创新效率影响的估计结果

变量	OLS （1）	FE （2）	SYS - GMM （3）
L. GIE	—	—	0.463 *** （46.150）
distk	-0.030 *** （-7.186）	-0.032 *** （-7.347）	-0.031 *** （-16.768）
hr	0.087 *** （4.610）	0.078 *** （3.625）	0.045 *** （11.641）
fac	0.062 *** （2.657）	0.056 ** （-2.414）	0.070 *** （21.053）
tra	0.084 * （1.708）	-0.131 * （-1.926）	0.138 *** （16.747）
fin	0.094 ** （2.035）	0.035 （0.699）	0.128 *** （10.831）
cons	-0.346 ** （-2.474）	-0.142 （-0.861）	-0.248 *** （-9.397）
Ind	—	Yes	
N	480	480	450
F	118.120 [0.000]	18.832 [0.000]	—
R²	0.395	0.175	
AR（1）	—	—	-2.11 [0.035]

① 邓若冰. 研发要素市场扭曲对区域创新绩效的影响研究 [J]. 现代经济探讨, 2019 (10): 108 - 116.

续表

变量	OLS （1）	FE （2）	SYS－GMM （3）
AR（2）	—	—	－1.56 [0.119]
Hansen	—	—	26.68 [0.871]

注：*L. GIE* 表示被解释变量绿色创新效率的一阶滞后项，＊、＊＊和＊＊＊分别表示显著性水平为10%、5%和1%，括号内的数值为 *t* 值或 *z* 值，方括号内的值为 *p* 值。

进一步考虑到模型的内生性问题，应用系统广义矩估计（SYS－GMM）模型考察研发资本要素市场扭曲对绿色创新效率的影响，估计结果如表7－3第（3）列所示。从表中可以看出，绿色创新效率一阶滞后项的回归系数为0.463，在1%的显著性水平上显著，说明绿色创新效率存在"时间惯性"，呈现明显的"滚雪球效应"，若上一期绿色创新效率处于较高水平，下一期绿色创新效率也将持续走高。SYS－GMM 模型中研发资本要素市场扭曲的估计系数为－0.031，在1%的显著性水平上显著，说明在考虑了内生性之后，研发资本要素市场扭曲依然对绿色创新效率具有显著的抑制作用。在残差序列相关性检验中，AR（2）检验的 p 值为0.119，大于0.1，说明扰动项不存在二阶和更高阶序列自相关，可以进行 SYS－GMM 估计。Hansen 检验的 P 值为0.871，接受了所有工具变量都有效的原假设，说明 SYS－GMM 估计结果是有效的。此外，没有考虑内生性问题的 OLS、FE 模型估计系数的 t 值均小于考虑了内生性问题的 SYS－GMM 模型估计系数的 t 值，也说明 SYS－GMM 模型是合理的。因此，下文主要依据 SYS－GMM 模型的估计结果进行分析。

在控制变量方面，人力资本水平对绿色创新效率的影响系数为0.045，在1%的显著性水平上显著，说明人力资本作为知识和技术的重要载体，其水平提升对绿色创新效率具有改善作用。基础设施水平对绿色创新效率的影响系数为0.070，在1%的显著性水平上显著，说明良好的基础设施有利于加强企业间的交流与协作，促进了绿色创新效率提升。对外贸易水平对绿色创新效率的影响系数为0.138，在1%的显著性水平上显著，说明对外贸易的技术溢出给本地企业带来了先进技术和管理经验，进而对绿色创新效率产生促进作用。金融发展对绿色创新效率的影响系数为0.128，在1%的显著性水平上显著，说明金融业作为创新型企业的资金"后盾"，其资金支持力度增加有利于促进绿色创新效率提升。

三、异质性分析

(一) 研发资本配置异质性分析

研发资本要素市场扭曲对绿色创新效率的影响可能存在差异。因此，以 $distk=1$ 为分界点，将总体样本划分为"研发资本配置过度 ($distk>1$)"和"研发资本配置不足 ($distk<1$)"两组，分别运用 FE 和 SYS – GMM 模型考察研发资本要素市场扭曲对绿色创新效率的影响，估计结果如表 7 – 4 所示。从表中可以看出，无论是运用 FE 还是 SYS – GMM 模型，在研发资本配置过度和研发资本配置不足两种情况下，研发资本要素市场扭曲对绿色创新效率的影响系数均在 1% 的显著性水平上显著为负，说明这两种情况下研发资本要素市场扭曲均显著抑制绿色创新效率提升。

表 7 – 4　　　　　　　　研发资本配置异质性的估计结果

变量	FE		SYS – GMM	
	研发资本配置不足 (1)	研发资本配置过度 (2)	研发资本配置不足 (3)	研发资本配置过度 (4)
$L. GIE$	—	—	0.356 *** (5.879)	0.538 *** (18.785)
$distk$	− 0.489 *** (− 4.944)	− 0.019 *** (− 5.208)	− 0.076 *** (− 3.298)	− 0.014 *** (− 12.036)
hr	0.188 *** (4.972)	0.032 (1.473)	0.025 (1.306)	0.044 *** (19.433)
fac	0.044 (1.006)	0.061 *** (2.761)	0.182 *** (6.899)	0.059 *** (20.137)
tra	− 0.212 ** (− 2.358)	0.033 (0.429)	0.009 (0.190)	0.072 ** (2.479)
fin	0.118 (1.201)	0.036 (0.779)	0.367 *** (5.989)	0.085 *** (9.667)
con	− 0.757 *** (− 2.867)	0.155 (0.907)	− 0.190 (− 1.389)	− 0.269 *** (− 28.888)
N	167	313	153	297
F	37.792 [0.000]	6.844 [0.000]	—	—

续表

变量	FE		SYS – GMM	
	研发资本配置不足（1）	研发资本配置过度（2）	研发资本配置不足（3）	研发资本配置过度（4）
R^2	0.564	0.108	—	—
AR (1)	—	—	– 1.66 [0.097]	– 2.67 [0.008]
AR (2)	—	—	– 1.08 [0.280]	– 1.43 [0.152]
Hansen Test	—	—	7.47 [0.188]	23.83 [0.954]

注：括号内的数值为 t 值或 z 值；** 、*** 分别表示显著性水平为 5% 、1% 。

此外，FE 和 SYS – GMM 模型的估计结果均显示研发资本配置不足组的研发资本要素市场扭曲估计系数的绝对值要远大于研发资本配置过度组。这是因为当企业研发资本配置不足时，企业创新活动的积极性会降低，甚至难以保证创新活动正常进行；而当企业研发资本配置过度时，虽然也不利于绿色创新效率提升，但冗余的研发资本会激发企业更高的创新意愿，并使企业能及时应对创新活动中出现的新问题。因此，与研发资本配置过度相比，研发资本配置不足对绿色创新效率的抑制作用更大。

（二）阶段异质性分析

利率管制是研发资本要素市场扭曲的重要原因。2013 年中国人民银行发布《关于进一步推进利率市场化改革的通知》，全面取消对贷款利率上限的管制，交由金融机构进行市场化定价。因此，以 2013 年利率市场化改革为分界点，将总体样本划分为 2004～2013 年和 2014～2019 年两组，分别运用 FE 和 SYS – GMM 模型考察研发资本要素市场扭曲对绿色创新效率影响的阶段异质性，估计结果如表 7 - 5 所示。从表中可以看出，无论是在利率市场化改革前还是利率市场化改革后，FE 和 SYS – GMM 模型估计结果均显示研发资本要素市场扭曲对绿色创新效率的影响系数在 1% 的显著性水平上显著为负，说明在这两个阶段研发资本要素市场扭曲均显著抑制绿色创新效率提升。但在利率市场化改革后，研发资本要素市场扭曲对绿色创新效率影响系数的绝对值变小，说明利率市场化改革在一定程度上促进了研发资本要素的自由流动，提高了研发资本的配置效率，降低了研发资本要素市场扭曲对绿色创新效率的抑制作用。

表 7 - 5　　　　　　　　　　　　　　　阶段异质性的估计结果

变量	FE		SYS – GMM	
	利率市场化改革前 (1)	利率市场化改革后 (2)	利率市场化改革前 (3)	利率市场化改革后 (4)
L. GIE	—	—	0.340 *** (7.426)	0.704 *** (58.559)
distk	-0.030 *** (-5.243)	-0.022 *** (-4.866)	-0.026 *** (-3.066)	-0.018 *** (-20.014)
hr	0.021 (0.650)	-0.023 (-0.454)	0.014 (0.973)	0.030 *** (5.335)
fac	0.184 *** (3.566)	0.029 (1.376)	0.106 *** (6.026)	0.035 *** (15.899)
tra	-0.191 * (-1.916)	-0.807 *** (-4.665)	0.359 *** (9.722)	0.062 *** (6.534)
fin	-0.001 (-0.005)	0.081 (1.376)	0.251 *** (5.241)	0.055 *** (5.893)
con	0.330 (1.370)	0.890 * (1.901)	-0.106 (-1.081)	-0.166 *** (-4.099)
N	300	180	270	180
F	11.394 [0.000]	9.579 [0.000]	—	—
R²	0.177	0.248	—	—
AR (1)	—	—	-1.68 [0.093]	-2.79 [0.005]
AR (2)	—	—	-1.09 [0.277]	-0.85 [0.396]
Hansen Test	—	—	9.31 [0.677]	28.49 [0.439]

注：括号内的数值为 t 值或 z 值；*、*** 分别表示显著性水平为 10%、1%。

四、稳健性检验

（一）更换估计方法

在考察研发资本要素市场扭曲对绿色创新效率的影响时，由于 Super – SBM –

Windows – DEA 模型测算出的绿色创新效率为数值大于 0 的截断数据，在这种情况下，若以绿色创新效率值为因变量直接进行 OLS 估计，会导致估计结果出现有偏和非一致性。因此，进一步采用托宾（1958）提出的 Tobit 模型进行回归分析，以解决截断数据的问题，并以此判断前文估计结果的稳健性。Tobit 模型可表示为：

$$\begin{cases} GIE_i^* = \alpha_1 distk_i + \beta X_i + \varepsilon_i \\ GIE_i = GIE_i^*, \ if GIE_i^* > 0 \\ GIE_i = 0, \ if GIE_i^* \leq 0 \end{cases} \quad (7.6)$$

式（7.6）中，GIE_i^* 为因变量，GIE_i 为绿色创新效率值，$distk_i$ 为核心解释变量研发资本要素市场扭曲，X_{it} 为其他一系列控制变量，α_1、β 为待估参数，ε_i 为随机误差项，$\varepsilon_i \sim (0, \sigma^2)$。可以证明，采用极大似然法（MLE）对 Tobit 模型进行估计，能够得到 β 和 σ 的一致估计量。

采用 Stata 软件对式（7.6）进行 Tobit 估计，估计结果如表 7 – 6 第（1）列所示。从表中可以看出，模型的 ρ 值大于 0.5，表明似然比检验拒绝不存在个体效应的原假设，即拒绝混合 Tobit 模型。对于固定效应的 Tobit 模型，因找不到个体异质性的充分统计量，无法进行条件 MLE 估计，故选用随机效应的面板 Tobit 模型。此外，LR 检验的 χ^2 检验值为 175.17，拒绝原假设，也说明存在个体效应，应选择随机效应的面板 Tobit 模型。

从面板随机效应 Tobit 模型的估计系数来看，研发资本要素市场扭曲对绿色创新效率的影响系数为 – 0.030，在 1% 的显著性水平上显著，且估计系数的大小、符号方向和显著性水平与前文 OLS（– 0.030）、FE（– 0.032）和 SYS – GMM（– 0.031）模型的估计结果基本完全一致，说明研发资本要素市场扭曲确实对绿色创新效率产生了显著的抑制作用，前文的估计结果具有稳健性。

（二）替换被解释变量

在前文对被解释变量绿色创新效率进行测算的过程中，选取了专利申请授权数这一指标作为创新活动的期望产出之一。然而，一方面，专利申请授权的数据存在一定的滞后效应，且受人为因素影响，可能导致数据失真，而专利申请受理数比专利申请授权数更能体现出创新成果（史修松等，2009；范斐等，2013）。另一方面，在发明专利、实用新型和外观设计三种不同类型的专利中，发明专利的授权难度最大、技术含量最高、创新性最大（吴延兵，2012；黎文靖和郑曼妮，2016）。因此，以发明专利申请受理数替换专利申请授权数，重新测算绿色创新效率并进行 SYS – GMM 回归估计，估计结果如表 7 – 6 第（2）列所示。从表中可以看出，AR（2）检验的 P 值为 0.179，大于 0.1，说明扰动项不存在二阶和更高阶序列自相关，可以进行 SYS - GMM 估计。Hansen 检验的 p 值为 0.890，接受了所有工具变量都有效的原假设，说明 SYS - GMM 估计结果是有效的。

表 7 - 6 　　　　　　　　　　　　　稳健性检验的估计结果

变量	更换估计方法 （1）	替换被解释变量 （2）
L. GIE	—	0.510 *** (44.095)
distk	- 0.030 *** (- 7.300)	- 0.029 *** (- 17.051)
hr	0.088 *** (4.538)	0.033 *** (8.065)
fac	0.061 *** (2.632)	0.072 *** (23.528)
tra	0.045 (0.737)	0.103 *** (18.524)
fin	0.079 * (1.657)	0.160 *** (20.098)
con	- 0.323 ** (- 2.201)	- 0.188 *** (- 7.931)
σ_u	0.158 *** (6.203)	—
σ_ε	0.148 *** (29.610)	—
N	480	450
ρ	0.532	—
LR	175.17 [0.000]	—
χ^2	109.19 [0.000]	—

续表

变量	更换估计方法 （1）	替换被解释变量 （2）
Log	190. 530	—
AR（1）	—	－ 2. 16 ［0. 030］
AR（2）	—	－ 1. 34 ［0. 179］
Hansen Test	—	27. 73 ［0. 890］

注：括号内的数值为 *t* 值或 *z* 值；*、** 和 *** 分别表示显著性水平为 10%、5% 和 1%。

　　从 SYS－GMM 模型的估计系数来看，绿色创新效率一阶滞后项的回归系数为 0.510，在 1% 的显著性水平上显著，说明绿色创新效率确实存在"时间惯性"，呈现明显的"滚雪球效应"。研发资本要素市场扭曲对绿色创新效率的影响系数为 － 0.029，在 1% 的显著性水平上显著，说明研发资本要素市场扭曲确实对绿色创新效率具有显著的抑制作用，前文的估计结果具有稳健性。

第四节　研发资本要素市场扭曲的绿色创新效率损失

　　前文验证了研发资本要素市场扭曲是导致绿色创新效率低下的重要原因，进一步尝试对中国研发资本要素市场扭曲所带来的绿色创新效率损失进行评估。借鉴林伯强和杜克锐（2013）、白俊红和卞元超（2016）以及孙博文等（2018）的研究，采用反事实检验的方法评估中国研发资本要素市场扭曲所带来的绿色创新效率损失缺口及比例。基本思路如下：

　　首先，基于式（7.1）测算出的 2005 ~ 2019 年中国各省份的实际绿色创新效率值 gie_{it}，获得存在研发资本要素市场扭曲情况下全国总体、东部、中部、西部和东北地区的实际绿色创新效率均值，公式为 $gie_t = \sum_{i=1}^{n} gie_{it}/n$，其中 n 为区域内省份的个数。

　　其次，将研发资本要素市场扭曲变量的值设定为 1，并将表 7 - 3 第（3）列的 SYS－GMM 估计系数代入式（7.3）对被解释变量进行预测，计算出假定不存在研发资本要素市场扭曲情况下中国各省份反事实绿色创新效率值 gie'_{it}，以及全国总体、东部、中部、西部和东北地区的反事实绿色创新效率均值。

最后，用反事实绿色创新效率值 gie'_{it} 减去实际绿色创新效率值 gie_{it}，计算出研发资本要素市场扭曲所带来的绿色创新效率损失缺口，并将绿色创新效率损失缺口除以反事实绿色创新效率值，便可得到 2005 ~ 2019 年全国总体、各地区和各省份研发资本要素市场扭曲所带来的绿色创新效率损失比例。

一、绿色创新效率损失缺口分析

基于反事实检验的估计结果，计算出中国各省份研发资本要素市场扭曲所带来的绿色创新效率损失缺口，计算结果如表 7 - 7 所示。从表中可以看出，考察期内全国总体研发资本要素市场扭曲的绿色创新效率损失缺口均值达到 0.264；东部地区研发资本要素市场扭曲的绿色创新效率损失缺口均值达到 0.253；中部地区研发资本要素市场扭曲的绿色创新效率损失缺口均值达到 0.254；西部地区研发资本要素市场扭曲的绿色创新效率损失缺口均值达到 0.271；东北地区研发资本要素市场扭曲的绿色创新效率损失缺口均值达到 0.297。可见，研发资本要素市场扭曲导致中国各地区绿色创新效率均存在不同程度的损失。总体而言，东北和西部地区绿色创新效率损失缺口相对较大，东部和中部地区绿色创新效率损失缺口相对较小。

从各省份的绿色创新效率损失缺口均值来看，考察期内绿色创新效率损失缺口均值较大的前十个省份依次为辽宁、内蒙古、山西、新疆、宁夏、青海、河北、江西、甘肃和陕西，绿色创新效率损失缺口均值分别达到 0.385、0.363、0.357、0.352、0.349、0.325、0.316、0.308、0.307 和 0.298；考察期内绿色创新效率损失缺口均值较小的前十个省份依次为重庆、安徽、湖南、浙江、广西、海南、云南、广东、吉林和天津，绿色创新效率损失缺口均值分别达到 0.102、0.157、0.168、0.191、0.201、0.206、0.208、0.209、0.211 和 0.212。从表 7 - 7 还可以看出，考察期内中国所有省份绿色创新效率损失缺口均值都大于 0，说明通过完善研发资本要素市场可以显著促进中国所有省份绿色创新效率提升。

从绿色创新效率损失缺口的演变态势（见图 7 - 1）来看，考察期内全国总体、中部、西部及东北地区绿色创新效率损失缺口呈现出震荡上升的态势，年均分别增加 0.461%、0.113%、1.753% 和 1.166%。东部地区绿色创新效率损失缺口呈现出震荡降低的态势，年均减少 0.987%。从各省份绿色创新效率损失缺口的演变态势来看，绿色创新效率损失缺口增幅较大的前十个省份依次为云南、天津（10.524%）、甘肃（3.869%）、湖南（3.831%）、海南（3.752%）、青海

表7-7　2005~2019年中国各省份研发资本要素市场扭曲的绿色创新效率损失缺口的评估结果

地区	2005年	2006年	2007年	2008年	2009年	2010年	2011年	2012年	2013年	2014年	2015年	2016年	2017年	2018年	2019年	均值
北京	0.394	0.388	0.236	0.117	0.445	0.388	0.156	0.244	0.424	0.317	0.354	0.164	0.295	0.247	0.181	0.290
天津	0.143	0.120	0.145	0.092	0.086	0.082	0.163	0.191	0.049	0.254	0.055	0.099	0.615	0.501	0.579	0.212
河北	0.312	0.301	0.308	0.311	0.338	0.324	0.313	0.269	0.326	0.320	0.314	0.317	0.337	0.327	0.320	0.316
山西	0.304	0.317	0.369	0.345	0.335	0.339	0.297	0.330	0.370	0.392	0.353	0.422	0.396	0.371	0.408	0.357
内蒙古	0.564	0.268	0.303	0.304	0.341	0.298	0.371	0.328	0.374	0.396	0.374	0.393	0.362	0.383	0.384	0.363
辽宁	0.378	0.359	0.381	0.350	0.326	0.380	0.324	0.342	0.380	0.417	0.338	0.461	0.408	0.454	0.478	0.385
吉林	0.241	0.208	0.289	0.179	-0.385	0.500	0.033	0.195	0.462	0.265	0.266	0.140	0.180	0.387	0.208	0.211
黑龙江	0.264	0.265	0.273	0.316	0.244	0.278	0.308	0.286	0.353	0.374	0.300	0.343	0.249	0.237	0.352	0.296
上海	0.375	0.173	0.286	0.302	0.332	0.331	0.173	0.266	0.401	0.325	0.394	0.272	0.217	0.280	0.226	0.290
江苏	0.453	0.406	0.338	0.318	0.330	0.320	0.184	0.151	0.293	0.216	0.170	0.155	0.214	0.255	0.276	0.272
浙江	0.370	0.321	0.262	0.287	0.333	0.296	0.015	0.081	0.175	0.247	0.110	-0.008	0.134	0.117	0.131	0.191
安徽	0.237	0.283	0.278	0.257	0.237	0.200	0.156	0.165	0.198	0.215	-0.039	-0.186	0.134	-0.016	0.237	0.157
福建	0.278	0.285	0.291	0.281	0.318	0.285	0.161	0.250	0.322	0.361	0.301	0.262	0.274	0.291	0.326	0.286
江西	0.284	0.308	0.338	0.331	0.346	0.326	0.331	0.284	0.337	0.334	0.311	0.201	0.273	0.340	0.272	0.308
山东	0.296	0.248	0.239	0.296	0.187	0.194	0.224	0.194	0.247	0.284	0.269	0.233	0.248	0.329	0.322	0.254
河南	0.293	0.273	0.278	0.291	0.278	0.282	0.261	0.273	0.257	0.308	0.250	0.283	0.253	0.286	0.393	0.284
湖北	0.470	0.259	0.265	0.224	0.304	0.247	0.235	0.233	0.272	0.270	0.185	0.233	0.180	0.229	0.187	0.253
湖南	0.172	0.203	0.201	0.136	0.129	0.193	0.130	0.088	0.113	0.157	0.050	0.166	0.190	0.302	0.292	0.168

续表

地区	2005年	2006年	2007年	2008年	2009年	2010年	2011年	2012年	2013年	2014年	2015年	2016年	2017年	2018年	2019年	均值
广东	0.476	0.395	0.405	0.046	0.090	0.156	0.064	0.139	0.476	0.339	-0.038	0.244	0.073	0.140	0.130	0.209
广西	0.272	0.250	0.261	0.283	0.226	0.273	0.300	0.263	0.203	0.265	-0.111	-0.165	-0.016	0.321	0.385	0.201
海南	0.251	-0.320	-0.044	0.414	0.507	-0.323	-0.047	0.007	0.022	0.495	0.374	0.452	0.457	0.422	0.421	0.206
重庆	0.239	0.209	0.108	-0.036	0.127	-0.246	-0.092	0.127	0.268	0.074	-0.126	0.006	0.160	0.413	0.305	0.102
四川	0.256	0.247	0.266	0.255	0.235	0.246	0.197	0.216	0.294	0.286	0.189	0.238	0.262	0.311	0.309	0.254
贵州	0.303	0.060	0.097	0.201	0.221	0.137	0.155	0.257	0.281	0.233	0.185	0.159	0.312	0.289	0.351	0.216
云南	-0.183	-0.168	0.270	0.271	0.231	0.210	0.184	0.185	0.272	0.285	0.276	0.310	0.296	0.328	0.353	0.208
陕西	0.339	0.321	0.319	0.320	0.290	0.276	0.229	0.274	0.320	0.320	0.315	0.295	0.247	0.304	0.308	0.298
甘肃	0.255	0.205	0.239	0.272	0.298	0.247	0.221	0.245	0.286	0.333	0.335	0.397	0.398	0.436	0.433	0.307
青海	0.251	0.191	0.320	0.301	0.318	0.367	0.385	0.354	0.387	0.421	0.270	0.298	0.376	0.278	0.360	0.325
宁夏	0.403	0.098	0.537	0.337	0.396	0.372	0.352	0.330	0.296	0.416	0.270	0.383	0.323	0.301	0.425	0.349
新疆	0.403	0.268	0.365	0.381	0.398	0.317	0.381	0.328	0.351	0.355	0.302	0.371	0.358	0.366	0.343	0.352
全国	0.303	0.225	0.274	0.259	0.262	0.243	0.205	0.230	0.294	0.309	0.220	0.231	0.273	0.308	0.323	0.264
东部	0.335	0.232	0.246	0.246	0.297	0.205	0.141	0.179	0.274	0.316	0.230	0.219	0.286	0.291	0.291	0.253
中部	0.293	0.274	0.288	0.264	0.271	0.264	0.235	0.229	0.258	0.279	0.185	0.187	0.238	0.252	0.298	0.254
西部	0.282	0.177	0.280	0.263	0.280	0.227	0.244	0.264	0.303	0.308	0.207	0.244	0.280	0.339	0.360	0.271
东北	0.294	0.278	0.314	0.282	0.062	0.386	0.222	0.274	0.398	0.352	0.301	0.315	0.279	0.359	0.346	0.297

（2.601%）、广西（2.497%）、山西（2.125%）、河南（2.120%）和黑龙江（2.073%），绿色创新效率损失缺口降幅较大的前十个省份依次为广东（-8.852%）、浙江（-7.143%）、湖北（-6.358%）、北京（-5.407%）、上海（-3.530%）、江苏（-3.472%）、内蒙古（-2.712%）、新疆（-1.137%）、吉林（-1.036%）和陕西（-0.673%）①。

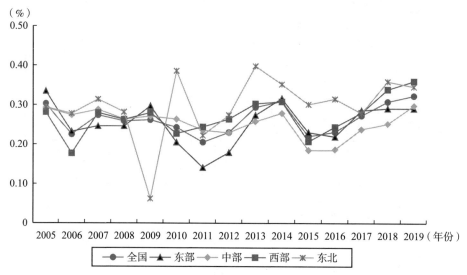

图7-1　2005～2019年中国研发资本要素市场扭曲的绿色创新效率损失缺口演变态势

二、绿色创新效率损失比例分析

将绿色创新效率损失缺口除以反事实绿色创新效率值，计算出中国各省份研发资本要素市场扭曲所带来的绿色创新效率损失比例，计算结果如表7-8所示。从表中可以看出，考察期内，消除研发资本要素市场扭曲将使得全国总体的绿色创新效率损失平均降低38.713%；东部地区的绿色创新效率损失平均降低29.009%；中部地区的绿色创新效率损失平均降低40.812%；西部地区的绿色创新效率损失平均降低45.345%；东北地区的绿色创新效率损失平均降低42.547%；可见，消除研发资本要素市场扭曲将会降低全国总体、东部、中部、西部和东北地区的绿色创新效率损失，降低幅度呈现出东部地区＜中部地区＜东北地区＜西部地区的特征，且东部、中部地区之间的降低幅度差距远高于中部、东北和西部地区之间的差距。

---

①　括号内数值为2005～2019年年均几何增长率，云南省2005年绿色创新效率损失缺口为负值，无法计算出年均几何增长率。

表7-8　2005～2019年中国各省份研发资本要素市场扭曲的绿色创新效率率损失比例的评估结果

单位：%

地区	2005年	2006年	2007年	2008年	2009年	2010年	2011年	2012年	2013年	2014年	2015年	2016年	2017年	2018年	2019年	均值
北京	32.463	33.336	20.988	9.937	35.589	33.116	13.359	19.198	33.171	26.290	28.688	13.213	21.963	18.844	13.919	23.605
天津	12.478	10.420	12.514	8.215	7.762	7.508	14.697	17.495	4.559	22.140	5.117	8.578	50.704	48.992	52.571	18.917
河北	56.269	56.192	57.202	56.829	60.230	58.899	54.477	44.980	50.605	49.205	46.936	46.153	46.932	44.727	41.317	51.397
山西	47.308	50.676	59.445	59.232	58.690	60.279	51.481	53.112	58.191	61.380	53.449	58.562	55.265	51.050	53.646	55.451
内蒙古	63.197	47.728	55.147	57.991	65.791	59.498	67.836	61.081	68.497	74.709	70.154	70.119	61.577	61.320	59.053	62.913
辽宁	54.563	52.813	55.805	52.186	47.233	54.036	46.452	46.297	49.863	55.431	46.084	55.330	49.185	52.664	54.006	51.463
吉林	38.870	32.322	43.180	27.802	-56.122	51.926	4.771	24.727	60.227	41.328	38.799	19.304	22.185	46.196	25.579	28.073
黑龙江	49.769	47.823	47.544	55.547	43.965	47.710	51.741	47.506	55.857	60.550	49.072	52.393	37.126	32.069	42.909	48.105
上海	31.835	14.374	21.891	23.824	27.522	27.688	14.238	20.459	31.068	26.379	31.976	22.433	16.926	20.964	17.465	23.269
江苏	61.702	56.542	45.279	41.083	42.204	40.271	22.487	16.987	31.178	24.335	18.837	16.648	22.289	26.818	29.191	33.057
浙江	45.068	40.833	32.801	34.101	38.648	34.803	1.642	7.749	15.950	23.206	11.018	-0.813	11.936	10.408	11.423	21.252
安徽	51.603	55.996	55.452	50.702	44.260	35.893	25.220	24.279	27.661	29.395	-5.216	-21.592	13.531	-1.721	24.937	27.360
福建	44.181	43.416	44.116	43.137	47.247	42.223	22.382	31.918	41.251	47.666	41.565	35.501	35.052	36.748	42.461	39.924
江西	61.628	64.541	66.526	64.297	64.118	63.199	59.768	48.974	52.801	52.780	48.485	30.495	37.384	45.235	36.116	53.090
山东	45.410	38.952	36.355	44.233	28.623	27.672	30.159	25.773	31.683	36.866	36.152	31.533	32.620	42.925	42.588	35.436
河南	56.030	52.882	52.418	54.559	51.169	53.027	46.487	46.332	42.140	47.663	39.206	42.555	37.681	40.958	55.937	47.936
湖北	53.247	41.485	43.587	37.615	48.990	41.384	37.062	35.047	39.249	39.678	26.728	31.549	23.944	28.908	23.858	36.822
湖南	27.772	32.740	32.602	22.134	19.985	29.623	19.865	13.038	15.658	21.179	6.729	20.697	23.963	38.391	38.817	24.213

续表

地区	2005年	2006年	2007年	2008年	2009年	2010年	2011年	2012年	2013年	2014年	2015年	2016年	2017年	2018年	2019年	均值
广东	50.036	44.050	44.310	5.217	8.832	14.700	5.902	12.031	40.959	34.115	-3.852	21.326	6.643	12.080	11.276	20.508
广西	50.250	45.939	46.949	50.976	40.055	47.049	49.113	42.800	31.681	38.279	-16.154	-19.026	-1.645	32.151	43.968	32.159
海南	27.274	-41.005	-4.368	41.684	65.500	-51.422	-4.796	0.642	2.054	47.063	43.857	53.937	56.301	51.962	52.185	22.725
重庆	41.717	34.741	16.888	-5.084	15.881	-31.925	-9.507	12.679	28.945	8.661	-14.145	0.568	15.591	41.855	35.694	12.837
四川	51.108	49.061	51.233	48.825	42.788	43.395	32.854	32.970	43.677	44.359	29.585	34.814	37.470	43.690	44.048	41.992
贵州	36.933	9.958	15.294	31.710	37.631	24.965	25.718	41.207	46.493	39.884	31.843	24.373	44.146	42.815	51.799	33.651
云南	-22.179	-20.013	31.747	41.314	40.184	37.059	30.461	28.860	41.380	45.637	45.025	50.945	49.724	53.799	58.963	34.194
陕西	66.191	62.730	60.886	60.118	53.754	49.492	39.060	43.521	49.624	50.785	48.230	45.176	37.163	42.477	42.665	50.125
甘肃	57.380	46.330	49.795	56.129	61.883	51.389	41.347	41.516	46.549	52.969	51.967	60.418	58.715	63.347	63.531	53.551
青海	61.948	42.246	62.676	63.388	66.199	78.768	83.068	77.813	78.306	82.795	57.341	53.158	61.016	45.177	54.703	64.573
宁夏	61.964	17.238	78.114	62.333	69.100	68.289	63.350	56.189	46.534	61.516	41.693	52.131	44.134	40.657	55.206	54.563
新疆	69.929	51.089	62.281	66.417	71.686	60.455	63.190	54.203	55.022	54.566	46.912	55.445	54.254	55.577	52.560	58.239
全国	46.198	37.181	43.289	42.215	41.646	38.699	33.463	34.313	40.694	43.360	31.869	32.197	35.459	39.036	41.080	38.713
东部	40.672	29.711	31.109	30.826	36.215	23.546	17.455	19.723	28.248	33.727	26.029	24.851	30.136	31.447	31.440	29.009
中部	49.598	49.720	51.672	48.090	47.869	47.234	39.981	36.797	39.284	42.013	28.230	27.044	31.962	33.804	38.885	40.812
西部	48.949	35.186	48.274	48.556	51.359	44.403	44.226	44.804	48.792	50.378	35.677	38.920	42.013	47.533	51.108	45.345
东北	47.734	44.319	48.843	45.178	11.692	51.224	34.321	39.510	55.316	52.437	44.652	42.342	36.166	43.643	40.831	42.547

　　从各省份的绿色创新效率损失比例均值来看，消除研发资本要素市场扭曲对所有省份绿色创新效率均具有正向影响，但影响幅度不尽相同。考察期内消除研发资本要素市场扭曲后绿色创新效率损失降幅较大的前十个省份依次为青海、内蒙古、新疆、山西、宁夏、甘肃、江西、辽宁、河北和陕西，消除研发资本要素市场扭曲将使得这些省份绿色创新效率损失分别平均降低 64.573%、62.913%、58.239%、55.451%、54.563%、53.551%、53.090%、51.463%、51.397% 和50.125%，说明这些省份在消除研发资本要素市场扭曲后，其绿色创新效率将会得到大幅提升。考察期内消除研发资本要素市场扭曲后绿色创新效率损失降低幅度较小的前十个省份依次为重庆、天津、广东、浙江、海南、上海、北京、湖南、安徽和吉林，消除研发资本要素市场扭曲将使得这些省份绿色创新效率损失分别平均降低 12.837%、18.917%、20.508%、21.252%、22.725%、23.269%、23.605%、24.213%、27.360% 和28.073%，说明这些省份在消除研发资本要素市场扭曲后，其绿色创新效率的提升幅度相对较小。

　　从绿色创新效率损失比例的演变态势（见图7-2）来看，考察期内全国总体、东部、中部及东北地区绿色创新效率损失比例呈现出震荡下降的态势，年均分别降低0.835%、1.822%、0.309% 和1.109%。西部地区绿色创新效率损失比例呈现出震荡上升的态势，年均增加0.309%。从各省份绿色创新效率损失比例的演变态势来看，绿色创新效率损失比例增幅较大的省份有云南、天津（10.819%）、海南（4.744%）、贵州（2.446%）、湖南（2.420%）、山西（0.902%）和甘肃（0.730%），绿色创新效率损失比例降幅较大的省份有广东

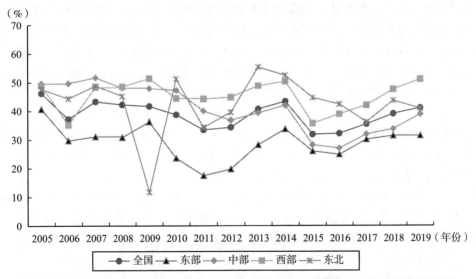

图7-2　2005～2019 年中国研发资本要素市场扭曲的绿色创新效率损失比例演变态势

（ -10.096% ）、浙江（ -9.338% ）、北京（ -5.870% ）、湖北（ -5.573% ）、江苏（ -5.206% ）、安徽（ -5.062% ）、上海（ -4.198% ）、江西（ -3.745% ）、陕西（ -3.088% ）和吉林（ -2.945% ）等①。

第五节　本章小结

本章基于 2004 ~ 2019 年中国省级面板数据，测算中国各省份研发资本要素市场扭曲程度和绿色创新效率水平，运用面板计量模型检验研发资本要素市场扭曲对绿色创新效率的影响，并基于反事实检验方法估计研发资本要素市场扭曲所带来的绿色创新效率损失缺口及比例。研究结果表明：

第一，研发资本要素市场扭曲显著抑制了绿色创新效率提升。无论是运用 OLS、FE 还是 SYS - GMM 模型，研发资本要素市场扭曲均在 1% 的显著性水平上对绿色创新效率产生了显著的负向影响，说明创新活动需要大量的研发资本投入，而信贷歧视、利率管制和政府干预等所导致的研发资本要素市场扭曲不仅阻碍了研发资本在区域间的合理流动与有效配置，也对绿色创新效率产生了不可低估的抑制作用。

第二，研发资本要素市场扭曲对绿色创新效率的抑制作用存在研发资本配置异质性和阶段异质性。在研发资本配置过度和研发资本配置不足两种情况下，研发资本要素市场扭曲对绿色创新效率的影响系数均在 1% 的显著性水平上显著为负，且研发资本配置不足组估计系数的绝对值远大于研发资本配置过度组，说明与研发资本配置过度相比，研发资本配置不足对绿色创新效率的抑制作用更大。无论是利率市场化改革前还是改革后，研发资本要素市场扭曲对绿色创新效率的影响系数均在 1% 的显著性水平上显著为负，但在利率市场化改革后，研发资本要素市场扭曲对绿色创新效率影响系数的绝对值变小，说明利率市场化改革降低了研发资本要素市场扭曲对绿色创新效率的抑制作用。

第三，中国各地区研发资本要素市场扭曲所带来的绿色创新效率损失存在较大的区域差异。考察期内全国总体、东部、中部、西部和东北地区研发资本要素市场扭曲的绿色创新效率损失缺口均值分别为 0.264、0.253、0.254、0.271 和 0.297，消除研发资本要素市场扭曲后，全国总体、东部、中部、西部和东北地区绿色创新效率损失将分别平均降低 38.713% 、29.009% 、40.812% 、45.345% 和 42.547% ，降低幅度呈现出东部地区 < 中部地区 < 东北地区 < 西部地区的特征，且东部、中部地区之间的降低幅度差距远高于中部、东北和西部地区之间的

---

① 括号内数值为 2005 ~ 2019 年年均几何增长率，云南省 2005 年绿色创新效率损失比例为负值，无法计算出年均几何增长率。

差距。就各省份而言，消除研发资本要素市场扭曲后，中国所有省份的绿色创新效率损失均将降低，但降低幅度及其演变态势存在较大的区域差异。

基于上述研究结论，为改善各地区研发资本要素市场扭曲、促进绿色创新效率提升，进一步提出以下政策建议：

第一，深化研发资本要素市场化配置改革。研究表明研发资本要素市场扭曲显著抑制绿色创新效率提升，且在利率市场化改革后抑制作用减弱。因此，首先应以深化利率市场化改革作为研发资本要素市场化配置改革的着力点，建立健全市场化利率形成和货币政策价格型调控机制，破除研发资金需求与供给之间的制度障碍，提高研发资本配置效率。其次应打破银行业原有研发资本配置模式，探索新的业务边界，满足创新活动对金融业务的需求。最后还应逐步消除基于所有制性质的"政治优序"融资歧视，为有前景的企业特别是民营企业创新活动提供充分的信贷支持和融资便利。

第二，改善研发资本配置和利用效率。研究表明在研发资本配置过度和研发资本配置不足两种情况下，研发资本要素市场扭曲均显著抑制绿色创新效率提升，但抑制作用存在较大差异。因此，对于研发资本配置过度和研发资本配置不足的地区，应区别对待并采取差异化政策，以改善研发资本配置和利用效率。对于研发资本配置不足的地区，应着力破除以国有商业银行为主导的垄断性金融体系，扩大对社会资本的开放力度，使研发资本市场更好支持技术创新活动。对于研发资本配置过度的地区，应将过剩研发资产转移到高效率领域，或者通过资产重组等方式调整研发要素配置结构，充分发挥闲置研发资本的作用。

第三，细化区域政策尺度，采取差别化区域政策。研究表明消除研发资本要素市场扭曲后，绿色创新效率损失降低比例呈现出东部地区＜中部地区＜东北地区＜西部地区的特征，且东部、中部地区之间的差距远高于中部、东北和西部地区之间的差距。因此，应针对不同地区实际制定差别化政策，推进区域一体化发展。对于东部地区，应着力于加快产业转型升级步伐，全面实施创新驱动发展，发挥其示范、引领和带动作用。对于中部、西部和东北地区，应着力于建立区域协调互动机制，打破省际的行政壁垒以及由此形成的市场分割格局，促进研发资本要素合理流动，与东部地区有效对接联动，提升自身绿色创新效率。

第八章

研究结论、政策建议与研究展望

一、研究结论

本书在总结国内外现有研究的基础上，从绿色发展的视角研究中国区域绿色创新效率的问题，主要得出以下几点研究结论：

（1）中国绿色创新全要素生产率年均增长 1.68%，技术进步速度提升是绿色创新全要素生产率增长的主要原因，而绿色创新效率的提高主要源于规模效率的增长。在科研机构转制改革和构建国家创新体系阶段，中国绿色创新全要素生产率增速有所下降，这主要是由技术进步速度减缓导致的，而绿色创新效率增速却得到一定提升。在建设创新型国家阶段，中国绿色创新全要素生产率增速较改革初期大幅提升，这主要源于技术进步的推动作用，而绿色创新效率增速有所下降。在实施创新驱动发展战略阶段，中国绿色创新全要素生产率增速较改革初期有所提升，这主要源于绿色创新效率与技术进步的共同推动作用。

（2）中国区域绿色创新效率存在较大的空间差异性，表现为从东部向中、西部地区递减的阶梯形分布特征，且其空间分布呈现出显著的正向空间相关性。中国区域绿色创新效率存在明显的"高高—高效型"和"低低—低效型"各自集聚的空间结构特征和低流动性特征，时空跃迁类型表现出高度的空间稳定性，时空演变具有较强的路径依赖特征。中国各地区绿色创新效率不仅存在显著的绝对 β 空间收敛趋势，而且也存在着显著的条件 β 空间收敛趋势。在全国层面，金融支持、基础设施投资对绿色创新效率收敛具有显著的负向影响，而外商直接投资对绿色创新效率收敛具有显著的正向作用。

（3）间接主体与直接主体之间的协同关系（政府资助、金融支持）对各地区绿色创新效率均产生负向影响，且随着分位点的增加抑制性越来越强；而直接主体之间的协同关系（产学研合作）则促进了各地区绿色创新效率提升，且随着分位点的增加促进作用越来越大。绿色创新效率对创新系统主体间协同关系各变量的冲击在响应强度、响应速度和累计效应方面存在较大的区域差异，但在各地区均表现为逐渐收敛的趋势。剔除自身影响后，全国总体、中部和西部地区的政府资助、东部地区的产学研合作相较于其他协同关系变量对绿色创新效率影响的贡献度更大。

（4）在不同的环境规制强度下，环境规制对绿色创新效率的影响效果是不同的，二者之间呈现 U 形关系，说明环境规制对绿色创新效率的影响存在单一门槛效应，只有跨过环境规制强度的"拐点"，强化环境规制才会提升绿色创新效率。环境规制通过外商直接投资、对外直接投资、产业结构三条传导路径对绿色创新效率产生间接影响，且通过外商直接投资、对外直接投资渠道产生的负向影响效果较大，通过产业结构升级渠道产生的正向影响效果较小。环境规制对邻地绿色创新效率的影响效应明显有别于本地效应，表现为先促进后抑制的倒 U 形关系。

（5）数字金融缓解了创新型企业的融资约束，降低了传统的信息不对称，有助于本地绿色创新效率提升，但数字金融发展所产生的虹吸效应，抑制了周边地区绿色创新效率提升。数字金融通过促进金融发展、刺激消费需求和提升人力资本三条传导渠道显著促进绿色创新效率提升。其中，通过促进金融发展传导渠道对绿色创新效率产生的促进作用较大，通过刺激消费需求和提升人力资本传导渠道对绿色创新效率产生的促进作用相对有限，说明促进金融发展是数字金融影响绿色创新效率的重要渠道，但也不能忽视刺激消费需求和提升人力资本产生的中介效应。

（6）研发资本要素市场扭曲对绿色创新效率产生了显著的负向影响，说明信贷歧视、利率管制和政府干预等所导致的研发资本要素市场扭曲阻碍了研发资本在区域间的合理流动与有效配置，对绿色创新效率产生不可低估的抑制作用。研发资本要素市场扭曲对绿色创新效率的抑制作用存在研发资本配置异质性和阶段异质性，与研发资本配置过度相比，研发资本配置不足对绿色创新效率的抑制作用更大，而利率市场化改革降低了研发资本要素市场扭曲对绿色创新效率的抑制作用。中国各地区研发资本要素市场扭曲导致的绿色创新效率损失存在较大区域差异，考察期内损失比例呈现出东部＜中部＜东北＜西部的特征。

二、政策建议

基于上述研究结论，为提升中国区域绿色创新效率，进一步提出以下政策建议：

（1）深化科技体制改革对于促进绿色创新全要素生产率增长仍有较大的空间，应继续推进科技体制改革带动绿色创新全要素生产率增长；进一步深化科技体制改革的着力点在于提高绿色创新效率，应更多关注绿色创新过程中质的提升，而非量的增长；对中部、西部和东北地区给予适当的专项支持，逐步缩小中国区域层面绿色创新全要素生产率的差异，实现区域绿色创新的协调发展。

（2）在国家层面统筹区域绿色创新发展策略，采取差异化的政策措施，对于东部地区应提高关键领域自主创新能力，对于中、西部地区应加大政策倾斜和财政支持力度。高度重视绿色创新活动的空间相关性和非均衡性特征，充分发挥空间溢出效应，避免同一区域产业同质化和恶性竞争。坚持以市场调节为主要手段，同时充分发挥政府在推进区域绿色创新中的引导作用。

（3）通过跨区域协同创新的模式，促进创新系统有效整合，带动各地区绿色创新效率提升。对于东部地区要大力加强产学研密切合作，推进核心技术联合攻关，培育出一批能够引领技术发展方向的国际领先企业和世界知名品牌。对于中部和西部地区要加大政府资金投入及项目倾斜力度，培植创新型人力资本，进而发挥后发优势实现赶超。

（4）合理调整各地区的环境规制力度，选择政策实施的适宜时机和强度，使得环境规制实施效果达到最优。优化外商直接投资的引资用资策略，增强外商直接投资的技术溢出效应，支持本土企业开展对外直接投资，实现逆向技术溢出效应。大力发展以服务业为代表的清洁型产业，以促进产业结构升级。结合不同地区的实际特征，建立地区间环境规制的协同联动机制。

（5）加快数字基础设施建设，创新数字金融服务模式，强化数字金融对创新的支撑作用，但也要防范数字金融的市场风险。政策制定应考虑数字金融发展的地区差异，分类实施精准施策，以促进区域间数字金融协同发展。深化数字金融改革创新，鼓励传统金融机构数字化转型、深入挖掘数字金融优势以及加速人力资本积累，畅通数字金融对绿色创新效率的传导渠道。

（6）以深化利率市场化改革作为着力点，进一步深化研发资本要素市场化配置改革。对于研发资本配置过度和研发资本配置不足的地区，应区别对待并采取差异化政策，以改善研发资本配置和利用效率。推进区域要素市场一体化发展。东部地区应发挥其示范、引领和带动作用，中部、西部和东北地区应与东部地区有效对接联动，打破省际行政壁垒以及由此形成的市场分割格局。

三、研究展望

区域绿色创新是一个热点问题，也是一个系统工程。创新驱动发展战略、绿色发展理念的提出，为应对中国经济快速增长过程中出现的矛盾和问题提供了有效的解决方案。尽管本书对中国区域绿色创新效率研究取得了一定的进展，但区域绿色创新领域需要研究和解决的问题仍然很多，由于研究时间和个人水平的限制，本书的研究仅是初步的，也是不完善的，书中存在一些问题还有待在今后的研究中探讨解决。

（1）有关科技体制改革对绿色创新全要素生产率及其分解值影响的效果评价问题。尽管本书对比了科技体制改革不同阶段中国区域绿色创新全要素生产率及其分解值的变动情况，进而考察了科技体制改革对全国总体及各地区绿色创新全要素生产率及其分解值的影响效果，但本书的效果评价只是一种粗线条式的比较分析，受限于政策评估方法的前提假设以及中国统计数据的匮乏，并没有采用合成控制法、双重差分法等计量回归方法进行政策评估，也没有考虑到其他外部环境因素的影响。

（2）有关中国区域绿色创新效率的指标选择及测算问题。考虑到数据之间的相关性和数据的可得性，本书在测算绿色创新效率时仅选择了部分具有代表性的创新投入产出指标，但区域创新活动的投入产出指标还有很多，例如科技论文发表数量、技术市场交易额、高新技术产品出口额、创新型企业家人才数量等。如果采用其他合理的创新投入产出指标，从另一个侧面反映绿色创新效率，或许可以得到不一样的结论。此外，出于研究旨趣，本书仅从区域层面对绿色创新效率进行分析，并没有深入到企业层面，但对一个地区的代表性企业进行解剖麻雀式的分析，更有助于加深对问题的理解，也更能反映客观状况。

（3）有关中国区域绿色创新效率影响因素的研究。本书在考察中国区域绿色创新效率影响因素时，仅有针对性地选取了协同创新、环境规制、数字金融、研发资本要素市场扭曲等重要因素分别进行详细分析。但影响绿色创新效率的因素还有很多，比如制度环境、地理区位、政府补贴、技术转移度、人力资本水平、外商直接投资、对外直接投资、产业结构、基础设施投资、经济发展水平、地区发展战略等，在本书的实证分析中，这些因素虽然有一部分被列为控制变量，但并没有进行深入、细致的分析。特别是制度环境、地理区位、技术转移度等因素对绿色创新效率的影响，是目前研究的热点，也是未来研究的有趣方向。

参 考 文 献

[1] 白俊红，卞元超. 要素市场扭曲与中国创新生产的效率损失 [J]. 中国工业经济，2016 (11).

[2] 白俊红，江可申，李婧. 中国区域创新效率的收敛性分析 [J]. 财贸经济，2008 (9).

[3] 白俊红，蒋伏心. 协同创新、空间关联与区域创新绩效 [J]. 经济研究，2015，50 (7).

[4] 白俊红，刘宇英. 对外直接投资能否改善中国的资源错配 [J]. 中国工业经济，2018 (1).

[5] 白俊红，王林东. 价值链视角下中国区域创新效率的空间收敛性研究 [J]. 南大商学评论，2015，12 (3).

[6] 薄文广，徐玮，王军锋. 地方政府竞争与环境规制异质性：逐底竞争还是逐顶竞争？[J]. 中国软科学，2018 (11).

[7] 蔡乐才，朱盛艳. 数字金融对小微企业创新发展的影响研究——基于 PKU‐DFIIC 和 CMES [J]. 软科学，2020，34 (12).

[8] 曹霞，于娟. 绿色低碳视角下中国区域创新效率研究 [J]. 中国人口·资源与环境，2015，25 (5).

[9] 曾冰. 我国省际绿色创新效率的影响因素及空间溢出效应 [J]. 当代经济管理，2018，40 (12).

[10] 曾贤刚. 环境规制、外商直接投资与“污染避难所”假说——基于中国 30 个省份面板数据的实证研究 [J]. 经济理论与经济管理，2010 (11).

[11] 曾宪奎. 技术创新：超越粗放化发展模式 [N]. 大众日报，2017‐06‐21.

[12] 陈斌，李拓. 财政分权和环境规制促进了中国绿色技术创新吗？[J]. 统计研究，2020，37 (6).

[13] 陈兵，王伟龙. 互联网发展、产业集聚结构与绿色创新效率 [J]. 华东经济管理，2021，35 (4).

[14] 陈刚. FDI 竞争，环境规制与污染避难所——对中国式分权的反思 [J]. 世界经济研究，2009 (6).

［15］陈光．如何营造宽容失败的创新环境——企业创新失败的退出机制与政府后续扶持［J］．产城，2018（10）．

［16］陈劲，阳银娟．协同创新的理论基础与内涵［J］．科学学研究，2012，30（2）．

［17］陈劲，张学文．中国创新驱动发展与科技体制改革（2012－2017）［J］．科学学研究，2018，36（12）．

［18］陈劲．中国创新发展报告（2014）［M］．北京：社会科学文献出版社，2014．

［19］陈经伟，姜能鹏．资本要素市场扭曲对企业技术创新的影响：机制、异质性与持续性［J］．经济学动态，2020（12）．

［20］陈诗一，张军．中国地方政府财政支出效率研究：1978－2005［J］．中国社会科学，2008（4）．

［21］陈涛涛．中国FDI行业内溢出效应的内在机制研究［J］．世界经济，2003（9）．

［22］陈永伟，胡伟民．价格扭曲、要素错配和效率损失：理论和应用［J］．经济学（季刊），2011，10（4）．

［23］池仁勇，虞晓芬，李正卫．我国东西部地区技术创新效率差异及其原因分析［J］．中国软科学，2004（8）．

［24］崔治文，白家瑛，郭静．增值税横向分配失衡与地区经济发展——基于PVAR模型的实证分析［J］．经济体制改革，2016（4）．

［25］戴魁早，刘友金．要素市场扭曲与创新效率——对中国高技术产业发展的经验分析［J］．经济研究，2016（7）．

［26］邓峰，陈春香．R&D投入强度与中国绿色创新效率——基于环境规制的门槛研究［J］．工业技术经济，2020，39（2）．

［27］邓若冰．研发要素市场扭曲对区域创新绩效的影响研究［J］．现代经济探讨，2019（10）．

［28］邱俊鹏，王浩宇．企业创新的失败容忍度、激励与行为选择［J］．上海经济研究，2018（2）．

［29］丁厚德．改革与建设国家创新体系——中国科技体制改革的挑战和机遇［J］．清华大学学报（哲学社会科学版），1999（4）．

［30］董直庆，胡晟明．创新要素空间错配及其创新效率损失：模型分解与中国证据［J］．华东师范大学学报（哲学社会科学版），2020，52（1）．

［31］董直庆，王辉．环境规制的"本地—邻地"绿色技术进步效应［J］．中国工业经济，2019（1）．

［32］杜传忠，张远．"新基建"背景下数字金融的区域创新效应［J］．财

经科学, 2020 (5).

[33] 樊华, 周德群. 中国省域科技创新效率演化及其影响因素研究 [J]. 科研管理, 2012, 33 (1).

[34] 樊琦, 韩民春. 政府 R&D 补贴对国家及区域自主创新产出影响绩效研究——基于中国 28 个省域面板数据的实证分析 [J]. 管理工程学报, 2011 (3).

[35] 范斐, 杜德斌, 李恒, 游小珺. 中国地级以上城市科技资源配置效率的时空格局 [J]. 地理学报, 2013, 68 (10).

[36] 范斐, 连欢, 王雪利, 王嵩. 区域协同创新对创新绩效的影响机制研究 [J]. 地理科学, 2020, 40 (2).

[37] 范斐, 张雪蓉, 连欢. 环境规制对长江经济带绿色创新效率的影响研究——基于外商直接投资的中介效应检验 [J]. 科技管理研究, 2021, 41 (15).

[38] 范维培, 颜元培, 陈兆育. 当前科技体制改革存在的问题与对策建议 [J]. 中国科技论坛, 2003 (5).

[39] 方杰, 温忠麟, 张敏强, 孙配贞. 基于结构方程模型的多重中介效应分析 [J]. 心理科学, 2014, 37 (3).

[40] 方新, 柳卸林. 我国科技体制改革的回顾及展望 [J]. 求是, 2004 (5).

[41] 方新. 中国科技体制改革的回顾与前瞻 [J]. 科研管理, 1999 (3).

[42] 冯志军. 中国工业企业绿色创新效率研究 [J]. 中国科技论坛, 2013 (2).

[43] 傅家骥, 姜彦福, 雷家潇. 技术创新——中国企业发展之路 [M]. 北京: 企业管理出版社, 1992.

[44] 傅京燕, 李丽莎. 环境规制、要素禀赋与产业国际竞争力的实证研究——基于中国制造业的面板数据 [J]. 管理世界, 2010 (10).

[45] 干春晖, 郑若谷, 余典范. 中国产业结构变迁对经济增长和波动的影响 [J]. 经济研究, 2011, 46 (5).

[46] 龚关, 胡关亮. 中国制造业资源配置效率与全要素生产率 [J]. 经济研究, 2013 (4).

[47] 郭峰, 王靖一, 王芳, 孔涛, 张勋, 程志云. 测度中国数字普惠金融发展: 指数编制与空间特征 [J]. 经济学 (季刊), 2020, 19 (4).

[48] 韩晶, 宋涛, 陈超凡, 曲歌. 基于绿色增长的中国区域创新效率研究 [J]. 经济社会体制比较, 2013 (3).

[49] 韩晶. 中国区域绿色创新效率研究 [J]. 财经问题研究, 2012 (11).

[50] 贺灵, 单汨源, 邱建华. 创新网络要素及其协同对科技创新绩效的影响研究 [J]. 管理评论, 2012, 24 (8).

[51] 胡宝贵，庞洁．企业技术创新效率与协同主体相关关系——基于农业产业化龙头企业的实证分析 [J]．经济问题，2016 (2)．

[52] 胡登峰，李丹丹．创新网络中知识转移"度"及其维度 [J]．学术月刊，2012, 44 (7)．

[53] 黄德春，刘志彪．环境规制与企业自主创新——基于波特假设的企业竞争优势构建 [J]．中国工业经济，2006 (3)．

[54] 黄杰，金华丽．中国绿色创新效率的区域差异及其动态演进 [J]．统计与决策，2021, 37, 585 (21)．

[55] 黄可人，韦廷柒．经济增长、产业结构变迁与城乡居民收入差距——基于 PVAR 模型的动态分析 [J]．工业技术经济，2016, 35 (4)．

[56] 黄小勇，李怡．产城融合对大中城市绿色创新效率的影响研究 [J]．江西社会科学，2020, 40 (8)．

[57] 蒋伏心，华冬芳，胡潇．产学研协同创新对区域创新绩效影响研究 [J]．江苏社会科学，2015 (5)．

[58] 蒋伏心，王竹君，白俊红．环境规制对技术创新影响的双重效应——基于江苏制造业动态面板数据的实证研究 [J]．中国工业经济，2013 (7)．

[59] 蒋同明．深化科技体制改革 激发万众创新活力 [J]．宏观经济管理，2015 (10)．

[60] 解垩．环境规制与中国工业生产率增长 [J]．产业经济研究，2008 (1)．

[61] 解学梅．中小企业协同创新网络与创新绩效的实证研究 [J]．管理科学学报，2010, 13 (8)．

[62] 靳来群，胡善成，张伯超．中国创新资源结构性错配程度研究 [J]．科学学研究，2019, 37 (3)．

[63] 康小明，陈凯华．从利益集团视角看深化我国科技体制改革的若干思考 [J]．中国管理科学，2013, 21 (S2)．

[64] 康益敏，朱先奇，李雪莲．科技型企业伙伴关系、协同创新与创新绩效关系的实证研究 [J]．预测，2019, 38 (5)．

[65] 康志勇．金融错配阻碍了中国本土企业创新吗？[J]．研究与发展管理，2014, 26 (5)．

[66] 孔晓妮，邓峰．中国各省区绿色创新效率评价及其提升路径研究——基于影响因素的分析 [J]．新疆大学学报（哲学·人文社会科学版），2015, 43 (4)．

[67] 寇宗来．中国科技体制改革三十年 [J]．世界经济文汇，2008 (1)．

[68] 赖永剑．基础设施建设与企业创新绩效 [J]．贵州财经大学学报，

2013 (3).

[69] 黎文靖，郑曼妮. 实质性创新还是策略性创新？——宏观产业政策对微观企业创新的影响 [J]. 经济研究，2016, 51 (4).

[70] 李斌，曹万林. 环境规制对我国循环经济绩效的影响研究——基于生态创新的视角 [J]. 中国软科学，2017 (6).

[71] 李斌，彭星，欧阳铭珂. 环境规制、绿色全要素生产率与中国工业发展方式转变——基于 36 个工业行业数据的实证研究 [J]. 中国工业经济，2013 (4).

[72] 李国平，杨佩刚，宋文飞，韩先锋. 环境规制、FDI 与"污染避难所"效应——中国工业行业异质性视角的经验分析 [J]. 科学学与科学技术管理，2013, 34 (10).

[73] 李虹，邹庆. 环境规制、资源禀赋与城市产业转型研究——基于资源型城市与非资源型城市的对比分析 [J]. 经济研究，2018, 53 (11).

[74] 李健，付军明，卫平. 产业结构变迁和区域创新能力——基于中国省际面板数据的实证研究 [J]. 湖北社会科学，2015 (12).

[75] 李健，马晓芳. 京津冀城市绿色创新效率时空差异及影响因素分析 [J]. 系统工程，2019, 37 (5).

[76] 李婧，谭清美，白俊红. 中国区域创新生产的空间计量分析——基于静态与动态空间面板模型的实证研究 [J]. 管理世界，2010 (7).

[77] 李婧，白俊红，谭清美. 考虑空间效应的区域创新效率测评 [J]. 研究与发展管理，2011, 23 (1).

[78] 李婧，谭清美，白俊红. 中国区域创新效率及其影响因素 [J]. 中国人口·资源与环境，2009, 19 (6).

[79] 李娟，唐珮菡，万璐，庞有功. 对外直接投资、逆向技术溢出与创新能力——基于省级面板数据的实证分析 [J]. 世界经济研究，2017 (4).

[80] 李林，傅庆. 产学研主体创新效率对区域创新的影响研究 [J]. 科技进步与对策，2014, 31 (5).

[81] 李玲，陶锋. 中国制造业最优环境规制强度的选择——基于绿色全要素生产率的视角 [J]. 中国工业经济，2012 (5).

[82] 李平，刘利利. 政府研发资助、企业研发投入与中国创新效率 [J]. 科研管理，2017, 38 (1).

[83] 李平，慕绣如. 波特假说的滞后性和最优环境规制强度分析——基于系统 GMM 及门槛效果的检验 [J]. 产业经济研究，2013 (4).

[84] 李平，王宏伟，张静. 改革开放 40 年中国科技体制改革和全要素生产率 [J]. 中国经济学人（China Economist），2018, 13 (1).

［85］李强，聂锐．环境规制与区域技术创新——基于中国省际面板数据的实证分析［J］．中南财经政法大学学报，2009（4）．

［86］李强．环境规制与产业结构调整——基于 Baumol 模型的理论分析与实证研究［J］．经济评论，2013（5）．

［87］李文鸿，曹万林．FDI、环境规制与区域绿色创新效率［J］．统计与决策，2020，36（19）．

［88］李向东，李南，白俊红，谢忠秋．高技术产业研发创新效率分析［J］．中国软科学，2011（2）．

［89］李小胜，朱建平．中国省际工业企业创新效率及其收敛性研究［J］．数理统计与管理，2013，32（6）．

［90］李晓钟，张小蒂．外商直接投资对我国技术创新能力影响及地区差异分析［J］．中国工业经济，2008（9）．

［91］李永友，沈坤荣．我国污染控制政策的减排效果——基于省际工业污染数据的实证分析［J］．管理世界，2008（7）．

［92］李振京，张林山．"十二五"时期科技体制改革与国家创新体系建设［J］．宏观经济管理，2010（6）．

［93］李正风．关于深化我国科技体制改革的若干思考［J］．清华大学学报（哲学社会科学版），2000（6）．

［94］李政，杨思莹，何彬．FDI 抑制还是提升了中国区域创新效率？——基于省际空间面板模型的分析［J］．经济管理，2017，39（4）．

［95］梁榜，张建华．数字普惠金融发展能激励创新吗？——来自中国城市和中小企业的证据［J］．当代经济科学，2019，41（5）．

［96］梁超．制度变迁、人力资本积累与全要素生产率增长——基于动态面板和脉冲反应的实证研究［J］．中央财经大学学报，2012（2）．

［97］梁劲锐，史耀疆，席小瑾．清洁生产技术创新、治污技术创新与环境规制［J］．中国经济问题，2018（6）．

［98］梁琦．知识溢出的空间局限性与集聚［J］．科学学研究，2004（1）．

［99］林伯强，杜克锐．要素市场扭曲对能源效率的影响［J］．经济研究，2013（9）．

［100］刘冬冬，黄凌云，董景荣．研发要素价格扭曲如何影响制造业创新效率——基于全球价值链视角［J］．国际贸易问题，2020（10）．

［101］刘凤朝，沈能．基于专利结构视角的中国区域创新能力差异研究［J］．管理评论，2006（11）．

［102］刘和旺，向昌勇，郑世林．"波特假说"何以成立：来自中国的证据［J］．经济社会体制比较，2018（1）．

[103] 刘建翠，郑世林，汪亚楠．中国研发（R&D）资本存量估计：1978－2012 [J]．经济与管理研究，2015，36（2）.

[104] 刘建民，陈果．环境管制对 FDI 区位分布影响的实证分析 [J]．中国软科学，2008（1）.

[105] 刘军，曹雅茹，吴昊天．产业协同集聚对区域绿色创新的影响 [J]．中国科技论坛，2020（4）.

[106] 刘伟，李绍荣．所有制变化与经济增长和要素效率提升 [J]．经济研究，2001（1）.

[107] 刘伟，童健，薛景．行业异质性、环境规制与工业技术创新 [J]．科研管理，2017，38（5）.

[108] 刘友金，易秋平，贺灵．产学研协同创新对地区创新绩效的影响——以长江经济带 11 省市为例 [J]．经济地理，2017，37（9）.

[109] 鲁钊阳，廖杉杉．FDI 技术溢出与区域创新能力差异的双门槛效应 [J]．数量经济技术经济研究，2012，29（5）.

[110] 陆旸．环境规制影响了污染密集型商品的贸易比较优势吗？[J]．经济研究，2009，44（4）.

[111] 罗良文，梁圣蓉．中国区域工业企业绿色技术创新效率及因素分解 [J]．中国人口·资源与环境，2016，26（9）.

[112] 吕承超，邵长花，崔悦．中国绿色创新效率的时空演进规律及影响因素研究 [J]．财经问题研究，2020（12）.

[113] 吕岩威，谢雁翔，楼贤骏．中国区域绿色创新效率时空跃迁及收敛趋势研究 [J]．数量经济技术经济研究，2020，37（5）.

[114] 马大来，陈仲常，王玲．中国区域创新效率的收敛性研究：基于空间经济学视角 [J]．管理工程学报，2017，31（1）.

[115] 潘爽，叶德珠，叶显．数字金融普惠了吗——来自城市创新的经验证据 [J]．经济学家，2021（3）.

[116] 潘雄锋，刘凤朝．中国区域工业企业技术创新效率变动及其收敛性研究 [J]．管理评论，2010，22（2）.

[117] 潘雅茹，罗良文．基础设施投资对区域创新效率的异质性影响研究 [J]．贵州社会科学，2019（4）.

[118] 钱水土，周永涛．区域技术进步与产业升级的金融支持——基于分位数回归方法的经验研究 [J]．财贸经济，2010（9）.

[119] 乔美华．对外贸易对工业企业绿色创新效率的异质门槛效应 [J]．中国科技论坛，2019（11）.

[120] 冉启英，杨小东．国际技术溢出对绿色技术创新效率的影响研究——

基于空间视角下制度调节作用的非线性检验 [J]. 华东经济管理, 2020, 34 (2).

[121] 任耀, 牛冲槐, 牛彤. 绿色创新效率的理论模型与实证研究 [J]. 管理世界, 2014 (7).

[122] 沙文兵. 对外直接投资、逆向技术溢出与国内创新能力——基于中国省际面板数据的实证研究 [J]. 世界经济研究, 2012 (3).

[123] 沈坤荣, 金刚, 方娴. 环境规制引起了污染就近转移吗? [J]. 经济研究, 2017, 52 (5).

[124] 沈能, 刘凤朝. 高强度的环境规制真能促进技术创新吗? ——基于"波特假说"的再检验 [J]. 中国软科学, 2012 (4).

[125] 沈能, 周晶晶. 技术异质性视角下的我国绿色创新效率及关键因素作用机制研究: 基于 Hybrid DEA 和结构化方程模型 [J]. 管理工程学报, 2018, 32 (4).

[126] 沈能. 环境效率、行业异质性与最优规制强度——中国工业行业面板数据的非线性检验 [J]. 中国工业经济, 2012 (3).

[127] 史修松, 赵曙东, 吴福象. 中国区域创新效率及其空间差异研究 [J]. 数量经济技术经济研究, 2009, 26 (3).

[128] 宋河发, 眭纪纲. NIS 框架下科技体制改革问题、思路与任务措施研究 [J]. 科学学研究, 2012, 30 (8).

[129] 孙博文, 陈路, 李浩民. 市场分割的绿色增长效率损失评估——非线性机制验证 [J]. 中国人口·资源与环境, 2018, 28 (7).

[130] 孙宏芃. 制度创新环境与中国绿色技术创新效率 [J]. 科技管理研究, 2016, 36 (21).

[131] 孙玮, 成力为, 刘栋. 不同主体 R&D 投入与技术创新绩效变动差异——基于中国高技术产业的实证研究 [J]. 山西财经大学学报, 2009, 31 (10).

[132] 孙燕铭, 谌思邈. 长三角区域绿色技术创新效率的时空演化格局及驱动因素 [J]. 地理研究, 2021, 40 (10).

[133] 唐松, 伍旭川, 祝佳. 数字金融与企业技术创新——结构特征、机制识别与金融监管下的效应差异 [J]. 管理世界, 2020, 36 (5).

[134] 唐绪兵, 钟叶姣. 论我国技术创新的金融支持 [J]. 财经理论与实践, 2005 (5).

[135] 滕堂伟, 瞿丛艺, 胡森林, 曾刚. 长三角城市群绿色创新效率格局分异及空间关联特征 [J]. 华东师范大学学报 (哲学社会科学版), 2019, 51 (5).

[136] 滕泽伟, 胡宗彪, 蒋西艳. 中国服务业碳生产率变动的差异及收敛性研究 [J]. 数量经济技术经济研究, 2017, 34 (3).

[137] 田贵贤, 谢子远, 郑长娟. 中国城市绿色创新效率的空间演化及影响因素 [J]. 江西社会科学, 2021, 41 (8).

[138] 田淑英, 郑飞鸿. 环保 R&D 投入是如何影响绿色技术创新效率的? [J]. 安徽大学学报 (哲学社会科学版), 2019, 43 (3).

[139] 万佳彧, 周勤, 肖义. 数字金融、融资约束与企业创新 [J]. 经济评论, 2020 (1).

[140] 汪亚楠, 徐枫, 郑乐凯. 数字金融能驱动城市创新吗? [J]. 证券市场导报, 2020 (7).

[141] 汪应洛, 贾理群, 张朋柱. 中国科技体制改革的评述与展望 [J]. 西安交通大学学报 (社会科学版), 1998 (3).

[142] 王班班, 齐绍洲. 市场型和命令型政策工具的节能减排技术创新效应——基于中国工业行业专利数据的实证 [J]. 中国工业经济, 2016 (6).

[143] 王兵, 吴延瑞, 颜鹏飞. 环境管制与全要素生产率增长: APEC 的实证研究 [J]. 经济研究, 2008 (5).

[144] 王刚贞, 陈梦洁. 数字普惠金融减贫效应存在空间异质性吗? ——基于空间计量模型的实证分析 [J]. 东北农业大学学报 (社会科学版), 2020, 18 (3).

[145] 王国印, 王动. 环境规制对企业技术创新影响的实证研究——基于波特假说的区域比较分析 [J]. 中国经济问题, 2011 (1).

[146] 王宏伟, 李平. 深化科技体制改革与创新驱动发展 [J]. 求是学刊, 2015, 42 (5).

[147] 王杰, 刘斌. 环境规制与企业全要素生产率——基于中国工业企业数据的经验分析 [J]. 中国工业经济, 2014 (3).

[148] 王娟茹, 张渝. 环境规制、绿色技术创新意愿与绿色技术创新行为 [J]. 科学学研究, 2018 (2).

[149] 王俊. 我国制造业 R&D 资本存量的测算 (1998 – 2005) [J]. 统计研究, 2009, 26 (4).

[150] 王康. 中国分省 R&D 资本存量的估算 [J]. 无锡商业职业技术学院学报, 2011, 11 (4).

[151] 王鹏, 赵捷. 产业结构调整与区域创新互动关系研究——基于我国 2002 – 2008 年的省际数据 [J]. 产业经济研究, 2011 (4).

[152] 王巧, 佘硕, 曾婧婧. 国家高新区提升城市绿色创新效率的作用机制与效果识别——基于双重差分法的检验 [J]. 中国人口·资源与环境, 2020, 30 (2).

[153] 王天骄. 中国科技体制改革、科技资源配置与创新效率 [J]. 经济问

题，2014（2）.

［154］王雪莹. 长江经济带协同创新能力与创新绩效研究［J］. 武汉工程职业技术学院学报，2018，30（2）.

［155］温忠麟，叶宝娟. 中介效应分析：方法和模型发展［J］. 心理科学进展，2014，22（5）.

［156］温忠麟，张雷，侯杰泰，刘红云. 中介效应检验程序及其应用［J］. 心理学报，2004（5）.

［157］吴超，杨树旺，唐鹏程，等. 中国重污染行业绿色创新效率提升模式构建［J］. 中国人口·资源与环境，2018，28（5）.

［158］吴传清，申雨琦. 中国装备制造业集聚对绿色创新效率的影响效应研究［J］. 科技进步与对策，2019，36（5）.

［159］吴丰华，刘瑞明. 产业升级与自主创新能力构建——基于中国省际面板数据的实证研究［J］. 中国工业经济，2013（5）.

［160］吴林海，彭纪生. 对中国科技体制改革的反思［J］. 科学学与科学技术管理，2001（4）.

［161］吴旭晓. 中国区域绿色创新效率演进轨迹及形成机理研究［J］. 科技进步与对策，2019，36（23）.

［162］吴延兵. R&D 存量、知识函数与生产效率［J］. 经济学（季刊），2006（3）.

［163］吴延兵. R&D 与生产率——基于中国制造业的实证研究［J］. 经济研究，2006（11）.

［164］吴延兵. 国有企业双重效率损失研究［J］. 经济研究，2012，47（3）.

［165］吴玉鸣. 外商直接投资对环境规制的影响［J］. 国际贸易问题，2006（4）.

［166］吴悦，顾新. 产学研协同创新的知识协同过程研究［J］. 中国科技论坛，2012（10）.

［167］吴遵杰，巫南杰. 工业集聚对城市绿色创新效率的影响——基于粤港澳大湾区 9 个城市的实证检验［J］. 科技管理研究，2021，41（15）.

［168］吴佐，张娜，王文. 政府 R&D 投入对产业创新绩效的影响——来自中国工业的经验证据［J］. 中国科技论坛，2013（12）.

［169］肖丁丁，朱桂龙，王静. 政府科技投入对企业 R&D 支出影响的再审视——基于分位数回归的实证研究［J］. 研究与发展管理，2013，25（3）.

［170］肖黎明，高军峰，刘帅. 基于空间梯度的我国地区绿色技术创新效率的变化趋势——省际面板数据的经验分析［J］. 软科学，2017，31（9）.

［171］肖黎明，张仙鹏. 强可持续理念下绿色创新效率与生态福利绩效耦合

协调的时空特征 [J]. 自然资源学报, 2019, 34 (2).

[172] 肖仁桥, 丁娟. 我国企业绿色创新效率及其空间溢出效应——基于两阶段价值链视角 [J]. 山西财经大学学报, 2017, 39 (12).

[173] 肖仁桥, 王宗军, 钱丽. 环境约束下中国省际工业企业技术创新效率研究 [J]. 管理评论, 2014, 26 (6).

[174] 谢兰云, 曲永义. 我国区域 R&D 强度与产业结构的灰色关联分析 [J]. 中国人口·资源与环境, 2010, 20 (1).

[175] 谢荣辉. 环境规制、引致创新与中国工业绿色生产率提升 [J]. 产业经济研究, 2017 (2).

[176] 熊雯婕, 殷凤. 互联网金融发展提升了区域创新效率吗——基于空间杜宾模型的实证分析 [J]. 技术经济, 2020, 39 (9).

[177] 徐建中, 王曼曼. 绿色技术创新、环境规制与能源强度——基于中国制造业的实证分析 [J]. 科学学研究, 2018, 36 (4).

[178] 徐子尧, 张莉沙, 刘益志. 数字普惠金融提升了区域创新能力吗 [J]. 财经科学, 2020 (11).

[179] 许庆瑞. 研究、发展与技术创新管理 [M]. 北京: 高等教育出版社, 2000.

[180] 许学国, 周燕妃. 基于三阶段 Malmquist - PNN 的区域绿色创新效率评价与智能诊断研究 [J]. 科技进步与对策, 2020, 37 (24).

[181] 闫凌州, 赵黎明. 府际关系影响下地方科技体制改革的二元异质性困境与思考 [J]. 科技进步与对策, 2014, 31 (3).

[182] 杨朝均, 杨文珂, 朱雁春. 中国省际间对内开放对驱动工业绿色创新空间趋同的影响 [J]. 中国环境科学, 2018, 38 (8).

[183] 杨果. 有的放矢: 提高协同创新的质量和效率 [N]. 人民日报, 2018 - 10 - 25.

[184] 杨锐, 刘志彪. 新一轮高水平对外开放背景下中国企业技术能力升级框架与思路 [J]. 世界经济与政治论坛, 2015 (4).

[185] 杨翔, 李小平, 周大川. 中国制造业碳生产率的差异与收敛性研究 [J]. 数量经济技术经济研究, 2015, 32 (12).

[186] 杨震宇. 资源错配与研发型企业生产效率损失 [J]. 研究与发展管理, 2015, 27 (5).

[187] 叶琴, 曾刚, 戴劲勃. 不同环境规制工具对中国节能减排技术创新的影响——基于 285 个地级市面板数据 [J]. 中国人口·资源与环境, 2018, 28 (2).

[188] 易明, 程晓曼. 长江经济带城市绿色创新效率时空分异及其影响因素 [J]. 城市问题, 2018 (8).

［189］殷群，程月．我国绿色创新效率区域差异性及成因研究［J］．江苏社会科学，2016（2）.

［190］尹飞霄，朱英明．环境规制对中国对外直接投资的影响——基于中国省际动态面板数据的实证分析［J］．技术经济，2017，36（9）.

［191］游达明，欧阳乐茜．环境规制对工业企业绿色创新效率的影响——基于空间杜宾模型的实证分析［J］．改革，2020（5）.

［192］余东华，胡亚男．环境规制趋紧阻碍中国制造业创新能力提升吗？——基于"波特假说"的再检验［J］．产业经济研究，2016（2）.

［193］余淑均，李雪松，彭哲远．环境规制模式与长江经济带绿色创新效率研究——基于38个城市的实证分析［J］．江海学刊，2017（3）.

［194］原毅军，谢荣辉．环境规制的产业结构调整效应研究——基于中国省际面板数据的实证检验［J］．中国工业经济，2014（8）.

［195］约瑟夫·熊彼特．经济发展理论［M］．北京：商务印书馆，1990.

［196］张成，陆旸，郭路．环境规制强度和生产技术进步［J］．经济研究，2011（2）.

［197］张东，王豪杰．金融集聚、空间溢出与地区工业绿色创新效率［J］．经济经纬，2021，38（1）.

［198］张钢，张小军．绿色创新研究的几个基本问题［J］．中国科技论坛，2013（4）.

［199］张贵，王岩．要素扭曲、技术研发与效率损失——中国高技术产业实证研究［J］．科技进步与对策，2019，36（1）.

［200］张焕明．我国经济增长的地区趋同理论及实证研究［M］．合肥：合肥工业大学出版社，2007.

［201］张江雪，朱磊．基于绿色增长的我国各地区工业企业技术创新效率研究［J］．数量经济技术经济研究，2012，29（2）.

［202］张杰，周晓艳，李勇．要素市场扭曲抑制了中国企业R&D？［J］．经济研究，2011（8）.

［203］张军，吴桂英，张吉鹏．中国省际物质资本存量估算：1952 - 2000［J］．经济研究，2004（10）.

［204］张敏容．中国科技体制改革的路径选择［J］．北京理工大学学报（社会科学版），2007（6）.

［205］张文菲，金祥义．外商直接投资能否改善我国企业创新？——来自省级面板数据的经验证明［J］．投资研究，2017，36（7）.

［206］张逸昕，林秀梅．中国省际绿色创新效率与系统协调度双演化研究［J］．当代经济研究，2015（3）.

［207］张宗和，彭昌奇．区域技术创新能力影响因素的实证分析——基于全国 30 个省市区的面板数据［J］．中国工业经济，2009（11）.

［208］赵红．环境规制对产业技术创新的影响——基于中国面板数据的实证分析［J］．产业经济研究，2008（3）.

［209］赵路，高红贵，肖权．环境规制对绿色技术创新效率影响的实证［J］．统计与决策，2021，37（3）.

［210］赵庆．产业结构优化升级能否促进技术创新效率？［J］．科学学研究，2018，36（2）.

［211］郑涵茜．区域绿色创新效率及其影响因素研究［D］．武汉：中南财经政法大学，2019.

［212］钟昌标．外商直接投资地区间溢出效应研究［J］．经济研究，2010，45（1）.

［213］朱东旦，罗雨森，路正南．环境规制、产业集聚与绿色创新效率［J］．统计与决策，2021，37（20）.

［214］朱平芳，徐伟民．政府的科技激励政策对大中型工业企业 R&D 投入及其专利产出的影响——上海市的实证研究［J］．经济研究，2003（6）.

［215］Afriat S N. Efficiency estimation of production functions［J］. International Economic Review, 1972, 13（3）.

［216］Aigner D., Lovell C A K., Schmidt P. Formulation and estimation of stochastic frontier production function models［J］. Journal of Econometrics, 1977, 6（1）.

［217］Akira G., Kazuyuki S. R&D capital, rate return on R&D investment and spillover of R&D in Japanese manufacturing industries［J］. Review of Economics and Statistics, 1989, 71（4）.

［218］Alpay E., Kerkvliet B J. Productivity growth and environmental regulation in Mexican and U. S. food manufacturing［J］. American Journal of Agricultural Economics, 2002, 84（4）.

［219］Anselin L. Local indicators of spatial association – LISA［J］. Geographical Analysis, 1995, 27（2）.

［220］Anselin L., Bera A K., Florax R., et al. Simple diagnostical test for spatial dependence［J］. Regional Science and Urban Economics, 1996, 26（1）.

［221］Antweiler W., Copeland B R., Taylor M S. Is free trade good for the environment?［J］. American Economic Review, 2001, 91（4）.

［222］Archibugi D., Pianta M. Aggregate convergence and sectoral specialization in innovation［J］. Journal of Evolutionary Economics. Journal of Evolutionary Economics, 1994, 4（1）.

[223] Azzam A. , Nene G. , Schoengold K. Hog industry structure and the strin-gency of environmental regulation [J]. Canadian Journal of Agricultural Economics, 2015, 63 (3).

[224] Barbera A J. , Mcconnell V D. The impact of environmental regulations on industry productivity: direct and indirect effects [J]. Journal of Environmental Eco-nomics and Management, 1990, 18 (1).

[225] Baron R M. , Kenny D A. The moderator-mediator variable distinction in social psychological research: Conceptual, strategic, and statistical considerations [J]. Journal of Personality and Social Psychology, 1986, 51 (6).

[226] Barrell R. , Pain N. Domestic institutions, agglomerations and foreign di-rect investment in Europe [J]. European Economic Review, 1999, 43 (4).

[227] Barro R J. , Sala – I – Martin X. Technological diffusion, convergence and growth [J]. Journal of Economic Growth, 1995, 2 (1).

[228] Battese G E. , Corra G S. Estimation of a production frontier model: with application to the pastoral zone of eastern Australia [J]. Australian Journal of Agricul-tural Economics, 1977, 21 (3).

[229] Bergek A. , Berggren C. The impact of environmental policy instruments on innovation: A review of energy and automotive industry studies [J]. Ecological Eco-nomics, 2014, 106 (10).

[230] Berman E. , Bui L T M. Environmental regulation and labor demand: Evi-dence from the south coast air basin [J]. Journal of Public Economics, 2001, 79 (2).

[231] Bernd F. , Peter W. Improving the computation of censored quantile regres-sions [J]. Computational Statistics and Data Analysis, 2007 (52).

[232] Bitzer J. , Kerekes M. Does foreign direct investment transfer technology across borders? New evidence [J]. Economics Letters, 2008, 99 (3).

[233] Bonaccorsi A. , Piccaluga A. A theoretical framework for the evaluation of university-industry relationships [J]. R&D Management, 1994, 24 (3).

[234] Bosworth D L. The rate of obsolescence of technical knowledge-a note [J]. Journal of Industrial Economics, 1978, 26 (3).

[235] Boyd G A. , Mcclelland J D. The impact of environmental constraints on productivity improvement in integrated paper plants [J]. Journal of Environmental Eco-nomics and Management, 1999, 38 (2).

[236] Brandt L. , Tombe T. , Zhu X. Factor market distortions across time, space and sectors in China [J]. Review of Economic Dynamics, 2013, 16 (1).

[237] Brannlund R. , Chung Y. , Fare R. , Grosskopf S. Emissions trading and

profitability: The Swedish pulp and paper industry [J]. Environmental and Resource Economics, 1998, 12 (3).

[238] Broekel T. Do cooperative research and development (R&D) subsidies stimulate regional innovation efficiency? Evidence from Germany [J]. Regional Studies, Taylor and Francis Journals, 2015, 49 (7).

[239] Brunnermeier S B. , Cohen M A. Determinants of environmental innovation in us manufacturing industries [J]. Journal of Environmental Economics and Management, 2003, 45 (2).

[240] Cai W. , Ye P. Influence of different environmental instruments on green innovation: Evidence from 285 cities of China [J]. Environmental Engineering & Management Journal, 2021, 20 (8).

[241] Cass D. Optimum growth in an aggregative model of capital accumulation [J]. The Review of Economic Studies, 1965, 32 (3).

[242] Charnes A. , Clark C T. , Cooper C W. A developmental study of data envelopment analysis in measuring the efficiency of maintenance units in the U. S. Air forces [J]. Annals of Operations Research, 1985, 2 (1).

[243] Charnes A. , Clark C T. , Cooper W W. , et al. A developmental study of data envelopment analysis in measuring the efficiency of maintenance units in the U. S. air forces [J]. Annals of Operations Research, 1984, 2 (1).

[244] Charnes A. , Cooper W W. , Rhodes E. Measuring the efficiency of decision making units [J]. European Journal of Operational Research, 1978, 2 (6).

[245] Chen H. , Lin H. , Zou W. Research on the regional differences and influencing factors of the innovation efficiency of China's high-tech industries: Based on a shared inputs two-stage network DEA [J]. Sustainability, 2020, 12 (8).

[246] Chen W. , Wang X. , Peng N. , et al. Evaluation of the green innovation efficiency of Chinese industrial enterprises: Research based on the three-stage chain network SBM model [J]. Mathematical Problems in Engineering, 2020, 2020 (11).

[247] Cheng Y. , Yin Q. Study on the regional difference of green innovation efficiency in China – An empirical analysis based on the panel data [M]. Proceedings of the 6th International Asia Conference on Industrial Engineering and Management Innovation. Atlantis Press, 2016 (1).

[248] Chintrakarn P. Environmental regulation and U. S. states' technical inefficiency [J]. Economics Letters, 2008, 100 (3).

[249] Chung Y H. , Färe R. , Grosskopf S. Productivity and undesirable outputs: a directional distance function approach [J]. Journal of Environmental Management,

1997, 51 (3).

[250] Coelli T. A multi-stage methodology for the solution of orientated DEA models [J]. Operations Research Letters, 1998, 23 (3 –5).

[251] Cole M A. , Elliott R J R. Determining the trade-environment composition effect: The role of capital, labor and environmental regulations [J]. Journal of Environmental Economics and Management, 2003, 46 (3).

[252] Conrad K. , Wastl D. The impact of environmental regulation on productivity in German industries [J]. Empirical Economics, 1995, 20 (4).

[253] Cooke P. Regional innovation systems: Competitive regulation in the new Europe [J]. Geoforum, 1992, 23 (3).

[254] Demertzis M. , Merler S. , Wolff G B. Capital markets union and the fintech opportunity [J]. Journal of Financial Regulation, 2018, 4 (1).

[255] Desmarchelier B. , Djellal F. , Gallouj F. Environmental policies and eco-innovations by service firms: An agent-based model [J]. Technological Forecasting and Social Change, 2013, 80 (7).

[256] Domazlicky B R. , Weber W L. Does environmental protection lead to slower productivity growth in the chemical industry? [J]. Environmental and Resource Economics, 2004, 28 (3).

[257] Du J. , Liu Y. , Diao W. Assessing regional differences in green innovation efficiency of industrial enterprises in China [J]. International Journal of Environmental Research and Public Health, 2019, 16 (6).

[258] Edquist C. System of innovation: technologies, institutions, and organizations [M]. London: Pinter Publisher, 1997.

[259] Elhorst J P. Spatial econometrics: From cross-sectional data to spatial panels [M]. Berlin: Springer Berlin Heidelberg, 2014.

[260] Elhorst J P. , Freret S. Evidence of political yardstick competition in france using a two-regime spatial durbin model with fixed effects [J]. Journal of Regional Science, 2010, 49 (5).

[261] Fan F. , Lian H. , Liu X. , et al. Can environmental regulation promote urban green innovation Efficiency? An empirical study based on Chinese cities [J]. Journal of Cleaner Production, 2021, 287 (3).

[262] Färe R. , Grosskopf S. Directional distance functions and slacks-based measures of efficiency: Some clarifications [J]. European Journal of Operational Research, 2010b, 206 (3).

[263] Färe R. , Grosskopf S. Directional distance functions and slacks-based

measures of efficiency [J]. European Journal of Operational Research, 2010a, 200 (1).

[264] Farrell M. The measurement of production efficiency [J]. Journal of the Royal Statistical Society, 1957, 120 (3).

[265] Fischer M M. , Varga A. Spatial knowledge spillovers and university research: Evidence from Austria [J]. Annals of Regional Science, 2003, 37 (2).

[266] Freeman C, Soete L. The economics of industrial innovation [M]. London: Frances Pinter, 1982.

[267] Fritsch M. , Slavtchev V. Determinants of the efficiency of regional innovation systems [J]. Regional Studies, 2011, 45 (7).

[268] Frost J. , Gambacorta L. , Huang Y. , et al. Bigtech and the changing structure of financial intermediation [J]. Economic Policy, 2019, 34 (100).

[269] Fukuyama H. , Weber W L. A directional slacks-based measure of technical inefficiency [J]. Socio – Economic Planning Sciences, 2010, 43 (4).

[270] Gao Y. , Tsai S B. , Xue X. , et al. An empirical study on green innovation efficiency in the green institutional environment [J]. Sustainability, 2018, 10 (3).

[271] Ghisetti C. , Rennings K. Environmental innovations and profitability: how does it pay to be green? an empirical analysis on the German innovation survey [J]. Journal of Cleaner Production, 2014, 75 (7).

[272] Gollop F M. , Roberts M J. Environmental regulations and productivity growth: the case of fossil-fueled electric power generation [J]. Journal of Political Economy, 1983, 91 (4).

[273] Gourville J T. Eager sellers and stony buyers: Understanding the psychology of new-product adoption [J]. Harvard Business Review, 2006, 84 (6).

[274] Gray W B. The cost of regulation: Osha, epa and the productivity slowdown [J]. American Economic Review, 1983, 77 (5).

[275] Greene W H. On the asymptotic bias of the ordinary least squares estimator of the tobit model [J]. Econometrica, 1981, 49 (2).

[276] Griliches Z. R&D and the productivity slowdown [J]. American Economic Review, 1980, 70 (2).

[277] Grossman G M. , Helpman E. Endogenous innovation in the theory of growth [J]. Journal of Economic Perspectives, 1994, 8 (1).

[278] Hamamoto M. Environmental regulation and the productivity of Japanese manufacturing industries [J]. Resource and Energy Economics, 2006, 28 (4).

[279] Hansen B E. Sample splitting and threshold estimation [J]. Econometrica,

2000, 68 (3).

[280] Hansen B E. Threshold effects in non-dynamic pane is: estimation, testing, and inference [J]. Journal of Econometrics, 1999, 93 (2).

[281] Holtz – Eakin D. , Newey W. , Rosen H S. Estimating vector autoregressions with panel data [J]. Econometrica, 1988, 56 (6).

[282] Horbach J. Determinants of environmental innovation: New evidence from German panel data sources [J]. Research Policy, 2008, 37 (1).

[283] Hsieh C T. , Klenow P J. Misallocation and manufacturing TFP in China and India [J]. Quarterly Journal of Economics, 2009 (4).

[284] Hu D. , Jiao J. , Tang Y. , et al. The effect of global value chain position on green technology innovation efficiency: From the perspective of environmental regulation [J]. Ecological Indicators, 2021, 121 (2).

[285] Hu S. , Liu S. Do the coupling effects of environmental regulation and R&D subsidies work in the development of green innovation? Empirical evidence from China [J]. Clean Technologies and Environmental Policy, 2019, 21 (9).

[286] Huang H. , Wang F. , Song M. , et al. Green innovations for sustainable development of China: Analysis based on the nested spatial panel models [J]. Technology in Society, 2021, 65 (5).

[287] Huang Y. , Wang Y. How does high-speed railway affect green innovation efficiency? A perspective of innovation factor mobility [J]. Journal of Cleaner Production, 2020, 265 (8).

[288] Jaffe A B. , Newell R G. , Stavins R N. Environmental policy and technological change [J]. Environmental and Resource Economics, 2002, 22 (1 –2).

[289] Jaffe A B. , Palmer K. Environmental regulation and innovation: A panel data study [J]. Review of Economics and Statistics, 1997, 79 (4).

[290] John A L. , Catherine Y C. The effects of environmental regulations on foreign direct investment [J]. Journal of Environmental Economics and Management, 2000, 40 (1).

[291] Jungmittag A. Innovation dynamics in the EU: Convergence or divergence? A cross-country panel data analysis [J]. Empirical Economics, 2006, 31 (2).

[292] Ketchen D J. , Ireland R D. , Snow C C. Strategic entrepreneurship, collaborative innovation, and wealth creation [J]. Strategic Entrepreneurship Journal, 2008, 1 (3 –4).

[293] Klette T J. , Griliches Z. Empirical patterns of firm growth and R&D investment: A quality ladder model interpretation [J]. The Economic Journal, 2000, 110

(4).

[294] Kneller R. , Manderson E. Environmental regulations and innovation activity in UK manufacturing industries [J]. Resource and Energy Economics, 2012, 34 (2).

[295] Koenker R. Quantile regression [J]. Journal of Economic Perspectives, 2015, 15 (4).

[296] Koenker R. , Bassett G. Regression quantile [J]. Econometrica, 1978, 46 (1).

[297] Lanoie P. , Laurent – Lucchetti J. , Johnstone N. , et al. Environmental policy, innovation and performance: New insights on the porter hypothesis [J]. Journal of Economics and Management Strategy, 2011, 20 (3).

[298] Lee C W. The effect of environmental regulation on green technology innovation through supply chain integration [J]. International Journal of Sustainable Economy, 2010, 2 (1).

[299] Lesage J. , Pace R K. Introduction to spatial econometrics [M]. New York: CRC Press, 2009.

[300] Levinson A. , Taylor M C. Unmasking the pollution haven effect [J]. International Economic Review, 2008, 49 (1).

[301] Li B. , Wu S. Effects of local and civil environmental regulation on green total factor productivity in china: A spatial durbin econometric analysis [J]. Journal of Cleaner Production, 2017, 153 (6).

[302] Li C. , Li M. , Zhang L. , et al. Has the high-tech industry along the belt and road in China achieved green growth with technological innovation efficiency and environmental sustainability? [J]. International Journal of Environmental Research and Public Health, 2019, 16 (17).

[303] Li H C. , Lee W C. , Ko B T. What determines misallocation in innovation? A study of regional innovation in China [J]. Journal of Macroeconomics, 2017, 52 (C).

[304] Li J. , Du Y X. Spatial effect of environmental regulation on green innovation efficiency: Evidence from prefectural-level cities in China [J]. Journal of Cleaner Production, 2021, 286 (3).

[305] Li Q. Regional technological innovation and green economic efficiency based on DEA model and fuzzy evaluation [J]. Journal of Intelligent & Fuzzy Systems, 2019, 37 (5).

[306] Lin S. , Sun J. , Marinova D. , et al. Evaluation of the green technology in-

novation efficiency of China's manufacturing industries: DEA window analysis with ideal window width [J]. Technology Analysis and Strategic Management, 2018, 30 (10).

[307] Liu B., Sun Z., Li H. Can carbon trading policies promote regional green innovation efficiency? Empirical data from pilot regions in China [J]. Sustainability, 2021, 13 (5).

[308] Liu G. Evaluating the regional green innovation efficiency in china: a dea-malmquist productivity index approach [J]. Applied Mechanics and Materials, 2015, 733 (2).

[309] Long R., Guo H., Zheng D., et al. Research on the measurement, evolution, and driving factors of green innovation efficiency in Yangtze River Economic Belt: A Super – SBM and spatial durbin model [J]. Complexity, 2020 (10).

[310] Long X., Sun C., Wu C., et al. Green innovation efficiency across China's 30 provinces: estimate, comparison, and convergence [J]. Mitigation and Adaptation Strategies for Global Change, 2020, 25 (7).

[311] Love I., Zicchino L. Financial development and dynamic investment behavior: Evidence from panel VAR [J]. The Quarterly Review of Economics and Finance, 2006, 46 (2).

[312] Lu B., Du X., Huang S. The economic and environmental implications of wastewater management policy in China: From the LCA perspective [J]. Journal of Cleaner Production, 2016, 142 (4).

[313] Lundvall B A. Innovation as an interactive process: From user-producer interaction to the national innovation systems of innovation [M]. London: Anthem Press, 1988.

[314] Luo Q., Miao C., Sun L., et al. Efficiency evaluation of green technology innovation of China's strategic emerging industries: An empirical analysis based on Malmquist-data envelopment analysis index [J]. Journal of Cleaner Production, 2019, 238 (11).

[315] Luo X., Zhang W. Green innovation efficiency: A threshold effect of research and development [J]. Clean Technologies and Environmental Policy, 2021, 23 (1).

[316] Maclaurin W R. The process of technological innovation: The launching of a new scientific industry [J]. American Economic Review, 1950, 40 (1).

[317] Madsen J B., Timol I. Long-run convergence in manufacturing and innovation-based models [J]. Review of Economics and Statistics, 2011, 93 (4).

[318] Marchi V D. Environmental innovation and R&D cooperation: Empirical

evidence from Spanish manufacturing firm [J]. Research Policy, 2012, 41 (3).

[319] Mccoskey S. , Kao C A residual-based test of the null of cointegration in panel data [J]. Econometric Reviews, 1998, 17 (1).

[320] Meeusen W. , Broeck J V D. Efficiency estimates from cobb-douglas production functions with composed error [J]. International Economic Review, 1977, 18 (2).

[321] Miao C. , Duan M. , Zuo Y. , et al. Spatial heterogeneity and evolution trend of regional green innovation efficiency—an empirical study based on panel data of industrial enterprises in China's provinces [J]. Energy Policy, 2021, 156 (9).

[322] Mody L A. Innovation and the international diffusion of environmentally responsive technology [J]. Research Policy, 1996, 25 (4).

[323] Myers S. , Marquis D G. Successful industrial innovation: A study of factors underlying innovation and selected firms [R]. Washington: National Science Foundation, 1969.

[324] Nesta L. , Vona F. , Nicolli F. Environmental policies, competition and innovation in renewable energy [J]. Journal of Environmental Economics and Management, 2014, 67 (3).

[325] Oh D H. A global Malmquist – Luenberger productivity index [J]. Journal of Productivity Analysis, 2010, 34 (3).

[326] Pakes A. , Schankerman M. The rate of obsolescence of patents, research gestation lags, and the private rate of return to research resources [C]. NBER Chapters, in: in R&D, Patents, and Productivity, 1984, 4.

[327] Peng Y. , Fan Y. , Liang Y. A green technological innovation efficiency evaluation of technology-based SMEs based on the undesirable SBM and the malmquist index: A case of Hebei province in China [J]. Sustainability, 2021, 13 (19).

[328] Porter M E. America's green strategy [J]. Scientific American, 1991, 264 (4).

[329] Porter M E. , Linde C V D. Toward a new conception of the environment-competitiveness relationship [J]. Journal of Economic Perspectives, 1995, 9 (4).

[330] Qiao S. , Chen H H. , Zhang R R. Examining the impact of factor price distortions and social welfare on innovation efficiency from the microdata of Chinese renewable energy industry [J]. Renewable and Sustainable Energy Reviews, 2021, 143 (2).

[331] Ramanathan R. An analysis of energy consumption and carbon dioxide emissions in countries of the Middle East and North Africa [J]. Energy, 2005, 30 (15).

[332] Ramsey F P. A mathematical theory of saving [J]. Economic Journal, 1928, 38 (152).

[333] Rehfeld K. , Rennings K. , Ziegler A. Integrated product policy and environmental product innovations: An empirical analysis [J]. Ecological Economics, 2007, 61 (1).

[334] Rey S J, Janikas M V. STARS: Space-time Analysis of Regional Systems [J]. Geographical Analysis, 2006, 38 (1).

[335] Schlitte F. , Paas T. Regional income inequality and convergence processes in the EU – 25 [J]. Scienze Regionali, 2008, Suppl (2).

[336] Schwab R M. , Oates W E. Community composition and the provision of local public goods: A normative analysis [J]. Journal of Public Economics, 1991, 44 (2).

[337] Shin J. , Kim C. , Yang H. Does reduction of material and energy consumption affect to innovation efficiency? The case of manufacturing industry in South Korea [J]. Energies, 2019, 12 (6).

[338] Solo C S. Innovation in the capitalist process: A critique of the schumpeterian theory [J]. Quarterly Journal of Economics, 1951, 65 (3).

[339] Sun L. , Miao C. , Yang L. Ecological-economic efficiency evaluation of green technology innovation in strategic emerging industries based on entropy weighted TOPSIS method [J]. Ecological Indicators, 2017, 73 (2).

[340] Sun Y. Sources of innovation in China's manufacturing sector: Imported or developed in-house? [J]. Environment and Planning A, 2002, 34 (6).

[341] Sun Y. , Du D. Determinants of industrial innovation in China: Evidence from its recent economic census [J]. Technovation, 2010, 30 (9).

[342] Suphi S. Corporate governance, environmental regulations, and technological change [J]. European Economic Review, 2015, 80 (12).

[343] Szajt M. Patent activity of OECD countries in regional view: Convergence or maintaining the status quo [J]. Studies of the Industrial Geography Commission of the Polish Geographical Society, 2017, 31 (4).

[344] Teece D J. Technology transfer by multinational firms: The resource cost of transferring technological know-how [J]. Economic Journal, 1977, 87 (346).

[345] Tian X. , Wang J. Research on the disequilibrium development of output of regional innovation based on R&D personnel [J]. Sustainability, 2018, 10 (8).

[346] Tobin J. Estimation of relationships for limited dependent variables [J]. Econometrica, 1958, 26 (1).

［347］Tobler W R. A computer movie simulating urban growth in the Detroit region ［J］. Economic Geography, 1970, 46（2）.

［348］Tone K. A slacks-based measure of efficiency in data envelopment analysis ［J］. European Journal of Operational Research, 2001, 130（3）.

［349］Tone K. A slacks-based measure of super-efficiency in data envelopment analysis ［J］. European Journal of Operational Research, 2002, 143（1）.

［350］Trajtenberg M. The welfare analysis of product innovations, with an application to computed tomography scanners ［J］. Journal of Political Economy, 1989, 97（2）.

［351］Triguero A. , Moreno – Mondéjar L. , Davia M A. Drivers of different types of eco-innovation in European SMEs ［J］. Ecological Economics, 2013, 92（8）.

［352］Walter I. , Ugelow J L. Environmental policies in developing countries ［J］. Ambio, 1979, 8.

［353］Wang H. , Yang G. , Qin J. City centrality, migrants and green Innovation efficiency: evidence from 106 cities in the Yangtze River Economic Belt of China ［J］. International Journal of Environmental Research and Public Health, 2020, 17（2）.

［354］Wang L. , Ye W. , Chen L. Research on green innovation of the great Changsha – Zhuzhou – Xiangtan city group based on network ［J］. Land, 2021, 10（11）.

［355］Wang W. , Yu B. , Yan X. , et al. Estimation of innovation's green performance: A range-adjusted measure approach to assess the unified efficiency of China's manufacturing industry ［J］. Journal of Cleaner Production, 2017, 149（15）.

［356］World Economic Forum. The global competitiveness report 2012 – 2013 ［R］. Geneva, 2012, 139.

［357］World Economic Forum. The global competitiveness report 2017 – 2018 ［R］. Geneva, 2017, 91.

［358］Xepapadeas A. , Zeeuw A. Environmental policy and competitiveness: the porter hypothesis and the composition of capital ［J］. Journal of Environmental Economics and Management, 1999, 37（2）.

［359］Xu S. , Wu T. , Zhang Y. The spatial-temporal variation and convergence of green innovation efficiency in the Yangtze River Economic Belt in China ［J］. Environmental Science and Pollution Research, 2020, 27（21）.

［360］Xu X. , Zhou Y. Efficiency evaluation of green Innovation in Chinese eight comprehensive economic areas based on three-stage malmquist index ［J］. Polish Journal of Environmental Studies, 2021, 30（3）.

［361］ Yang Y. , Wang Y. Research on the impact of environmental regulations on the green innovation efficiency of Chinese industrial enterprises ［J］. Polish Journal of Environmental Studies, 2021, 30 (2).

［362］ Yang Z. , Shao S. , Li C. , et al. Alleviating the misallocation of R&D inputs in China's manufacturing sector: From the perspectives of factor-biased technological innovation and substitution elasticity ［J］. Technological Forecasting and Social Change, 2020, 151.

［363］ Yuan B. , Xiang Q. Environmental regulation, industrial innovation and green development of Chinese manufacturing: based on an extended cdm model ［J］. Journal of Cleaner Production, 2018, 176 (3).

［364］ Zeng J. , Škare M. , Lafont J. The co-integration identification of green innovation efficiency in Yangtze River Delta region ［J］. Journal of Business Research, 2021, 134 (9).

［365］ Zeng W. , Li L. , Huang Y. Industrial collaborative agglomeration, marketization, and green innovation: Evidence from China's provincial panel data ［J］. Journal of Cleaner Production, 2021, 279 (1).

［366］ Zhang J. , Kang L. , Li H. , et al. The impact of environmental regulations on urban Green innovation efficiency: The case of Xi'an ［J］. Sustainable Cities and Society, 2020, 57 (6).

［367］ Zhao X. , Lynch J. G. , Chen Q. Reconsidering baron and kenny: Myths and truths about mediation analysis ［J］. Journal of Consumer Research, 2010, 37 (2).

［368］ Zhao X. , Sun B. The influence of Chinese environmental regulation on corporation innovation and competitiveness ［J］. Journal of Cleaner Production, 2016, 112 (1).